Bährle
Aktuelle Arbeitsvertragsmuster
für die Personalpraxis

Aktuelle Arbeitsvertragsmuster für die Personalpraxis

Leitfaden
mit CD-ROM

von
Ralph Jürgen Bährle,
Rechtsanwalt, Mannheim

1. Auflage, 2003

::rehm

Bibliografische Information der Deutschen Bibliothek

Die Deutsche Bibliothek verzeichnet diese Publikation in der Deutschen Nationalbibliografie; detaillierte bibliografische Daten sind im Internet über http://dnb.ddb.de abrufbar.

Bei der Herstellung des Bandes haben wir uns zukunftsbewusst für umweltverträgliche und wieder verwertbare Materialien entschieden. Der Inhalt ist auf elementar chlorfreiem Papier gedruckt.

ISBN 3-8073-1904-2

Verlagsgruppe Jehle Rehm GmbH
Emmy-Noether-Straße 2, 80992 München
und
Friedrichstraße 130 a, 10117 Berlin
Satz: Forthaus S., 84494 Neumarkt-St. Veit
Druck und Bindung: Druckhaus am Kitzenmarkt, Augsburg

Vorwort

„Für jeden Mitarbeiter den richtigen Vertrag!"

Hierbei will Ihnen das Buch die notwendige Unterstützung liefern. Aber bitte beachten Sie: Die in dieser Auflage enthaltenen Musterverträge müssen auf die in Ihrem konkreten Einzelfall gegebenen betrieblichen Bedingungen und Bedürfnisse angepasst werden.

Dabei helfen Ihnen zum einen die jedem Vertragsmuster nachfolgenden Erläuterungen, zum anderen aber auch der letzte Teil des Buches, der die Essentials eines Arbeitsvertrages aufbereitet.

Die zum Jahresbeginn bzw. zum 1. 4. 2003 eingetretenen Änderungen im Bereich der geringfügig entlohnten Beschäftigungen sowie der Scheinselbständigkeit sind bereits im Werk berücksichtigt.

Haben Sie Anregungen oder Verbesserungsvorschläge? Wenden Sie sich bitte per E-Mail (http://www.jehle-rehm.de/kontakt/feedback/index.html) an den Verlag.

Mannheim, März 2003   Ralph Jürgen Bährle

Inhaltsverzeichnis

Inhaltsverzeichnis

Inhaltsverzeichnis

Abkürzungsverzeichnis

Abs.	Absatz
a. E.	am Ende
ArbG	Arbeitsgericht
ArbNErfG	Arbeitsnehmererfindungsgesetz
ArbZG	Arbeitszeitgesetz
ATG	Altersteilzeitgesetz
BAG	Bundesarbeitsgericht
BB	Betriebsberater (Zeitschrift)
BBiG	Berufsbildungsgesetz
BErzGG	Bundeserziehungsgeldgesetz
BetrAVG	Gesetz zur Verbesserung der betrieblichen Altersversorgung
BetrVG	Betriebsverfassungsgesetz
BGB	Bürgerliches Gesetzbuch
Buchst.	Buchstabe
BUrlG	Bundesurlaubsgesetz
d. h.	das heißt
DB	Der Betrieb (Zeitschrift)
ders.	derselbe
EFZG	Entgeltfortzahlungsgesetz
f./ff.	folgende/fortfolgende
GbR	Gesellschaft bürgerlichen Rechts
gem.	gemäß
ggf.	gegebenenfalls
GmbH	Gesellschaft mit beschränkter Haftung
i. d. R.	in der Regel
i. S. d./v.	im Sinne des/von
i. V. m.	in Verbindung mit
JArbSchG	Jugendarbeitsschutzgesetz
KSchG	Kündigungsschutzgesetz
LAG	Landesarbeitsgericht

lit.	Buchstabe
MuSchG	Mutterschutzgesetz
n. F.	neue Fassung
NachwG	Nachweisgesetz
Nr.	Nummer
NZA	Neue Zeitschrift für Arbeitsrecht
oHG	Offene Handelsgesellschaft
Rn.	Randnummer
S.	Seite
s. o./s. u.	siehe oben/siehe unten
SachbezugsVO	Sachbezugsverordnung
SGB	Sozialgesetzbuch
SGB III	Drittes Buch Sozialgesetzbuch (Arbeitsförderung, Arbeitslosenversicherung)
SGB IV	Viertes Buch Sozialgesetzbuch (Gemeinsame Vorschriften für die Sozialversicherung)
SGB V	Fünftes Buch Sozialgesetzbuch (Gesetzliche Krankenversicherung)
SGB VI	Sechstes Buch Sozialgesetzbuch (Gesetzliche Rentenversicherung)
TVG	Tarifvertragsgesetz
TzBfG	Teilzeit- und Befristungsgesetz
u. a.	unter anderem
usw.	und so weiter
VermBG	Vermögensbildungsgesetz
vgl.	vergleiche
z. B./bspw.	zum Beispiel/beispielsweise

Teil A
Rechtsgrundlagen für alle Arbeitsverträge

1. Bürgerliches Gesetzbuch und Gewerbeordnung

WICHTIG!

Ab **1. 1. 2003** sind allgemeine arbeitsrechtliche Grundsätze zusätzlich zu den Vorschriften der §§ 611 ff. BGB auch in den §§ 105 bis 110 GewO enthalten. Beim Abschluss eines Arbeitsvertrags sind hierbei besonders zu beachten:

- ► § 105 GewO   Freie Gestaltung des Arbeitsvertrags
- ► § 106 GewO   Weisungsrecht des Arbeitgebers
- ► § 110 GewO   Wettbewerbsverbot.

§ 105 GewO schreibt ausdrücklich fest, dass Arbeitgeber und Arbeitnehmer Abschluss, Inhalt und Form des Arbeitsvertrags frei vereinbaren können, soweit nicht zwingende gesetzliche Vorschriften, Bestimmungen eines anwendbaren Tarifvertrags oder einer Betriebsvereinbarung entgegenstehen. Soweit Vertragsbedingungen wesentlich sind, richtet sich ihr Nachweis nach den Bestimmungen des Nachweisgesetzes.

TIPP!

Anwendbarer Tarifvertrag im Sinne von § 105 GewO ist jeder Tarifvertrag, der auf das Arbeitsverhältnis Anwendung finden muss aufgrund

- ► einer Tarifbindung der Arbeitsvertragsparteien

    d. h. Arbeitgeber und Arbeitnehmer sind Mitglied einer am Abschluss des Tarifvertrags beteiligten Partei: der Arbeitgeber Mitglied des Arbeitgeberverbandes, der Arbeitnehmer Mitglied der am Abschluss beteiligten Gewerkschaft.

- ► der Allgemeinverbindlichkeit des Tarifvertrags

    In diesem Fall wurde ein Tarifvertrag durch eine Erklärung des zuständigen Bundesministers für allgemein verbindlich erklärt, mit der Folge, dass alle Betriebe der Branche den Tarifvertrag beachten müssen, auch wenn sie nicht Mitglied des am Abschluss beteiligten Arbeitgeberverbandes sind. Umgekehrt können sich auch Arbeitnehmer auf die Regelungen des Tarifvertrags berufen, die nicht Mitglied einer Gewerkschaft sind.

- ► einzelvertraglicher Bezugnahme auf den Tarifvertrag

    Durch einzelvertragliche Vereinbarung kann auf einen vollständigen Tarifvertrag oder auf Teile eines Tarifvertrags Bezug genommen werden.

2. Wesen des Arbeitsvertrags

Jeder Arbeitsvertrag ist ein privatrechtlicher, schuldrechtlicher und gegenseitiger Austauschvertrag, durch den sich

1. der Arbeitnehmer zur Leistung abhängiger Arbeit,

2. der Arbeitgeber zur Zahlung einer Arbeitsvergütung

verpflichtet. Neben diesen beiden Hauptpflichten begründet ein Arbeitsvertrag eine Vielzahl von Nebenpflichten, die zusammengefasst werden für den

► Arbeitnehmer unter dem Oberbegriff „Treuepflichten"

Der Arbeitnehmer muss sich aufgrund seiner Treuepflichten z. B. auch ohne ausdrückliche Vereinbarung gegenüber seinem Arbeitgeber loyal verhalten, d. h. er muss die Interessen des Arbeitgebers bei der Arbeitsausführung und durch sein dienstliches Verhalten wahren.

► Arbeitgeber unter dem Begriff „Fürsorgepflichten"

Aufgrund seiner Fürsorgepflicht muss der Arbeitgeber z. B. auch ohne ausdrückliche Vereinbarung alles tun, um Leben und Gesundheit des Arbeitnehmers bei der Arbeitsausführung zu schützen.

 WICHTIG!

Treue- und Fürsorgepflichten müssen in einem Arbeitsvertrag nicht ausdrücklich geregelt oder erwähnt werden. Sie ergeben sich aus dem Gesetz (§ 242 BGB).

Darüber hinaus sind in zahlreichen Einzelgesetzen Rechte und Pflichten für Arbeitgeber und Arbeitnehmer geregelt, die auch bei fehlendem Hinweis im Arbeitsvertrag immer zu beachten sind. Hierzu zählen beispielsweise

► Entgeltfortzahlungsgesetz

regelt die Rechte und Pflichten im Falle einer krankheitsbedingten Arbeitsunfähigkeit des Arbeitnehmers.

► Bundesurlaubsgesetz

regelt Höhe und Inanspruchnahmevoraussetzungen für bezahlten Erho-lungsurlaub; gilt darüber hinaus auch immer ergänzend für einzel- oder tarifvertragliche Regelungen zum Urlaubsanspruch.

► Mutterschutzgesetz

regelt Rechte und Pflichten während einer Schwangerschaft einer Arbeitnehmerin.

► **Bundeserziehungsgeldgesetz**
regelt Rechte und Pflichten für die Inanspruchnahme von Elternzeit sowie die Voraussetzungen für die Ausübung einer Beschäftigung in diesem Zeitraum.

► **Jugendarbeitsschutzgesetz**
regelt die Beschäftigung von minderjährigen Arbeitnehmern.

 WICHTIG!

Alle arbeitsrechtlichen Gesetze legen nur Mindestarbeitsbedingungen fest. Es handelt sich dabei durchweg um Arbeitnehmerschutzgesetze mit der Folge, dass der Arbeitgeber diese Mindestarbeitsbedingungen nicht unterschreiten, jedoch überschreiten darf. Durch vertragliche Vereinbarungen ist es also möglich, den Arbeitnehmer besser zu stellen als gesetzlich vorgesehen.

3. Nachweisgesetz

Ein Arbeitsvertrag wird nach den Vorschriften der §§ 611 ff. BGB (Dienstvertrag), § 105 GewO geschlossen. Das Gesetz sieht einen formfreien Abschluss vor, d. h., ein Arbeitsvertrag kann abgeschlossen werden

► mündlich

Vorteil: geringer Zeitaufwand
Nachteil: bei Streitigkeiten Beweisschwierigkeiten hinsichtlich der getroffenen Vereinbarungen

► schriftlich oder

Vorteil: Die getroffenen Vereinbarungen können nachgewiesen werden.
Nachteil: mehr Zeitaufwand; rechtssichere Formulierungen notwendig

► durch stillschweigende Vereinbarung

Vorteil: geringer Zeitaufwand
Nachteil: bei Streitigkeiten Beweisschwierigkeiten hinsichtlich der getroffenen Vereinbarungen

 WICHTIG!

Mündlich geschlossene Arbeitsverträge sind genauso rechtswirksam wie schriftliche Arbeitsverträge, sofern nicht der Gesetzgeber die Schriftform ausdrücklich fordert. Schriftform bedeutet dabei, dass die getroffenen Vereinbarungen schriftlich festgehalten wird und der Vertrag von beiden Vertragspartnern unterschrieben werden muss. Die Schriftform ist allerdings nur zwingend für
    ► befristete Arbeitsverträge (§ 14 Absatz 4 TzBfG)
    ► Berufsausbildungsverträge (§ 4 NachwG)

ACHTUNG!

Obwohl der Arbeitsvertrag grundsätzlich formfrei abgeschlossen werden kann, muss der Arbeitgeber aufgrund des Nachweisgesetzes einige Arbeitsbedingungen dem Arbeitnehmer schriftlich mitteilen, wenn der Arbeitnehmer für länger als einen Monat eingestellt wird (§ 1 NachwG).

Das Gesetz über den Nachweis der für ein Arbeitsverhältnis geltenden wesentlichen Bedingungen (Nachweisgesetz = NachwG) verpflichtet alle Arbeitgeber,

► die wesentlichen Vertragsbedingungen (einseitig) schriftlich niederzulegen,

► die angefertigte Niederschrift zu unterzeichnen und

► diese Niederschrift dem Arbeitnehmer spätestens einen Monat nach dem vereinbarten Beginn des Arbeitsverhältnisses auszuhändigen.

 TIPP!

Schließen Arbeitgeber und Arbeitnehmer einen schriftlichen Arbeitsvertrag, so entfällt die Verpflichtung des Arbeitgebers, dem Arbeitnehmer einen Nachweis über die Arbeitsbedingungen auszuhändigen, wenn der schriftliche Arbeitsvertrag mindestens die im Nachweisgesetz geforderten Angaben enthält (§ 2 Absatz 4 NachwG).

Ändern sich eine oder mehrere wesentliche Vertragsbedingungen während des Bestehens des Arbeitsverhältnisses, ist der Arbeitgeber verpflichtet, diese Änderungen dem Arbeitnehmer spätestens einen Monat nach der Änderung schriftlich mitzuteilen (§ 3 NachwG). Diese Verpflichtung entfällt nur, wenn sich gesetzliche Vorschriften, Tarifverträge, Betriebs- oder Dienstvereinbarungen ändern, die für das Arbeitsverhältnis gelten.

 TIPP!

Der Arbeitgeber kann im Arbeitsvertrag und im Nachweis der Arbeitsbedingungen

► auf Tarifverträge, Betriebsvereinbarungen und ähnliche Regelungen, die Anwendung finden, verweisen. Er kann in diesen Fällen Ausführungen

  ► zur Zusammensetzung und Höhe des Arbeitsentgelts,

  ► zur vereinbarten Arbeitszeit,

  ► zur Dauer des Erholungsurlaubs,

  ► zu den Kündigungsfristen

  durch einen Hinweis auf den einschlägigen Tarifvertrag, Betriebs- oder Dienstvereinbarungen oder ähnliche Regelungen ersetzen.

► auf die gesetzlichen Regelungen verweisen, ohne diese zitieren zu müssen, wenn sich

  ► Dauer des Erholungsurlaubes oder

  ► Kündigungsfristen

  nach den gesetzlichen Vorschriften richten.

4. Tarifverträge und Tarifbindung

In einem Tarifvertrag regeln die Tarifvertragsparteien die Arbeits- und Wirtschaftsbedingungen in eigener Verantwortung. Wie ein Tarifvertrag abgeschlossen wird, welchen Inhalt er haben darf und welche Wirkungen er entfaltet, ist im Tarifvertragsgesetz (TVG) geregelt. Nach den Vorschriften des TVG ist ein Tarifvertrag ein

▶ schriftlicher Vertrag

▶ zwischen Tarifvertragsparteien,

▶ der Rechte und Pflichten der Tarifvertragsparteien selbst regelt und

▶ Rechtsnormen enthält, die Inhalt, Abschluss und Beendigung von Arbeitsverhältnissen regeln sowie betriebsverfassungsrechtliche Fragen ordnen.

 TIPP!

Je nach dem geregelten Inhalt wird zwischen Mantel- oder Rahmentarifverträgen, Gehalts- und Lohntarifverträgen, Urlaubsabkommen, Rationalisierungsschutzabkommen oder Schlichtungsabkommen unterschieden. Außerdem wird noch nach Verbands- oder Firmentarifvertrag unterschieden, je nach dem, ob die Verträge von einem Verband oder einem einzelnen Unternehmen abgeschlossen wurden.

Nach § 2 Absatz 1 TVG sind Tarifvertragsparteien

▶ einzelne Arbeitgeber

Beispiele:

VW, Opel, Bosch

▶ Vereinigungen von Arbeitgebern

Beispiele:

Arbeitgeberverband der deutschen Versicherungswirtschaft, Arbeitgeberverband der deutschen Metallindustrie, Arbeitgeberverband der deutschen Automobilindustrie, Arbeitgeberverband der chemischen Industrie

▶ Gewerkschaften

Beispiele:

Deutsche Angestellten Gewerkschaft (DAG), Gewerkschaft Öffentlicher Dienst, Transport und Verkehr (ÖTV), Industriegewerkschaft Metall (IG Metall), Industriegewerkschaft Chemie (IG Chemie) oder deren Dachverband ver.di

▶ Innungen des Handwerks und Innungsverbände

Diesen ist durch §§ 54 Absatz 3, 82 Nr. 3 und 85 Abs. 2 Handwerksordnung (HandwO) die Tariffähigkeit ausdrücklich verliehen worden.

Nach § 2 Absatz 2 TVG sind auch Zusammenschlüsse von Gewerkschaften oder von Arbeitgebervereinigungen, die so genannten Spitzenorganisationen, zum Abschluss von Tarifverträgen im Namen der angeschlossenen Mitglieder berechtigt, wenn sie entsprechende Vollmachten haben oder der Abschluss von Tarifverträgen zu ihren satzungsgemäßen Aufgaben gehört. Im letzten Fall sind die Spitzenorganisationen dann selbst Partei eines Tarifvertrages (§ 2 Absatz 3 TVG).

Beispiel

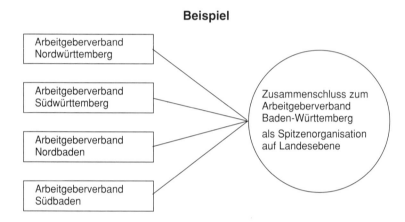

Die Tarifvertragsparteien können nur dann wirksam einen Tarifvertrag abschließen, wenn sie hierfür zuständig sind. Die Tarifzuständigkeit einer Gewerkschaft oder eines Arbeitgeberverbandes bestimmt sich nach deren Satzung. Die Satzung regelt, für welchen räumlichen, fachlichen und persönlichen Geltungsbereich Tarifverträge abgeschlossen werden können. Die Satzung der jeweiligen Tarifvertragspartei entfaltet auch Wirkung für den tariflichen Gegenspieler.

Beispiel:

Die Satzung des Arbeitgeberverbandes XY sieht vor, dass der Arbeitgeberverband nur zuständig ist für das Bundesland Nordrhein-Westfalen und für metallverarbeitende Betriebe. Der Arbeitgeberverband XY kann Tarifverträge für seine metallverarbeitenden Mitgliedsunternehmen begrenzt auf das Bundesland Nordrhein-Westfalen abschließen.

ACHTUNG!

Der Arbeitgeber ist nach § 8 TVG verpflichtet, den für seinen Betrieb geltenden Tarifvertrag an geeigneter Stelle auszulegen. Dies gilt auch dann, wenn der Tarifvertrag für den Betrieb nur deswegen gilt, weil er für allgemein verbindlich erklärt wurde (§ 9 Absatz 2 Durchführungsverordnung [DVO] zum TVG).

Anwendung grundsätzlich nur bei Tarifbindung

Die Rechtsnormen des Tarifvertrages, die den Inhalt, den Abschluss oder die Beendigung eines Arbeitsverhältnisses ordnen, gelten nach § 4 Absatz 1 TVG unmittelbar und zwingend nur zwischen den beiderseits Tarifgebundenen, die unter den Geltungsbereich des Tarifvertrages fallen. Unmittelbar und zwingend bedeutet, dass die Tarifnormen den Inhalt des Arbeitsverhältnisses bestimmen – unabhängig von Willen oder Kenntnis des Arbeitnehmers oder Arbeitgebers. Es bedeutet auch, dass Vereinbarungen, die zuungunsten eines Arbeitnehmers von den tariflichen Regelungen abweichen, unwirksam sind (§ 4 Abs. 3 TVG). Etwas anderes gilt nur, wenn Abweichungen zuungunsten des Arbeitnehmers im Tarifvertrag ausdrücklich zugelassen sind. An die Stelle der unwirksamen vertraglichen Regelung tritt die tarifliche Regelung.

Tarifgebunden sind nach § 3 Abs. 1 TVG

► die Mitglieder der am Abschluss beteiligten Gewerkschaften,

► die Mitglieder der am Abschluss beteiligten Arbeitgeberverbände und/oder

► der einzelne Arbeitgeber, der selbst einen Tarifvertrag abgeschlossen hat.

Beispiel

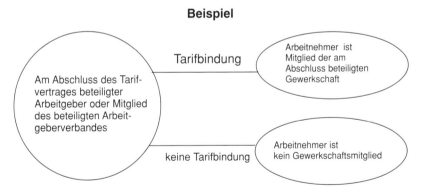

Die Tarifbindung als Arbeitgeber beginnt grundsätzlich mit dem Erwerb der Mitgliedschaft in einem Arbeitgeberverband. Sie endet grundsätzlich, sobald der Arbeitgeber aus dem Arbeitgeberverband ausscheidet. Bestand allerdings zum Zeitpunkt des Ausscheidens aus dem Arbeitgeberverband eine Bindung an einen Tarifvertrag, so bleibt diese nach § 3 Abs. 3 TVG so lange bestehen, bis dieser Tarifvertrag endet.

Rechtsgrundlagen für alle Arbeitsverträge

 ACHTUNG! Ausnahme: Allgemeinverbindlichkeit möglich

Zweck der Allgemeinverbindlicherklärung ist es, die Tarifbindung auf die Nichtmitglieder der Tarifvertragsparteien auszudehnen. Ist ein Tarifvertrag für allgemein verbindlich erklärt, erfassen seine Rechtsnormen in seinem Geltungsbereich auch die bisher nicht tarifgebundenen Arbeitgeber und Arbeitnehmer (§ 5 Abs. 4 TVG). Bei der Entscheidung über eine Allgemeinverbindlicherklärung werden arbeitsmarktpolitische und sonstige sozialpolitische Erwägungen mit einbezogen.

Die Allgemeinverbindlicherklärung ist in § 5 TVG geregelt. Ein Tarifvertrag kann nur dann für allgemein verbindlich erklärt werden, wenn eine Tarifvertragspartei dies beantragt. Zuständig für die Allgemeinverbindlicherklärung ist der Bundesminister für Arbeit und Sozialordnung. Er kann nach § 5 Abs. 6 TVG für Einzelfälle das Recht auf Abgabe einer Allgemeinverbindlicherklärung oder auf Aufhebung einer Allgemeinverbindlichkeit auf die oberste Arbeitsbehörde eines Bundeslandes (beispielsweise Minister oder Senator für Arbeit) übertragen.

Die Allgemeinverbindlicherklärung bewirkt, dass die in dem Tarifvertrag enthaltenen Regelungen nun auch die „Außenseiter" binden. Die Allgemeinverbindlicherklärung ersetzt in ihrem Ergebnis die fehlende Tarifbindung. Die tariflichen Normen werden damit auch im Verhältnis zu den Außenseitern unmittelbar und zwingend, so dass auch die Außenseiter von den Tarifnormen nicht mehr zuungunsten der Arbeitnehmer abweichen können. Arbeitgeber und Arbeitnehmer müssen den Tarifvertrag anwenden, auch wenn dies nicht einzelvertraglich vereinbart ist.

Ein Tarifvertrag läuft ab, wenn seine Laufzeit endet. Dies kann durch eine Kündigung herbeigeführt werden, oder er wird durch einen neuen Tarifvertrag ersetzt. Ändert der neue Tarifvertrag allerdings nur einzelne Normen eines allgemein verbindlichen Tarifvertrages, so bleiben die übrigen Normen weiterhin in Kraft und damit weiter allgemein verbindlich. Die neuen Normen gelten nur noch für die am Abschluss beteiligten Tarifvertragsparteien, es sei denn, sie werden auch für allgemein verbindlich erklärt.

 VORSICHT!

Kraft Nachwirkung gelten bei einem abgelaufenen allgemein verbindlichen Tarifvertrag die Normen auch bei Ende der Allgemeinverbindlichkeit weiter. Erst mit dem Abschluss eines neuen Tarifvertrages, der die Nachwirkung für die tarifgebundenen Arbeitsvertragsparteien beendet, werden auch die Außenseiter von der Nachwirkung frei.

Tarifbindung durch Einzelarbeitsvertrag

Liegt keine beiderseitige Tarifgebundenheit vor, kann eine freiwillige Tarifbindung dadurch herbei geführt werden, dass im Arbeitsvertrag auf einen Tarifvertrag im Ganzen oder auf Teile davon Bezug genommen wird. In der betrieblichen Praxis wird hiervon Gebrauch gemacht, um tarifgebundene und nicht tarifgebundene Arbeitnehmer gleich zu behandeln.

TIPP!

Grundsätzlich kann im Einzelarbeitsvertrag auf jeden beliebigen Tarifvertrag Bezug genommen werden. Zweckmäßiger ist es aber, ausdrücklich auf den Tarifvertrag Bezug zu nehmen, der bei einer Tarifbindung Anwendung finden würde. Bei der Formulierung ist darauf zu achten, ob nur der bei Vertragsabschluss geltende Tarifvertrag Anwendung finden soll oder auch alle Regelungen künftiger Tarifverträge. Die Inbezugnahme des gültigen und aller zukünftiger Tarifverträge kann beispielsweise so formuliert sein:

Auf das Arbeitsverhältnis findet der Mantel- und Gehaltstarifvertrag der chemischen Industrie in seiner jeweils gültigen Fassung Anwendung.

ACHTUNG!

Die vertragliche Vereinbarung, dass bestimmte tarifliche Regelungen Anwendung finden sollen, führt nicht zu einer Tarifbindung im Sinne des TVG. Die tariflichen Bestimmungen werden durch die Inbezugnahme zu vertraglichen Vereinbarungen zwischen Arbeitgeber und Arbeitnehmer. Die unmittelbare und zwingende Wirkung der Tarifnormen haben sie nicht. Bei einem Neuabschluss eines Arbeitsvertrages oder bei der Änderung eines bestehenden Arbeitsvertrages können diese Bestimmungen deswegen durch andere ersetzt werden.

Verhältnis Arbeitsvertrag – Tarifvertrag

Ist auf die bestehenden Arbeitsverhältnisse ein Tarifvertrag anwendbar, kann der Arbeitgeber durch einen Arbeitsvertrag von diesen Regelungen nicht zu Ungunsten des Arbeitnehmers abweichen. Durch einen Arbeitsvertrag können tarifliche Regelungen weder geändert noch umgangen werden. Im Arbeitsvertrag können nur Vereinbarungen getroffen werden, die die Arbeitnehmer besser stellen als der Tarifvertrag. Ist dies der Fall, gehen diese günstigeren einzelvertraglichen Regelungen dem Tarifvertrag vor (Günstigkeitsprinzip).

Enthält ein Arbeitsvertrag eine Regelung, die für den Arbeitnehmer ungünstiger ist als der Tarifvertrag, so gilt automatisch die Regelung des Tarifvertrages. Enthält ein Arbeitsvertrag eine Regelung, die für den Arbeitnehmer günstiger ist als der Tarifvertrag, so kann der Arbeitgeber diese

► einvernehmlich mit dem Arbeitnehmer oder

► einseitig durch eine Änderungskündigung

ändern. Bis zu einer Kündigung oder einvernehmlichen Änderung der entsprechenden vertraglichen Vereinbarung gilt diese weiter.

WICHTIG!

Grundsätzlich gilt für das Verhältnis Tarifvertrag und Arbeitsvertrag:

1. Der Tarifvertrag ist das so genannte höherrangige Recht und geht damit einem Arbeitsvertrag vor.
2. Eine Betriebsvereinbarung geht einem Arbeitsvertrag als das höherrangige (betriebsinterne) Recht vor.
3. Für den Arbeitnehmer günstigere arbeitsvertragliche Regelungen gehen einer Betriebsvereinbarung und dem Tarifvertrag vor (Günstigkeitsprinzip).

Teil B
Arbeitsvertragsmuster mit Vertragsbausteinen und Erläuterungen

1. Nachweis der Arbeitsbedingungen

1.1 Muster eines Nachweises

Den Nachweis-Bausteinen sind in kursiver Schrift die Anforderungen nach § 2 NachwG vorangestellt.

1. Name und Anschrift der Vertragsparteien

Arbeitsvertrag

zwischen Firma ..., Anschrift

– im Folgenden Arbeitgeber genannt –

und

Herrn/Frau ..., Anschrift

– im Folgenden Mitarbeiter/Mitarbeiterin genannt –

2. Zeitpunkt des Beginns des Arbeitsverhältnisses

Das Arbeitsverhältnis beginnt am 00. 00. 00.

3. bei befristeten Arbeitsverhältnissen die vorhersehbare Dauer des Arbeitsverhältnisses

Das Arbeitsverhältnis beginnt am 00. 00. 00. Es ist für die Dauer von ... Monaten nach § 14 des TzBfG befristet. Es endet mit Ablauf der vereinbarten Befristung am 00. 00. 00.

4. Arbeitsort oder, falls der Arbeitnehmer nicht nur an einem bestimmten Arbeitsort tätig sein soll, einen Hinweis darauf, dass der Arbeitnehmer an verschiedenen Orten beschäftigt werden kann

Der Mitarbeiter wird in ... eingesetzt

oder

Der Mitarbeiter wird an verschiedenen Orten in der Bundesrepublik Deutschland eingesetzt.

5. Bezeichnung oder allgemeine Beschreibung der vom Arbeitnehmer zu leistenden Tätigkeit

Der Mitarbeiter wird als ... eingestellt

oder

Der Mitarbeiter wird mit der Ausführung folgender Tätigkeiten betraut: ...

6. Zusammensetzung und Höhe des Arbeitsentgeltes einschließlich der Zuschläge, Zulagen, Prämien und Sonderzahlungen sowie anderer Bestandteile des Arbeitsentgeltes und deren Fälligkeit

Der Mitarbeiter erhält eine monatliche Bruttovergütung in Höhe von Euro ...

Diese Vergütung setzt sich zusammen aus

a)	Grundvergütung	€ ...
b)	Zuschläge für ...	€ ...
c)	Zulage für ...	€ ...
d)	...	€ ...
	Summe:	€ ...

Die monatliche Vergütung ist am Monatsende fällig. Mit der Monatsvergütung werden außerdem vermögenswirksame Leistungen in Höhe von € ... ausgezahlt.

Über die monatliche Vergütung hinaus erhält der Mitarbeiter mit der Juni-Vergütung eine Urlaubsgratifikation in Höhe von € ... und mit der November-Vergütung eine Weihnachtsgratifikation von € .... Die Gratifikationen werden nur für Zeiten gezahlt, in denen der Mitarbeiter eine Vergütung bezogen hat.

7. die vom Arbeitnehmer zu leistende regelmäßige wöchentliche oder tägliche Arbeitszeit

Die regelmäßige tägliche/wöchentliche Arbeitszeit des Mitarbeiters beträgt ... Stunden.

8. Dauer des jährliche Erholungsurlaubes

Der Mitarbeiter hat Anspruch auf einen jährlichen Erholungsurlaub von ... Werktagen/Arbeitstagen.

9. Fristen für die Kündigung des Arbeitsverhältnisses

Das Arbeitsverhältnis kann von beiden Seiten unter Einhaltung der gesetzlichen Kündigungsfristen gekündigt werden.

10. ein in allgemeiner Form gehaltener Hinweis auf die Tarifverträge, Betriebsvereinbarungen oder Dienstvereinbarungen, die auf das Arbeitsverhältnis anzuwenden sind

Auf das Arbeitsverhältnis findet außerdem die Betriebsvereinbarung vom 00. 00. 00 über ... Anwendung.

Bei Auslandseinsatz von mehr als einem Monat außerhalb der Bundesrepublik Deutschland folgende zusätzliche Angaben:

11. Dauer der im Ausland auszuübenden Tätigkeit

Der Mitarbeiter wird für ... Monate in der Zeit vom 00. 00. 00 bis 00. 00. 00 in ... eingesetzt.

12. Währung, in der das Arbeitsentgelt gezahlt wird

Der Mitarbeiter erhält die Bruttomonatsvergütung in € /in der Landeswährung ...

13. ein zusätzliches mit dem Auslandsaufenthalt verbundenes Arbeitsentgelt und damit verbundene zusätzliche Sachleistungen

Für die Dauer seines Auslandseinsatzes erhält der Mitarbeiter eine Auslandszulage von € ... sowie die steuerlich zulässigen Tagegelder entsprechend des jeweils zum Zeitpunkt des Auslandsaufenthaltes geltenden deutschen Einkommensteuergesetzes.

14. die vereinbarten Bedingungen für die Rückkehr des Arbeitnehmers

Nach Ablauf des unter Ziffer ... genannten Zeitraumes kehrt der Mitarbeiter an seinen Arbeitsplatz in ... zurück. Ab diesem Zeitpunkt erhält er seine monatliche Vergütung wieder in €. Die Auslandszulage und die Tagegelder entfallen.

15. Datum und Unterschrift des Arbeitgebers

....

....

(Ort/Datum) (Arbeitgeber)

1.2 Checkliste: Notwendige Angaben nach § 2 NachwG

 ACHTUNG!

Der Arbeitgeber darf keinen der Punkte weglassen, denn dies wäre eine Abweichung vom Nachweisgesetz zuungunsten des Arbeitnehmers. Dies ist aber nach § 5 NachwG verboten. Der Arbeitgeber darf in der Niederschrift weitere vereinbarte Arbeitsbedingungen aufnehmen – beispielsweise ein Verschwiegenheitsgebot oder die Vereinbarung über eine Probezeit.

Sowohl die Niederschrift nach dem NachwG als auch ein schriftlicher Arbeitsvertrag müssen mindestens folgende Punkte enthalten:

☐ **Vertragsparteien:**

Name und Anschrift der Vertragsparteien

☐ **Arbeitsbeginn:**

☐ unbefristetes Arbeitsverhältnis: Tag des Beginns

☐ befristetes Arbeitsverhältnis: vorhersehbare Dauer

☐ **Arbeitsort**

Konkreter Arbeitsort oder falls der Arbeitnehmer nicht nur an einem bestimmten Arbeitsort tätig sein soll, ein Hinweis darauf, dass der Arbeitnehmer an verschiedenen Orten beschäftigt werden kann,

☐ **Tätigkeitsbeschreibung**

Bezeichnung oder allgemeine Beschreibung der vom Arbeitnehmer zu leistenden Tätigkeit,

☐ **Vergütung**

Zusammensetzung und Höhe des Arbeitsentgelts einschließlich der Zuschläge, Zulagen, Prämien und Sonderzahlungen sowie anderer Bestandteile des Arbeitsentgelts und deren Fälligkeit

☐ **Arbeitszeit**

vereinbarte Arbeitszeit,

☐ **Urlaub**

Dauer des jährlichen Erholungsurlaubs,

☐ **Kündigung**

Kündigungsfristen,

☐ **Zusätzlich anzuwendende Vorschriften**

In allgemeiner Form gehaltener Hinweis auf die Tarifverträge, Betriebs- oder Dienstvereinbarungen, die auf das Arbeitsverhältnis anzuwenden sind,

☐ **Bei 400-€-Beschäftigungen**

Bei geringfügig Beschäftigten im Sinne von § 8 Abs. 1 Nr. 1 SGB IV: Hinweis, dass der Arbeitnehmer in der gesetzlichen Rentenversicherung die Stellung eines versicherungspflichtigen Arbeitnehmers erwerben kann, wenn er gegenüber dem Arbeitgeber auf die Versicherungsfreiheit schriftlich verzichtet,

☐ **Auslandstätigkeit:** nur bei Auslandstätigkeit von mehr als einem Monat:

☐ Dauer der im Ausland auszuübenden Tätigkeit

☐ Währung, in der das Arbeitsentgelt ausgezahlt wird,

☐ zusätzliches mit dem Auslandsaufenthalt verbundenes Arbeitsentgelt und damit verbundene zusätzliche Sachleistungen,

☐ vereinbarte Bedingungen für die Rückkehr des Arbeitnehmers.

2. Unbefristeter Arbeitsvertrag ohne Tarifbindung (Bezugnahme auf gesetzliche Vorschriften)

2.1 Vertragsmuster

Arbeitsvertrag

zwischen der Firma ..., Anschrift

– im Nachfolgenden Arbeitgeber genannt –

und

Herrn/Frau ..., Anschrift

– im Nachfolgenden Mitarbeiter/-in genannt –

§ 1 Beginn des Arbeitsverhältnisses, Tätigkeit

(1) Der Mitarbeiter/Die Mitarbeiterin wird als ... eingestellt. Das Arbeitsverhältnis beginnt am 00. 00. 00.

(2) Der Arbeitgeber behält sich vor, dem Mitarbeiter/der Mitarbeterin unter Beibehaltung der aktuellen Bezüge eine andere zumutbare Tätigkeit zuzuweisen, die seiner/ihrer Qualifikation entspricht.

§ 2 Arbeitszeit und Vergütung

(1) Die regelmäßige wöchentliche Arbeitszeit beträgt ... Stunden. Arbeitsbeginn und Arbeitsende richten sich nach den betrieblichen Gepflogenheiten.

(2) Der Mitarbeiter/Die Mitarbeiterin erhält eine am Monatsende zahlbare Vergütung in Höhe von insgesamt Euro ... brutto monatlich.

(3) Zusätzlich zur unter Absatz 1 genannten Vergütung erhält der Mitarbeiter/die Mitarbeiterin

mit der Vergütung im Monat Juni	50 % der vereinbarten Vergütung als Urlaubsgeld
mit der Vergütung im Monat Dezember	50 % der vereinbarten Vergütung als Weihnachtsgeld.

Diese zusätzliche Vergütung wird im Ein- und Austrittsjahr zeitanteilig gezahlt und zwar für jeden vollen Monat der Betriebszugehörigkeit im Ein- oder Austrittsjahr je 1/12 der Zusatzvergütung.

Die Zusatzvergütung wird nicht für Zeiträume gezahlt, in denen der Mitarbeiter/die Mitarbeiterin keinen Vergütungsanspruch gegen den Arbeitgeber hat – gleich aus welchem Rechtsgrund. Urlaubs- und Weihnachtsvergütung werden Insbesondere nicht bezahlt für Zeiten des Erziehungsurlaubs, des Wehr- oder Zivildienstes oder Zeiten eines unbezahlten Urlaubes.

(4) Mit der genannten Vergütung ist eine etwaige Mehr-, Sonn- und Feiertagsarbeit vollständig abgegolten.

§ 3 Freiwilligkeit der Sonderzahlungen

Für den Fall, dass der Arbeitgeber über die in § 2 dieses Vertrags genannte Vergütung (insgesamt bei ganzjähriger Betriebszugehörigkeit 13 Monatvergütungen jährlich) an den Mitarbeiter/die Mitarbeiterin weitergehende Sonderzahlungen leistet, handelt es sich dabei um freiwillige Leistungen, auf die kein Rechtsanspruch besteht. Auch durch mehrmalige Zahlungen wird ein Rechtsanspruch für die Zukunft weder dem Grunde noch der Höhe nach begründet.

§ 4 Reisekosten

Unternimmt der Mitarbeiter/die Mitarbeiterin im Auftrag des Arbeitgebers Dienstreisen, werden die notwendigen Reisekosten entsprechend der im Zeitpunkt der Dienstreise geltenden steuerrechtlichen Bestimmungen steuerfrei erstattet.

§ 5 Arbeitsverhinderung

Der Mitarbeiter/Die Mitarbeiterin ist verpflichtet, dem Arbeitgeber jede Dienstverhinderung unabhängig von ihrem Grund sowie die voraussichtliche Dauer der Arbeitsverhinderung unverzüglich anzuzeigen. Beruht die Arbeitsverhinderung auf einer krankheitsbedingten Arbeitsunfähigkeit, ist der Mitarbeiter/die Mitarbeiterin darüber hinaus verpflichtet, spätestens am dritten Kalendertag der Arbeitsverhinderung eine ärztliche Arbeitsunfähigkeitsbescheinigung vorzulegen, sofern die krankheitsbedingte Arbeitsverhinderung länger als 3 Kalendertage dauert. Diese Anzeige- und Nachweispflichten gelten auch für den Fall, dass die Arbeitsunfähigkeit länger als in der Bescheinigung angegeben andauert.

§ 6 Urlaub

(1) Der Anspruch auf bezahlten Erholungsurlaub richtet sich nach dem Bundesurlaubsgesetz in seiner jeweils geltenden Fassung.

(2) Der Jahresurlaubsanspruch beträgt zur Zeit 24 Werktage (= 20 Arbeitstage bei einer 5-Tage-Woche).

(3) Im Eintritts- und Austrittsjahr hat der Mitarbeiter/die Mitarbeiterin einen anteiligen Urlaubsanspruch entsprechend der Beschäftigungsdauer. Für jeden vollen Monat der Beschäftigung stehen dem Mitarbeiter/der Mitarbeiterin im Ein- und Austrittsjahr ein Zwölftel des Jahresurlaubs zu.

(4) Der Urlaub wird in Abstimmung mit dem Arbeitgeber schriftlich festgelegt. Er muss in jedem Fall vor Antritt beantragt und vom Arbeitgeber genehmigt werden.

(5) Der Urlaub ist grundsätzlich im Kalenderjahr zu nehmen. Nicht genommener Urlaub verfällt ersatzlos am 31. März des Folgejahres. Eine Übertragung von Urlaubsansprüchen in das folgende Kalenderjahr kann dabei nur aus den im Bundesurlaubsgesetz genannten Gründen erfolgen.

§ 7 Nebentätigkeit

Der Mitarbeiter/Die Mitarbeiterin ist verpflichtet, dem Arbeitgeber die Aufnahme jeglicher Nebentätigkeit anzuzeigen. Nebentätigkeiten, die zu einer Beeinträchtigung der Arbeitskraft führen oder die Belange des Arbeitgebers beeinträchtigen können, bedürfen vor ihrer Aufnahme durch den Mitarbeiter/die Mitarbeiterin der schriftlichen Zustimmung des Arbeitgebers.

§ 8 Verschwiegenheitspflichten

Der Mitarbeiter/Die Mitarbeiterin verpflichtet sich, über alle ihm/ihr im Rahmen seiner/ihrer Tätigkeit zur Kenntnis gelangten Vorgänge, insbesondere Betriebs- und Geschäftsgeheimnisse, sowohl während der Dauer des Anstellungsverhältnisses als auch nach dessen Beendigung Stillschweigen zu bewahren.

§ 9 Vertragsdauer, Probezeit, Beendigung

(1) Der Arbeitsvertrag wird auf unbestimmte Zeit abgeschlossen. Eine Kündigung vor Arbeitsaufnahme ist ausgeschlossen.

(2) Die ersten sechs Monate gelten als Probezeit.

(3) Für eine Kündigung des Arbeitsverhältnisses gelten für beide Parteien die gesetzlichen Kündigungsfristen. Eine außerordentliche Kündigung gilt gleichzeitig als ordentliche Kündigung zum nächstmöglichen Termin.

(4) Die Kündigung bedarf zu ihrer Wirksamkeit der Schriftform.

(5) Das Anstellungsverhältnis endet, ohne dass es einer Kündigung bedarf, mit Ablauf des Monats, in dem der Mitarbeiter/die Mitarbeiterin das 65. Lebensjahr vollendet, oder in dem vorzeitiges Altersruhegeld oder eine Rente wegen Erwerbsunfähigkeit gewährt wird.

§ 10 Freistellung, Rückgabe von Unterlagen

(1) Nach einer Kündigung ist der Arbeitgeber berechtigt, den Mitarbeiter/ die Mitarbeiterin unter Anrechnung eines etwa noch bestehenden Resturlaubsanspruches bis zum Ablauf der Kündigungsfrist von der Arbeitsleistung freizustellen. Während der Freistellung wird die Vergütung fortgezahlt, ein anderweitig erzieltes Arbeitseinkommen jedoch angerechnet.

(2) Der Mitarbeiter ist verpflichtet, mit der tatsächlichen Beendigung seiner Diensttätigkeit sämtliche von der Firma erhaltenen Unterlagen, Schriftstücke, Geräte oder sonstigen Gegenstände zurückzugeben.

§ 11 Vertragsstrafe

(1) Der Mitarbeiter/Die Mitarbeiterin verpflichtet sich, an den Arbeitgeber eine Vertragsstrafe in Höhe einer Bruttomonatsvergütung zu zahlen, wenn er/sie seine/ihre Tätigkeit nicht zum vorgesehenen Zeitpunkt aufnimmt oder vor Arbeitsbeginn oder zu einem späteren Zeitpunkt vertragswidrig beendet.

(2) Der Vertragsstrafenanspruch des Arbeitgebers besteht nicht, wenn der Mitarbeiter/die Mitarbeiterin die Tätigkeit aufgrund krankheitsbedingter Arbeitsunfähigkeit nicht zum vereinbarten Termin aufnehmen kann.

(3) Neben dem Vertragsstrafenanspruch des Arbeitgebers bleiben eventuelle Schadensersatzansprüche des Arbeitgebers bestehen.

§ 12 Schlussbestimmungen

(1) Alle gegenseitigen Ansprüche aus dem Arbeitsverhältnis verfallen drei Monate nach ihrer Fälligkeit, sofern sie nicht in diesem Zeitraum schriftlich gegenüber dem Vertragspartner geltend gemacht wurden.

(2) Änderungen und Ergänzungen des Vertrages bedürfen zu ihrer Wirksamkeit der Schriftform. Mündliche Nebenabreden neben diesem Vertrag bestehen nicht.

(3) Sofern in diesem Vertrag nicht ausdrücklich etwas anderes bestimmt ist, finden auf das Arbeitsverhältnis nur die Regelungen dieses Vertrags sowie die gesetzlichen Vorschriften Anwendung.

(4) Sollte eine der Bestimmungen dieses Arbeitsvertrags unwirksam sein, wird die Wirksamkeit der übrigen Bestimmungen hierdurch nicht berührt. Der Mitarbeiter/Die Mitarbeiterin und der Arbeitgeber verpflichten sich, in diesem Fall eine der unwirksamen Bestimmung im wirtschaftlichen Ergebnis nahe kommende Regelung zu treffen.

....
(Ort/Datum)   (Arbeitgeber)

....
(Ort/Datum)   (Mitarbeiter/Mitarbeiterin)

2.2 Erläuterungen/Vertragsbausteine

Der Arbeitsvertrag ist gedacht für ein Arbeitsverhältnis, auf das neben den Regelungen des Arbeitsvertrags nur die gesetzlichen Regelungen Anwendung finden sollen. Da diese den meisten Arbeitnehmern mehr oder weniger umfassend bekannt sind, ist es ratsam, in der Praxis häufig zu Streitigkeiten führende Punkte im Arbeitsvertrag von Anfang an zu regeln und klar zu stellen, auch wenn es sich um Bestandteile handelt, die nach dem Nachweisgesetz nicht zwingend notwendig sind. Zu derartigen Regelungen zählen beispielsweise Ausführungen zu den Anzeige- und Nachweispflichten bei einer Arbeitsverhinderung.

 TIPP!

Schriftliche Regelungen erleichtern die Argumentation und die Darlegung im Streitfall. Der Arbeitsvertrag liegt beiden Seiten vor und jeder kann nachlesen, was im Einzelnen vereinbart ist, und kann vom anderen erwarten, dass er die im Arbeitsvertrag geregelten Punkte auch einhält. Geregelt werden sollte daher über die Vorgaben des Nachweisgesetzes hinaus das betrieblich unbedingt Nötige.

2.2.1 Arbeitsbeginn, Tätigkeit

Nach dem Motto, „Das Wichtigste zuerst" beginnen die meisten Arbeitsverträge

– mit dem Datum, an dem das Arbeitsverhältnis beginnen soll und
– der Tätigkeit, für die der Arbeitnehmer eingestellt wird.

Tätigkeitsbeschreibung

Der Arbeitgeber hat bei der Tätigkeitsbeschreibung die Wahl zwischen

– Nennung einer anerkannten oder allgemein üblichen Berufsbezeichnung

Beispiele:

Der Mitarbeiter wird als Kraftfahrer eingestellt.
Der Mitarbeiter wird als Prokurist in der Abteilung Rechnungswesen tätig.

– Beschreibung der von einem Mitarbeiter auszuführenden Tätigkeiten

Beispiel:

Zu den Aufgaben des Mitarbeiters gehört die Pflege des Fuhrparkes mit allen dazugehörigen Arbeiten, insbesondere regelmäßige Wartung der Fahrzeuge, Sauberhaltung, Betankung, ordnungsgemäße Verwahrung, Kontrolle der vorhandenen und ausgegebenen Schlüssel ...

– einer Kombination aus Berufsbezeichnung und den zu erledigenden Arbeiten

Beispiel:

Der Mitarbeiter wird als Groß- und Außenhandelskaufmann eingestellt. Er wird als Sachbearbeiter in der Auftragsabwicklung eingesetzt. Zu seinen Aufgaben gehören insbesondere:
– Überprüfung der Auftragsunterlagen auf Vollständigkeit
– Disposition
– Rechnungserstellung
– Bearbeitung von Reklamationen
– Kundenkontakt und Kundenpflege ...

 WICHTIG!

Je genauer das Aufgabengebiet beschrieben wird, umso schwieriger wird es für den Arbeitgeber, dem Mitarbeiter andere oder neue Aufgaben zuzuweisen. Daher sollte vor der Aufzählung von einzelnen Tätigkeiten durch die Verwendung von Wörtern wie „insbesondere", „beispielsweise" oder „unter anderem" deutlich gemacht werden, dass die Aufzählung nicht abschließend gemeint ist.

Versetzungsvorbehalt

Absatz 2 des Vertragsmusters – der Versetzungsvorbehalt – hängt eng mit der Formulierung des Tätigkeitsfeldes zusammen. Der Arbeitgeber kann umso leichter dem Mitarbeiter andere seiner Qualifikation entsprechende Tätigkeiten zuweisen, je breiter das Aufgabenfeld definiert ist.

Grundsätzlich muss der Arbeitnehmer nur die vertraglich vereinbarten Arbeiten erbringen. Darüber hinausgehende oder vollständig andere Arbeiten kann der Arbeitgeber nur in Notfällen verlangen oder wenn er sie im Rahmen seines Direktionsrechts einseitig dem Arbeitnehmer zuweisen kann. Enthält der Arbeitsvertrag einen Versetzungs-/Zuweisungsvorbehalt wird der Arbeitnehmer bereits bei Abschluss des Vertrags darauf aufmerksam gemacht, dass das Aufgabengebiet nicht starr ist und der Arbeitgeber ihm auch andere Arbeiten abverlangen kann, sofern sie dem Arbeitnehmer zumutbar sind.

Arbeitsbeginn

Als Datum für den Beginn des Arbeitsverhältnisses kann gewählt werden

– ein rechtlicher Beginn, der nicht zwingend mit dem tatsächlichen ersten Arbeitstag identisch sein muss

Beispiel:

Das Arbeitsverhältnis beginnt am 1. 1. 20..

In den meisten Bereichen wird am Neujahrstag nicht gearbeitet, so dass die tatsächliche Arbeitsaufnahme erst am 2. 1. erfolgt. Der Mitarbeiter erhält seine Vergütung dann aber trotzdem ab dem rechtlichen Beginn des Arbeitsverhältnisses.

– der tatsächliche Beginn des Arbeitsverhältnisses

Beispiel:

Der Mitarbeiter soll zu Jahresbeginn eingestellt werden. Da aber bis einschließlich 6. 1. Betriebsferien sind, kann der erste tatsächliche Arbeitstag erst der 7. 1. sein. In diesem Fall empfiehlt es sich, als Datum des Beginns im Arbeitsvertrag den 7. 1. aufzunehmen. Ab diesem Tag erhält der Mitarbeiter dann Vergütung.

 WICHTIG!

Maßgebend für den Vergütungsanspruch ist der Tag des rechtlichen Beginns, wenn der Tag der tatsächlichen Arbeitsaufnahme später liegt. Der Tag der tatsächlichen Arbeitsaufnahme ist nur dann maßgebend, wenn er vor dem im Arbeitsvertrag als Beginn genannten Datum liegt.

2.2.2 Arbeitszeit und Vergütung

Arbeitszeit

Die zu erbringende Arbeitszeit bestimmt maßgeblich die Vergütung: Vergleichspunkt ist immer eine Vollzeitbeschäftigung, bei der ein Mitarbeiter die regelmäßige betriebliche Arbeitszeit arbeitet. Wer weniger arbeitet, ist teilzeitbeschäftigt und enthält – entsprechend der verringerten Arbeitszeit – eine geringere Vergütung.

Vergütung

Nach § 107 GewO ist das Arbeitsentgelt in Euro zu berechnen und auszuzahlen.

Im Normalfall wird die Vergütung zwischen Arbeitnehmer und Arbeitgeber ausdrücklich ausgehandelt und anschließend vereinbart. Dabei schreibt § 612 Abs. 3 BGB vor, dass in einem Arbeitsverhältnis für gleiche oder für gleichwertige Arbeit unabhängig vom Geschlecht die gleiche Vergütung vereinbart werden muss. Es besteht insoweit ein Gebot der Lohngleichheit.

Bei der dem Arbeitnehmer zu zahlenden Vergütung können verschiedene Vergütungsmodelle vereinbart werden – z. B. in Abhängigkeit von der zu erbringenden Arbeit. Denkbar sind zum Beispiel

– Abrechnung nach Anzahl der geleisteten Arbeitsstunden

Der Mitarbeiter erhält pro voller Arbeitsstunde ... Euro brutto. Die wöchentliche Mindestarbeitszeit beträgt 35 Stunden.

– Gleich bleibende Monatsvergütung

Siehe Vertragsmuster

– Grundvergütung mit „Prämien"

Der Mitarbeiter erhält eine Grundvergütung von ... Euro monatlich brutto. Zusätzlich erhält er pro ... Stück hergestellter ... einen Akkordlohn von ... Euro brutto.

Über die Grundvergütung hinausgehende Zahlungen müssen gesondert vereinbart werden. Je nach Ausgestaltung kann es sich dabei um

– verbindliche Zusagen des Arbeitgebers handeln. In derartigen Fällen hat der Arbeitnehmer einen Rechtsanspruch auf die zusätzliche Vergütung.

Hierzu ist eine Formulierung im Vertragsmuster enthalten. Der Anspruch auf Urlaubs- und Weihnachtsgeld als Sondervergütung ist

verbindlich geregelt. Der Arbeitgeber verpflichtet sich, diese Sonderzahlung als Bestandteil des Jahresgehaltes immer zu zahlen. Es handelt sich also nicht um freiwillige und widerrufliche Zahlungen, über die der Arbeitgeber jährlich neu entscheiden kann.

– die Inaussichtstellung einer Sonderzahlung handeln. Gestaltet der Arbeitgeber Sonderzahlungen als freiwillige Leistungen und behält sich vor, über deren Zahlung jährlich neu zu entscheiden, erwirbt der Arbeitnehmer hierauf keinen Rechtsanspruch. Beschließt der Arbeitgeber – z. B. aus wirtschaftlichen Gründen – die freiwillige Leistung nicht zu zahlen, kann der Arbeitnehmer sie nicht einklagen.

 Formulierungsbeispiel:

Sofern es die wirtschaftliche Lage des Unternehmens zulässt, zahlt der Arbeitgeber als freiwillige und jederzeit widerrufbare Sonderzahlung jährlich in Höhe einer durchschnittlichen Monatsvergütung mit der Dezembervergütung aus. Auch durch eine mehrmalige Zahlung wird kein Rechtsanspruch für die Zukunft weder dem Grunde noch der Höhe nach begründet.

2.2.3 Freiwilligkeit der Sonderzahlungen

Mit einem derartigen Freiwilligkeitsvorbehalt für Sonderzahlungen, auf die kein Rechtsanspruch des Arbeitnehmers besteht, behält sich der Arbeitgeber die Entscheidungsfreiheit für über die monatliche Vergütung hinausgehende Zahlungen vor.

2.2.4 Reisekosten

Derartige Hinweise sind immer dann sinnvoll, wenn die Tätigkeit des Mitarbeiters Dienstreisen mit sich bringt. Gerade in kleineren und mittleren Unternehmen bestehen häufig keine ausführlichen Dienstreiseregelungen außerhalb des Arbeitsvertrags.

Besteht keine Dienstreiseordnung, vermeiden kurze Regelungen, dass der Arbeitgeber Reisekosten übernimmt, aber nur

– in notwendigem Umfang und

– im Rahmen der jeweils geltenden steuerrechtlichen Bestimmungen,

Streitigkeiten im Fall der Dienstreise.

2.2.5 Arbeitsverhinderung

Regelungen zur Arbeitsverhinderung betreffen nicht nur den Fall der Arbeitsunfähigkeit wegen Krankheit, sondern jede Art von Dienstverhinderung – also z. B. auch den Fall, dass der Mitarbeiter wegen Glatteises nicht zur Arbeit kommen kann. Der Arbeitgeber kann in jedem Fall vom Arbeitnehmer verlangen, dass er unverzüglich anzeigt, dass er nicht zur Arbeit erscheinen wird.

Die Entgeltfolgen des Ausbleibens ergeben sich aus dem Grund der Dienstverhinderung:

- liegt Arbeitsunfähigkeit wegen Krankheit vor, ergibt sich der Entgeltfortzahlungsanspruch des Arbeitnehmers aus den Vorschriften des Entgeltfortzahlungsgesetzes.

- liegt eine Arbeitsverhinderung vor, die nicht auf Krankheit beruht, und die der Mitarbeiter vom Grundsatz her selbst verschuldet hat, hat er keinen Entgeltfortzahlungsanspruch.

 WICHTIG!

In beiden Fällen kann der Arbeitgeber verlangen, dass der Mitarbeiter seine Dienstverhinderung unverzüglich anzeigt und Auskunft über deren voraussichtliche Dauer gibt. Denn der Arbeitgeber muss in die Lage versetzt werden, über notwendige Ersatzmaßnahmen zu entscheiden.

2.2.6 Urlaub

Geregelt werden muss im Arbeitsvertrag im Grundsatz nur die Höhe des Urlaubsanspruchs. Richtet sich dieser nach dem Gesetz, kann auf dieses verwiesen werden.

Die meisten der übrigen mit dem Urlaubsanspruch und der Urlaubsgewährung zusammenhängenden Rechtsfragen lassen sich aus dem Bundesurlaubsgesetz heraus klären. Gleichwohl ist es ratsam, auf einige Dinge im Arbeitsvertrag hinzuweisen, so z. B: auf das Verfalldatum 31. 3. oder auf die Genehmigungsvorbehalt des Arbeitgebers.

 TIPP!

Im Arbeitsvertrag sollte immer eine Regelung enthalten sein, dass sich im Ein- und im Austrittsjahr die Höhe des Urlaubsanspruches nach der tatsächlichen Beschäftigungsdauer richten – der Urlaubsanspruch also gequotelt wird.

2.2.7 Nebentätigkeit

Auch ohne ausdrücklichen Hinweis im Arbeitsvertrag ist der Mitarbeiter verpflichtet, keine Nebentätigkeiten auszuüben, die Belange des Arbeitgebers beeinträchtigen können. Darüber hinaus ist der Mitarbeiter aber in der

Verwendung seiner Arbeitskraft grundsätzlich frei, d. h. er kann – sofern er damit nicht gegen Gesetze (z. B. Arbeitszeitgesetz) verstößt – weitere Arbeitsverhältnisse eingehen.

 WICHTIG!

Auf jeden Fall sollte der Arbeitnehmer bereits durch den Arbeitsvertrag verpflichtet werden, vor Aufnahme einer bezahlten oder unbezahlten Nebentätigkeit den Arbeitgeber zu informieren.

2.2.8 Verschwiegenheitspflichten

Die Verschwiegenheitspflichten ergeben sich aus gesetzlichen Vorschriften, eine entsprechende Regelung im Arbeitsvertrag hat eher klarstellende Bedeutung.

2.2.9 Vertragsdauer, Probezeit, Beendigung

 TIPP!

Diese Arbeitsvertragspunkte können auch in einzelnen Paragrafen geregelt werden. Eine Verbindung empfiehlt sich jedoch, weil das Ende der Probezeit auch das Ende kürzerer Kündigungsfristen bedeutet.

Dauer

Die Regelung stellt klar, dass es sich um ein unbefristetes Arbeitsverhältnis handelt. Das Arbeitsverhältnis endet nur, wenn eine der Parteien kündigt oder ein Aufhebungsvertrag geschlossen wird.

Kündigung vor Arbeitsaufnahme

Die entsprechende Regelung soll den Arbeitgeber vor vergeblichen Aufwendungen für die Stellensuche schützen. Sie ist jedoch kein Garantieschein dafür, dass der Arbeitnehmer seine Arbeit tatsächlich zum vereinbarten Termin aufnimmt. Tritt dieser Fall ein, stehen dem Arbeitgeber jedoch Schadenersatzansprüche zu, wenn die Kündigung vor Arbeitsantritt ausgeschlossen war.

Probezeit

Eine Probezeit muss ausdrücklich vereinbart werden. Nur bei einer ausdrücklich vereinbarten Probezeit können sich Arbeitgeber und Arbeitnehmer auf

- ► die in § 622 Abs. 3 BGB vorgesehene kürzere Kündigungsfrist berufen.
- ► eine vertraglich vereinbarte – im Vergleich zu den übrigen Kündigungsfristen – kürzere Kündigungsfrist berufen.

Während einer vereinbarten Probezeit kann nach § 622 Abs. 3 BGB mit einer Frist von 2 Wochen gekündigt werden. Der Kündigungstermin, d. h. der Endtermin für das Arbeitsverhältnisses, kann frei gewählt werden. Es muss keine Kündigung zum 15. oder zum Ende eines Monats ausgesprochen werden.

 WICHTIG!

Ist keine Probezeit ausdrücklich vereinbart, finden die normalen Kündigungsfristen Anwendung.

Die Probezeit mit der Folge kürzerer Kündigungsfristen darf nicht länger als 6 Monate dauern. Für eine über 6 Monate dauernde Probezeit muss ein triftiger Grund vorliegen.

Beispiel:

Für ein langjähriges Forschungsprojekt werden Mitarbeiter mit einer 9-monatigen Probezeit eingestellt, da in den ersten 3 Monaten Schulungen stattfinden und erst in den folgenden 6 Monaten geprüft werden kann, ob der Mitarbeiter eine ausreichende wissenschaftliche Eignung besitzt. In derartigen Fällen kann eine über 6 Monate hinausgehende Probezeit gerechtfertigt sein.

 TIPP!

Im Normalfall ist eine zwischen 3 und 6 Monaten bemessene Probezeit ausreichend. Dauert die Probezeit länger, gelten nach Ablauf von sechs Monaten die regulären Kündigungsfristen.

Kündigung

Im Vertragsmuster sollen ausschließlich die gesetzlichen Kündigungsfristen Anwendung finden. Es ergeben sich daher die anzuwendenden Kündigungsfristen aus § 622 Abs. 1 und 2 BGB. In den ersten zwei Jahren gilt unabhängig vom Lebensalter des Beschäftigten eine Kündigungsfrist von 4 Wochen zum 15. oder zum Ende eines Kalendermonats.

Ist der Arbeitnehmer länger als 2 Jahre im Betrieb, muss der Arbeitgeber bei einer Kündigung eine längere Kündigungsfrist einhalten. Dabei werden allerdings nur Zeiten der Betriebszugehörigkeit ab dem vollendeten 25. Lebensjahr bei der Berechnung der anzuwendenden Kündigungsfrist herangezogen.

Formerfordernis

Früher konnten Kündigungen auch mündlich erklärt werden. Da dies immer wieder zu Streitigkeiten über den Inhalt oder den Kündigungstermin geführt hat, ist nunmehr gesetzlich geregelt, dass alle Kündigung eines Arbeitsverhältnisses der Schriftform bedürfen (§ 623 BGB). Das Schriftformerfordernis ist sowohl vom Arbeitgeber als auch vom Arbeitnehmer einzuhalten. Eine nicht schriftlich erklärte Kündigung ist unwirksam mit der Folge, dass das Arbeitsverhältnis weiterbesteht.

Beendigung mit Rentenalter

Derartige Bestimmungen bieten sich an, um bei Eintritt des Rentenalters keine Kündigung aussprechen zu müssen. Mit Eintritt der geregelten Voraussetzungen endet das Arbeitsverhältnis automatisch.

2.2.10 Freistellung, Rückgabe von Unterlagen

Freistellung

Diese Regelung ist insbesondere von Interesse, wenn der Mitarbeiter mit Arbeiten betraut ist, die für einen neuen Arbeitgeber von Interesse sein könnten. In Frage kommt eine Freistellung aber auch, wenn der Kündigungsgrund in Arbeitsmangel besteht. Da der Arbeitgeber grundsätzlich verpflichtet ist, den Arbeitnehmer zu beschäftigen, muss er sich das Recht zur Freistellung grundsätzlich einräumen lassen, wenn er keinem Begründungszwang ausgesetzt sein will. Unabhängig vom Grund der Freistellung hat der freigestellte Arbeitnehmer auch ohne Arbeitsleistung Anspruch auf Vergütung.

Rückgabepflichten

Hierbei handelt es sich eigentlich um eine Selbstverständlichkeit, gleichwohl sollte eine entsprechende Rückgabeverpflichtung ausdrücklich geregelt werden. Auch wenn sich Gegenstände aus dem Eigentum des Arbeitgebers schon lange im Besitz und der Benutzung durch den Arbeitnehmer befinden, besteht eine Rückgabepflicht im Falle der Beendigung des Arbeitsverhältnisses. Die Rückgabepflicht entfällt nur, wenn der Arbeitgeber ausdrücklich darauf verzichtet.

2.2.11 Vertragsstrafe

Diese Vertragsstrafenregelung betrifft den Fall des Nichtsantritts der Arbeit. Sie soll dem Arbeitgeber es erleichtern, die durch ein vergebliches

Stellenbesetzungsverfahren entstandenen Aufwendungen vom „abtrünnigen" Arbeitnehmer als Ersatz verlangen zu können.

2.2.12 Schlussbestimmungen

Unter diesem Regelungspunkt finden sich üblicherweise

▶ Regelungen zum Verfall von Ansprüchen sowie der Frist zur Geltendmachung.

Derartige Bestimmungen sollen verhindern, dass gegenseitige Ansprüche noch nach Monaten oder Jahren geltend gemacht werden können. Sie sollen einen Beitrag zur frühzeitigen Rechtssicherheit sein.

▶ Hinweise, dass außerhalb des Arbeitsvertrags keine Regelungen getroffen wurden.

Auch diese Regelung soll Streitigkeiten verhindern. Jede Seite soll sich nur auf schriftliche Abmachungen berufen können. Eine derartige Regelung ist allerdings nur sinnvoll, wenn sie auch konsequent umgesetzt wird.

▶ Hinweise, welche Rechtsvorschriften Anwendung finden.

Ein derartiger Hinweis ist nach § 2 Abs. 1 Nr. 10 NachwG auch dann angebracht, wenn nur die gesetzlichen Bestimmungen und die Regelungen des Arbeitsvertrags Anwendung finden sollen.

▶ die salvatorische Klausel.

Diese soll verhindern, dass der gesamte Arbeitsvertrag unwirksam wird, wenn sich eine Regelung als unwirksam herausstellen sollte. Sie beinhaltet gleichzeitig die Verpflichtung für beide Arbeitsvertragsparteien, in diesem Fall für die unwirksame Bestimmung eine neue zu finden, die dem ursprünglichen wirtschaftlichen Ergebnis nahe kommt.

Arbeitsvertragsparteien/Unterschrift

Ein schriftlicher Arbeitsvertrag bedarf der Unterzeichnung durch beide Parteien, d. h. Arbeitgeber und Arbeitnehmer müssen zumindest je ein Exemplar mit ihrer Unterschrift versehen und der anderen Partei aushändigen (§ 126 BGB), wenn mehr als ein Vertragsexemplar ausgefertigt wird. Gibt es nur ein Exemplar des Vertrags, so wird dieses von beiden Parteien unterzeichnet und zur Personalakte genommen.

 TIPP!

In der Praxis hat sich die Ausstellung von zwei Verträgen bewährt, die jeweils von beiden Parteien vollständig unterschrieben werden. Jede Partei erhält dann ein von beiden Seiten unterschriebenes Exemplar.

3. Unbefristeter Arbeitsvertrag mit Bezugnahme auf Tarifvertrag

3.1 Vertragsmuster

Arbeitsvertrag

Zwischen der Firma ..., Anschrift

– im Nachfolgenden Arbeitgeber genannt –

und

Herrn/Frau ..., Anschrift

– im Nachfolgenden Mitarbeiter/Mitarbeiterin genannt –

wird Folgendes vereinbart:

§ 1 Tätigkeit

1. Mit Wirkung vom 00. 00. 00 wird der Mitarbeiter/die Mitarbeiterin als ... eingestellt. Zu seinen/ihren Tätigkeiten zählen insbesondere:

   ....

   ....

   ....

2. Der Mitarbeiter/Die Mitarbeiterin wird im Betrieb des Arbeitgebers in ... beschäftigt.

3. Der Arbeitgeber behält sich das Recht vor, dem Mitarbeiter/der Mitarbeiterin unter Beibehaltung der vereinbarten Vergütung auch andere oder zusätzliche der Ausbildung und der beruflichen Entwicklung entsprechende Tätigkeiten zu übertragen.

§ 2 Anzuwendender Tarifvertrag

1. Rechte und Pflichten aus dem Arbeitsverhältnis regeln sich nach dem Tarifvertrag der ... -branche in der jeweils gültigen Fassung. Bei einem tariflosen Zustand werden die zuletzt gültigen Tarifverträge weiter angewendet.

2. Ergänzend finden die gesetzlichen Regelungen Anwendung.

§ 3 Vergütung

1. Der Mitarbeiter/Die Mitarbeiterin wird entsprechend der ausgübten Tätigkeit in die tarifliche Vergütungsgruppe ..., Beschäftigungsjahr ... eingestuft. Auf der Grundlage der Einstufung errechnet sich folgende monatliche Bruttovergütung:

Vergütungsgruppe:	Beschäftigungsjahr
Grundvergütung	€ ....
Vermögenswirksame Leistungen	€ ....
Zulage nach § ... TV	€ ....
Gesamtbruttovergütung	€ ....

2. Sonderzahlungen werden nach den jeweils geltenden tariflichen Regelungen gewährt. Zurzeit zahlt der Arbeitgeber an Sonderzahlungen aufgrund der tarifvertraglichen Regelungen:

Urlaubsgeld	fällig mit der Juni-Vergütung	... %
Weihnachtsgeld	fällig mit der Dezember-Vergütung	... %
	der Monatsvergütung.	

3. Die der Bruttovergütung entsprechende Nettovergütung ist jeweils am Monatsende fällig und wird auf ein Konto des Mitarbeiters/der Mitarbeiterin überwiesen.

4. Übertarifliche Vergütungsbestandteile werden vom Arbeitgeber freiwillig gewährt. Auf diese Leistungen besteht auch nach wiederholter Gewährung kein Rechtsanspruch. Die Leistungen können ganz oder teilweise auf tarifliche Vergütungserhöhungen angerechnet werden. Die Anrechnung kann auch rückwirkend erfolgen, wenn und soweit das tariflich vereinbarte Gehalt rückwirkend erhöht wird.

5. Mit der vereinbarten Vergütung sind alle dem Mitarbeiter/der Mitarbeiterin in Zusammenhang mit seiner/ihrer Tätigkeit entstehenden Aufwendungen abgegolten. Außergewöhnliche Kosten, z. B. Kosten anlässlich von Dienstreisen, werden nach den betrieblichen und steuerlichen Richtlinien ersetzt.

§ 4 Arbeitszeit, Überstunden

1. Die vereinbarte Vergütung gilt für die im Tarifvertrag vereinbarte regelmäßige Arbeitszeit. Diese beträgt zur Zeit ... Stunden wöchentlich.

2. Der Mitarbeiter/Die Mitarbeiterin verpflichtet sich, auch Nacht-/Samstags-/Sonntags-/Feiertags-Mehrarbeit oder Überstunden zu leisten, soweit dies betrieblich notwendig und gesetzlich zulässig ist.

3. Die Vergütung von Mehrarbeit oder Nacht-/Samstags-/Sonntags- oder Feiertagsarbeit erfolgt nach den tarifvertraglichen Regelungen.

§ 5 Urlaub

1. Der Urlaubsanspruch des Mitarbeiters/der Mitarbeiterin richtet sich nach den tarifvertraglichen Vorschriften. Zur Zeit beträgt der Jahresurlaubsanspruch ... Werktage/Arbeitstage.

2. Gemäß § ... des Tarifvertrags besteht im Ein- und im Austrittsjahr nur ein anteiliger Urlaubsanspruch entsprechend der Beschäftigungsdauer.

§ 6 Probezeit, Beendigung des Arbeitsverhältnisses

1. Die ersten ... Monate gelten als Probezeit. Während der Probezeit kann das Arbeitsverhältnis beiderseits mit einer Frist von einem Monat zum Ende des Kalendermonats gekündigt werden. Die Kündigung ist spätestens am letzten Tag des Monats auszusprechen.

2. Nach dem Ablauf der Probezeit kann das Arbeitsverhältnis von beiden Seiten unter Einhaltung der tariflichen Kündigungsfristen gekündigt werden.

3. Eine Kündigung vor Arbeitsantritt ist ausgeschlossen.

4. Eine Verlängerung der Kündigungsfristen durch gesetzliche oder tarifvertragliche Vorschriften gilt auch zugunsten des Arbeitgebers. Das Gleiche gilt für die Festlegung von Kündigungsterminen.

§ 8 Schlussbestimmungen

1. Weitere Vereinbarungen außerhalb dieses Arbeitsvertrages sind nicht getroffen.

2. Ergänzungen oder Änderungen dieses Vertrages bedürfen der Schriftform. Auf das Erfordernis der Schriftform kann nur durch eine schriftliche Erklärung beider Vertragsparteien verzichtet werden.

3. Der Mitarbeiter/Die Mitarbeiterin verpflichtet sich, von den Bestimmungen des Tarifvertrages für die ... - Branche unverzüglich Kenntnis zu nehmen. Die jeweils gültige Fassung des Tarifvertrages ist in der Personalabteilung zur Einsichtnahme ausgelegt.

4. Beide Parteien haben je ein von beiden Seiten unterschriebenes Exemplar dieses Arbeitsvertrags erhalten.

....
(Ort/Datum)   (Arbeitgeber)

....
(Ort/Datum)   (Mitarbeiter/Mitarbeiterin)

3.2 Erläuterungen/Vertragsbausteine

Der Musterarbeitsvertrag ist für alle Fälle verwendbar, in denen auf das Arbeitsverhältnis ein Tarifvertrag Anwendung findet und keine darüber hinausgehende Regelungen getroffen werden sollen.

In diesen Fällen kann der Inhalt des Arbeitsvertrags auf das Wesentliche – d. h. auf den nach den Vorschriften des Nachweisgesetzes notwendigen Mindestinhalt – beschränkt werden. Ergänzend gilt zu den arbeitsvertraglichen Regelungen immer der Tarifvertrag.

 WICHTIG!

Auch wenn ein Tarifvertrag Anwendung findet, muss der Arbeitsvertrag alle nach § 2 NachwG notwendigen Angaben enthalten. Der Arbeitgeber kann jedoch bei

► Vergütung und Sonderzahlungen
► Arbeitszeit
► Urlaub
► Kündigungsfristen

auf den einschlägigen Tarifvertrag verweisen. Er muss die dort enthaltenen Bestimmungen nicht im Einzelnen im Arbeitsvertrag aufführen.

4. Unbefristeter Arbeitsvertrag mit Tarifbindung und über den Tarifvertrag hinausgehende Regelungen

4.1 Vertragsmuster

Arbeitsvertrag

Zwischen der Firma ..., Anschrift

– nachstehend Arbeitgeber genannt –

und

Herrn/Frau ..., Anschrift

– nachstehend Mitarbeiter/Mitarbeiterin genannt –

wird folgender unbefristeter Arbeitsvertrag geschlossen:

§ 1 Beginn des Arbeitsverhältnisses, Tätigkeit

1. Der Mitarbeiter/Die Mitarbeiterin wird ab 00. 00. 00 in einem unbefristeten Arbeitsverhältnis als ... eingestellt. Er/Sie wird von der Betriebsleitung und den einzelnen Vorgesetzten nach näherer Anweisung mit einschlägigen Arbeiten beschäftigt.

   Zu den Aufgaben des Mitarbeiters/der Mitarbeiterin zählen insbesondere:

   ...

   ...

2. Ort, Art und zeitliche Lage der vom Mitarbeiter/der Mitarbeiterin zu erledigenden Aufgaben richten sich nach den betrieblichen Bedürfnissen des Arbeitgebers, soweit dies dem Mitarbeiter/der Mitarbeiterin zumutbar ist. Der Mitarbeiter/Die Mitarbeiterin kann im In- und Ausland eingesetzt werden. Eine Auslandsverwendung wird rechtzeitig vorher mit dem Mitarbeiter/der Mitarbeiterin abgesprochen.

3. Der Mitarbeiter/Die Mitarbeiterin hat seine ganze Arbeitskraft der Firma zu widmen.

4. Der Arbeitgeber behält sich vor, dem Mitarbeiter/der Mitarbeiterin innerhalb des Unternehmens bei unveränderten Bezügen auch eine andere seiner/ihrer Vorbildung und seinen/ihren Fähigkeiten entsprechende Tätigkeit zu übertragen und ihn/sie an einen anderen Ort zu versetzen.

Der Mitarbeiter/Die Mitarbeiterin verpflichtet sich, einer etwaigen Anordnung dieser Art Folge zu leisten, sofern ihm/ ihr die angewiesene Tätigkeit zumutbar ist.

§ 2 Arbeitszeit, Überstunden

1. Die regelmäßige wöchentliche Arbeitszeit beträgt nach dem auf das Arbeitsverhältnis anzuwendenden Tarifvertrag zur Zeit ... Stunden.

2. Der Mitarbeiter/Die Mitarbeiterin erklärt sich bereit, im Rahmen der gesetzlichen und tariflichen Bestimmungen über die regelmäßige Arbeitszeit hinaus tätig zu werden, sofern dies betrieblich notwendig ist und die Überstunden vom Arbeitgeber angeordnet oder von ihm geduldet wurden.

§ 3 Vergütung

1. Der Mitarbeiter/Die Mitarbeiterin wird in die Vergütungsgruppe ... des Vergütungstarifvertrags der ...-Industrie vom 00. 00. 00 eingestuft. Ausgehend von ... Berufsjahren erhält der Mitarbeiter zzt. eine monatliche Bruttovergütung von

0000,00 € (in Worten ... Euro).

Die Vergütung setzt sich wie folgt zusammen:

a) Grundvergütung gemäß Tarifvertrag €
b) Zulage gemäß § ... des Tarifvertrags €
c) Vermögenswirksame Leistungen gem. § ... des Tarifvertrags €
d) freiwillige, jederzeit widerrufbare übertarifliche Zulage €
Gesamtvergütung (brutto) €.

2. Bei der unter Ziffer 1 d genannten Zulage handelt es sich um eine freiwillige, jederzeit vom Arbeitgeber widerrufbare Zahlung. Der Mitarbeiter/Die Mitarbeiterin wurde ausdrücklich darauf hingewiesen, dass auch bei wiederholter Zahlung kein Rechtsanspruch für die Zukunft entsteht.

3. Die Vergütung wird nachträglich gezahlt. Sie wird bis zum 5. des Folgemonats auf ein vom Mitarbeiter zu benennendes Konto überwiesen.

4. Die Abtretung sowie die Verpfändung der Vergütung insgesamt sowie von Vergütungsbestandteilen ist ausgeschlossen. Der Mitarbeiter/Die Mitarbeiterin versichert, dass zur Zeit des Vertragsabschlusses keine

Abtretungen, Verpfändungen oder Pfändungen bestehen. Wird die Vergütung von einem Dritten gepfändet, wird dem Mitarbeiter/der Mitarbeiterin monatlich 1 % der gepfändeten Summe für die dem Arbeitgeber durch die Pfändung entstehenden Kosten einbehalten.

5. Freiwillige Sondervergütungen des Arbeitgebers können für Zeiten der krankheitsbedingten Arbeitsunfähigkeit gemäß § 4 a EFZG gekürzt werden. Für Zeiten, in denen das Arbeitsverhältnis aus rechtlichen oder tatsächlichen Gründen ruht, besteht kein Anspruch auf freiwillige Sonderzahlungen.

§ 4 Probezeit, Dauer, Beendigung des Arbeitsverhältnisses

1. Das Arbeitsverhältnis wird auf unbestimmte Zeit eingegangen und beginnt am 00. 00. 00:

   Eine ordentliche Kündigung vor Arbeitsantritt ist ausgeschlossen.

2. Die ersten sechs Monate des Arbeitsverhältnisses gelten als Probezeit. Innerhalb der Probezeit kann das Arbeitsverhältnis von beiden Seiten mit der tarifvertraglichen Kündigungsfrist von zzt. … gekündigt werden.

3. Nach Ablauf der vereinbarten Probezeit kann das Arbeitsverhältnis von beiden Seiten mit den tarifvertraglichen Kündigungsfristen gekündigt werden.

4. Das Arbeitsverhältnis endet, ohne dass es hierzu einer Kündigung bedarf, in jedem Fall mit Ablauf des Monats, in dem der Mitarbeiter das 65. Lebensjahr vollendet, vorausgesetzt, der Mitarbeiter hat zu diesem Zeitpunkt Anspruch auf die volle gesetzliche Altersrente. Ist vorsehbar, dass diese Voraussetzung nicht erfüllt werden wird, ist der Mitarbeiter verpflichtet, innerhalb von sechs Monaten nach Vollendung des 62. Lebensjahres gegenüber dem Arbeitgeber verbindlich zu erklären, ob das Arbeitsverhältnis mit Vollendung des 65. Lebensjahres enden soll.

§ 5 Vorbehalt der Eignung des Mitarbeiters

1. Der Mitarbeiter/Die Mitarbeiterin ist verpflichtet, dem Arbeitgeber spätestens bis zum Ablauf von drei Monaten nach dem Beginn des Arbeitsverhältnisses – also spätestens bis zum 00. 00. 00 – eine ärztliche Bescheinigung des Hausarztes vorzulegen, aus der hervorgeht, dass er/sie

- frei von organischen und ansteckenden Krankheiten und
- für die vorgesehene Tätigkeit gesundheitlich uneingeschränkt geeignet ist.

2. Der Arbeitgeber ist zur sofortigen Beendigung des Arbeitsverhältnisses berechtigt, wenn der Mitarbeiter/die Mitarbeiterin durch eine bei Abschluss dieses Vertrags vorhandene und dem Arbeitgeber bewusst verschwiegene Krankheit in der Arbeitsleistung wesentlich beeinträchtigt wird, nicht zur Erbringung der versprochenen Arbeitsleistung in der Lage ist oder wenn sich diese Krankheit in sonstiger Weise störend auf die Arbeitsleistung auswirkt.

§ 6 Dienstverhinderung

1. Der Mitarbeiter/Die Mitarbeiterin ist verpflichtet, dem Arbeitgeber jede Dienstverhinderung – egal auf welchem Grund sie beruht – und deren voraussichtliche Dauer unverzüglich anzuzeigen. Auf Verlangen sind die Gründe mitzuteilen.

2. Im Falle einer krankheitsbedingten Arbeitsunfähigkeit ist der Mitarbeiter/die Mitarbeiterin verpflichtet, vor Ablauf des dritten Kalendertages nach Beginn der Arbeitsunfähigkeit eine ärztliche Bescheinigung über die Arbeitsunfähigkeit sowie deren voraussichtliche Dauer vorzulegen. Dauert die Arbeitsunfähigkeit länger als in der Bescheinigung angegeben, so ist der Mitarbeiter/die Mitarbeiterin verpflichtet, die Fortdauer der Arbeitsunfähigkeit unverzüglich anzuzeigen und innerhalb von drei Kalendertagen eine neue ärztliche Bescheinigung vorzulegen.

3. Der Mitarbeiter/Die Mitarbeiterin verpflichtet sich, auch ungefragt seinen/ihren behandelnden Arzt anlässlich einer Untersuchung umfassend über seine/ihre Aufgaben in der Firma und die damit verbundenen Belastungen aufzuklären, so dass der Arzt sich ein ausreichendes objektives Bild machen und beurteilen kann, ob die festgestellte Erkrankung zur Arbeitsunfähigkeit führt. Auf Wunsch des Arbeitgebers wird sich der Mitarbeiter/die Mitarbeiterin vom behandelnden Arzt eine Bescheinigung ausstellen lassen, aus der hervorgeht, ob der Mitarbeiter/die Mitarbeiterin im Hinblick auf seine/ihre vertraglichen Aufgaben ganz oder teilweise arbeitsunfähig ist und/oder seine/ihre Tätigkeit mit Einschränkungen weiter ausführen kann.

4. Der Mitarbeiter/Die Mitarbeiterin wird den Arbeitgeber bei einer länger als sechs Wochen dauernden Arbeitsunfähigkeit über den Zeitpunkt

der Wiederaufnahme der Arbeit möglichst mindestens eine Woche vorher informieren.

5. Der Mitarbeiter/Die Mitarbeiterin ist verpflichtet, dem Arbeitgeber unverzüglich eine Bescheinigung über die Bewilligung einer Kur oder eines Heilverfahrens vorzulegen und den Zeitpunkt des Antritts mitzuteilen. Die Bescheinigung über die Bewilligung muss Angaben über die voraussichtliche Dauer der Kur oder des Heilverfahrens enthalten. Dauert die Kur oder das Heilverfahren länger als in der Bescheinigung angegeben, ist der Mitarbeiter/die Mitarbeiterin verpflichtet, dem Arbeitgeber unverzüglich eine weitere entsprechende Bescheinigung vorzulegen.

6. Die Entgeltfortzahlung im Krankheitsfall richtet sich nach den jeweils gültigen tarifvertraglichen Vorschriften, ergänzend nach den gesetzlichen Vorschriften.

7. Wurde die Arbeitsunfähigkeit durch einen Dritten herbeigeführt oder mitverursacht, tritt der Mitarbeiter/die Mitarbeiterin bereits jetzt seine deswegen bestehenden Schadensersatzansprüche gegen den Dritten in Höhe der von dem Arbeitgeber geleisteten Entgeltfortzahlung und deren Nebenkosten an den Arbeitgeber ab.

§ 7 Urlaub

1. Der Mitarbeiter/Die Mitarbeiterin erhält kalenderjährlich Erholungsurlaub gemäß den jeweils geltenden tarifvertraglichen Bestimmungen. Der Gesamturlaubsanspruch pro Kalenderjahr beträgt danach zzt. ... Arbeitstage.

   Im Ein- und Austrittsjahr wird der Urlaub nach § ... des Tarifvertrags anteilig gemäß der tatsächlichen Beschäftigungsdauer gewährt.

2. Der Urlaub wird in Abstimmung mit dem Leiter des Bereiches ... festgelegt. Erholungsurlaub ist mindestens 14 Tage vor der Inanspruchnahme beim zuständigen Vorgesetzten schriftlich zu beantragen. Er darf nur mit schriftlicher Genehmigung des Arbeitgebers angetreten werden. Ein eigenmächtiger Urlaubsantritt des Mitarbeiters/der Mitarbeiterin berechtigt den Arbeitgeber zur fristlosen Kündigung des Arbeitsverhältnisses.

3. Der Urlaub ist im laufenden Kalenderjahr zu nehmen. Nicht genommener Urlaub wird ausschließlich nach den gesetzlichen Vorschriften –

§ 7 Abs. 3 BUrlG – auf das folgende Kalenderjahr übertragen. Der übertragene Urlaub ist bis einschließlich 31. 3. des Folgejahres zu nehmen. Bis zum Ablauf des 31. 3. nicht genommener Altjahresurlaub verfällt in jodom Fall orcatzloc.

4. Während der Dauer des Urlaubs erhält der Mitarbeiter Urlaubsentgelt und Urlaubsgeld nach den tarifvertraglichen Vorschriften.

§ 8 Geheimhaltungspflicht, Rückgabe von Unterlagen

1. Der Mitarbeiter/Die Mitarbeiterin verpflichtet sich, während des Bestehens des Arbeitsverhältnisses und auch nach dessen Beendigung über alle ihm/ihr bekannt werdenden betrieblichen Angelegenheiten Stillschweigen zu bewahren. Dies gilt insbesondere für Betriebs- und Geschäftsgeheimnisse.

2. Der Mitarbeiter/Die Mitarbeiterin verpflichtet sich, alle bei Vertragsbeendigung in seinem/ihrem Besitz befindlichen Werkzeuge und Arbeitsmittel des Arbeitgebers unaufgefordert an den Leiter des Bereiches ... in ordnungsgemäßem Zustand zurückzugeben.

§ 9 Vertragsstrafe

1. Nimmt der Mitarbeiter/die Mitarbeiterin schuldhaft die vertraglich vereinbarte Tätigkeit nicht oder verspätet auf oder beendet er das Vertragsverhältnis unberechtigt vorzeitig, ist er/sie verpflichtet, an den Arbeitgeber eine Vertragsstrafe in Höhe einer Bruttomonatsvergütung zu zahlen. Die Vertragsstrafe wird in diesem Fall sofort fällig.

2. Mit der Verwirkung und Zahlung der Vertragsstrafe werden die sonstigen Ansprüche des Arbeitgebers aufgrund des Vertragsverstoßes des Mitarbeiters/der Mitarbeiterin – beispielsweise Schadensersatzansprüche – nicht berührt. Der Arbeitgeber bleibt insbesondere berechtigt, weitergehende Schadensersatzansprüche geltend zu machen.

§ 10 Nebentätigkeiten

1. Der Mitarbeiter/Die Mitarbeiterin ist verpflichtet, den Arbeitgeber über jede bereits ausgeübte entgeltliche Nebentätigkeit sowie über jede beabsichtigte Aufnahme einer entgeltlichen Nebentätigkeit unaufgefordert und rechtzeitig zu informieren. Ob die Nebentätigkeit im Rahmen eines Arbeitsverhältnisses oder auf anderer Rechtsgrundlage ausgeübt

wird, ist für die Informationsverpflichtung nicht ausschlaggebend. Die Informationsverpflichtung des Mitarbeiters/der Mitarbeiterin besteht in jedem Fall.

2. Wird durch eine vom Mitarbeiter/von der Mitarbeiterin angezeigte oder dem Arbeitgeber in anderer Art bekannt gewordene Nebentätigkeit die Erfüllung dieses Arbeitsvertrags erheblich beeinträchtigt oder ist dies wegen der Eigenart der Nebentätigkeit zu erwarten, ist der Arbeitgeber berechtigt, dem Mitarbeiter/der Mitarbeiterin die Nebentätigkeit zu untersagen.

3. Der Arbeitgeber ist insbesondere dann zur Untersagung der Nebentätigkeit berechtigt, wenn die Nebentätigkeit

   – für ein Konkurrenzunternehmen ausgeübt wird

   – zusammen mit diesem Arbeitsverhältnis zu einer Überschreitung der gesetzlich zulässigen Höchstarbeitszeit nach dem ArbZG führt oder andere Vorschriften des ArbZG verletzt werden.

Der Mitarbeiter bestätigt ausdrücklich, dass er darüber informiert wurde, dass

   – die Arbeitszeiten aus mehreren Arbeitsverhältnissen zusammengerechnet werden

   – Arbeitszeitverstöße nach dem ArbZG geahndet werden. Über die Rechtsfolgen von Arbeitszeitverstößen nach dem ArbZG wurde er belehrt.

§ 11 Dienstreisen

1. Bei im Auftrag des Arbeitgebers unternommenen Dienstreisen hat der Mitarbeiter/die Mitarbeiterin Anspruch auf Tagegelder und Übernachtungskosten in Höhe der jeweils gültigen steuerlichen Höchstsätze.

2. Bei Dienstreisen hat der Mitarbeiter/die Mitarbeiterin grundsätzlich das preiswerteste öffentliche Verkehrsmittel – z. B. Bus, Straßen- oder Eisenbahn – zu benutzen. Die entstandenen und geltend gemachten Reisekosten sind durch Belege nachzuweisen. Der Arbeitgeber behält sich vor, in Einzelfällen, wenn dies aus geschäftlichen Gründen notwendig erscheint, dem Mitarbeiter ein bestimmtes Beförderungsmittel – z. B. Flugzeug – vorzuschreiben. Im Übrigen gelten für Dienstreisen

   – die Dienstreiseordnung des Arbeitgebers in der jeweils zum Zeitpunkt der Dienstreise geltenden Fassung

- die Reisekostenordnung des Arbeitgebers in der jeweils zum Zeitpunkt der Dienstreise geltenden Fassung
- die im Zeitpunkt der Dienstreise jeweils gültigen steuerrechtlichen Vorschriften.

§ 12 Schlussbestimmungen

1. Mündliche Nebenabreden außerhalb dieses Vertrags bestehen nicht. Die Angaben des Mitarbeiters/der Mitarbeiterin im Personalfragebogen vom 00. 00. 00 werden Bestandteil dieses Arbeitsvertrags.

2. Abänderungen und Ergänzungen dieses Vertrags bedürfen der Schriftform.

3. Die Unwirksamkeit einer Bestimmung dieses Vertrags berührt die Wirksamkeit der übrigen Bestimmungen nicht. Die Parteien verpflichten sich, für die unwirksame Regelung eine dieser im wirtschaftlichen Ergebnis nahe kommende wirksame Regelung alsbald zu vereinbaren.

4. Der Mitarbeiter/Die Mitarbeiterin erklärt ausdrücklich, dass Umstände, die ihn/sie in absehbarer Zeit daran hindern könnten, seine/ihre Verpflichtungen aus diesem Arbeitsvertrag voll zu erfüllen, im Zeitpunkt des Vertragsabschlusses nicht vorliegen.

5. Auf das Arbeitsverhältnis finden die vorstehenden Regelungen sowie die Vorschriften des Mantel- und Vergütungstarifvertrags der ... - Industrie Anwendung. Ergänzend finden die gesetzlichen Vorschriften in ihrer jeweils geltenden Fassung Anwendung.

6. Der Mitarbeiter/Die Mitarbeiterin wurde darauf hingewiesen, dass die auf das Arbeitsverhältnis Anwendung findenden tariflichen und gesetzlichen Vorschriften in der Personalabteilung ausliegen und jederzeit eingesehen werden können. Dasselbe gilt für die bestehenden Betriebsvereinbarungen, die in ihrer jeweils gültigen Fassung ebenfalls auf das Arbeitsverhältnis Anwendung finden.

7. Dem Mitarbeiter/Der Mitarbeiterin wurden folgende Unterlagen und/oder Arbeitsmittel ausgehändigt:

   - ...
   - ...
   - ...

Bei Beendigung des Arbeitsverhältnisses sind diese Unterlagen und Arbeitsmittel in ordnungsgemäßem Zustand zurückzugeben. Sie dürfen ohne Zustimmung des Arbeitgebers Dritten nicht zugänglich gemacht werden.

8. Ansprüche aus dem Arbeitsverhältnis sind binnen einer Ausschlussfrist von drei Monaten nach Fälligkeit gegenüber dem Arbeitgeber schriftlich geltend zu machen. Nicht rechtzeitig geltend gemachte Ansprüche verfallen.

....

(Ort/Datum)   (Arbeitgeber)

....

(Ort/Datum)   (Mitarbeiter/Mitarbeiterin)

4.2 Erläuterungen/Vertragsbausteine

Obiger Vertrag enthält neben den Mindestangaben nach dem Nachweisgesetz ausführliche Regelungen zu/r

► Einstellungsuntersuchung als Voraussetzung für die Wirksamkeit des Vertrags

► Arbeitsverhinderung des Arbeitnehmers im Krankheitsfall und aus sonstigen Gründen

► Genehmigung von Erholungsurlaub

► Nebentätigkeiten und deren Genehmigung

► Erstattung von Dienstreisekosten

Einstellungsuntersuchung

Grundsätzlich kann ein Arbeitsvertrag unter dem Vorbehalt der gesundheitlichen Eignung des Arbeitnehmers stehen. Der Arbeitgeber hat ein Interesse daran, einen gesundheitlich geeigneten Arbeitnehmer zu beschäftigen, da er aufgrund seiner Fürsorgepflicht dafür Sorge zu tragen hat, dass dem Arbeitnehmer durch und bei der Arbeit keine Gesundheitsschäden widerfahren. Vor diesem Hintergrund kann es die Eigenart der

Tätigkeit mit sich bringen, dass sich der Arbeitnehmer entweder schon vor der tatsächlichen Arbeitsaufnahme oder aber unmittelbar danach einer ärztlichen Untersuchung zu unterziehen hat, in der festgestellt werden soll, ob er unter gesundheitlichen Aspekten zur Arbeitsleistung in der Lage ist.

Beispiel:

Arbeitnehmer A wird als Staplerfahrer eingestellt. Die Tätigkeit bringt u. a. auch das Tragen und Heben von Lasten bis zu 15 kg mit sich.

In diesem Fall ist es für den Arbeitgeber wichtig zu erfahren, ob gegen das Heben und Tragen der Lasten gesundheitliche Bedenken bestehen. Kommt der Arzt zum Ergebnis, dass A nur bis zu 5 kg heben und tragen darf, ist er für die vorgesehene Tätigkeit nur eingeschränkt einsetzbar. In diesem Fall könnte der Arbeitgeber nach der ärztlichen Untersuchung das Arbeitsverhältnis unter Hinweis auf die eingeschränkte Eignung beenden.

Arbeitsverhinderung

Tarifverträge können eigene Regelungen zur Entgeltfortzahlung im Krankheitsfall enthalten. Sie können aber auch auf die gesetzlichen Vorschriften verweisen. In beiden Fällen kann sich der Arbeitgeber auf einen Hinweis auf die anzuwendenden Vorschriften beschränken. Da der Arbeitnehmer aber im Falle der Arbeitsverhinderung in der Regel weder den Tarifvertrag noch das Entgeltfortzahlungsgesetz zum Nachschlagen bereithaben, ist es empfehlenswert, die Pflichten des Arbeitnehmers im Falle der krankheitsbedingten Arbeitsunfähigkeit und der Arbeitsverhinderung aus sonstigen Gründen – z. B. wegen Erkrankung eines Kindes – im Arbeitsvertrag ausführlich aufzuzeigen.

 TIPP!

Eine ausführliche Regelung zu den Arbeitnehmerpflichten bei Arbeitsverhinderung vermeidet Streit: Der Arbeitnehmer kann immer im Arbeitsvertrag nachlesen, wie er sich vertragsgemäß zu verhalten hat.

Erholungsurlaub

Einzelheiten zur Urlaubsgewährung können im Arbeitsvertrag geregelt werden, müssen aber nicht. Ein Hinweis auf das im Betrieb übliche Verfahren bei der Urlaubsplanung, -beantragung und -gewährung gibt beiden Seiten aber Richtlinien für die richtige Verhaltensweise.

Die Dauer des Urlaubs sowie Urlaubsentgelt (= Fortzahlung der laufenden Vergütung während des Urlaubs) und Urlaubsgeld (= zusätzliche Zahlung aus Anlass des Urlaubs) ergeben sich in obigem Vertrag aus dem anzuwendenden Tarifvertrag. Die im Zeitpunkt des Vertragsschlusses geltenden Zahlen sind nur der Erläuterung halber erwähnt.

Nebentätigkeiten

Grundsätzlich darf ein Arbeitnehmer seine Arbeitskraft mehrfach verwerten, solange er nicht gegen gesetzliche Vorschriften – z. B. Arbeitszeitgesetz – oder seine Pflichten aus dem Arbeitsvertrag verstößt und seine vertraglichen Aufgaben ordnungsgemäß erfüllt.

Gleichwohl kann der Arbeitgeber verlangen, dass der Arbeitnehmer jede Art von Nebentätigkeiten anzeigt. Anzeigen heißt den Arbeitgeber über Art, Dauer und ggf. auch den anderen Arbeitgeber zu informieren. Der Arbeitgeber ist nur dann zur Untersagung einer Nebentätigkeit berechtigt, wenn die Nebentätigkeit seine berechtigten Arbeitgeberinteressen beeinträchtigt. Im Mustervertrag sind Beispielsfälle hierzu genannt.

Dienstreisen

Nach § 670 BGB hat ein Arbeitnehmer, der im Auftrag seines Arbeitgebers Dienstreisen unternimmt, Anspruch auf Ersatz seiner Aufwendungen. In Betrieben, in denen Dienstreisen häufiger und bei einer Vielzahl von Mitarbeitern vorkommen, können zu beachtende Bestimmungen in einer Dienstreiseordnung geregelt werden. Liegt eine solche vor, kann im Arbeitsvertrag auf diese verwiesen werden.

Gibt es im Unternehmen keine Dienstreiseordnung, bestehen zwei Möglichkeiten:

► Vor jeder Dienstreise werden Einzelheiten zur Erstattung von Kosten festgelegt.

Vorteil: Regelungen können genau auf den Einzelfall angepasst werden.

Nachteil: hoher Verwaltungsaufwand, wenn für jede einzelne Dienstreise schriftliche Regelungen formuliert werden müssen.

► Der Arbeitsvertrag enthält die Rahmenvorschriften für Dienstreisen, für die erstattungsfähigen Kosten wird auf die geltenden steuerrechtlichen Regelungen verwiesen.

Vorteil: geringer Verwaltungsaufwand

Nachteil: Regelungen müssen allgemein gefasst werden, was im Einzelfall zu Streitigkeiten führen kann – z. B. : was ist wirklich das günstigste Verkehrsmittel?

 TIPP!

Da steuerfrei nur ein Ersatz der Aufwendungen bis zur Höhe der steuerrechtlich zulässigen Höchstbeträge möglich ist, sollte in Arbeitsverträgen und Dienstreiseordnungen auf die Nennung konkreter Beträge verzichtet und immer auf die steuerrechtlichen Regelungen in der zum Zeitpunkt der Dienstreise geltenden Fassung verwiesen werden.

5. Unbefristeter Arbeitsvertrag mit Dienstwagenregelung

5.1 Vertragsmuster

Arbeitsvertrag

Zwischen der Firma ..., Anschrift

– nachstehend Arbeitgeber genannt –

und

Herrn/Frau ..., Anschrift

– nachstehend Mitarbeiter/Mitarbeiterin genannt –

wird folgender unbefristeter Arbeitsvertrag geschlossen:

§ 1 Beginn des Arbeitsverhältnisses, Tätigkeit

1. Der Mitarbeiter/Die Mitarbeiterin wird ab 00.00.00 in einem unbefristeten Arbeitsverhältnis als ... eingestellt. Er/Sie wird von der Betriebsleitung und den einzelnen Vorgesetzten nach näherer Anweisung mit einschlägigen Arbeiten beschäftigt.

   Zu den Aufgaben des Mitarbeiters/der Mitarbeiterin zählen insbesondere:

   ...

   ...

2. Ort, Art und zeitliche Lage der vom Mitarbeiter/der Mitarbeiterin zu erledigenden Aufgaben richten sich nach den betrieblichen Bedürfnissen des Arbeitgebers, soweit dies dem Mitarbeiter/der Mitarbeiterin zumutbar ist. Der Mitarbeiter/Die Mitarbeiterin kann im In- und Ausland eingesetzt werden. Eine Auslandsverwendung wird rechtzeitig vorher mit dem Mitarbeiter/der Mitarbeiterin abgesprochen.

3. Der Mitarbeiter/Die Mitarbeiterin hat seine ganze Arbeitskraft der Firma zu widmen.

4. Der Arbeitgeber behält sich vor, dem Mitarbeiter/der Mitarbeiterin innerhalb des Unternehmens bei unveränderten Bezügen auch eine andere seiner/ihrer Vorbildung und seinen/ihren Fähigkeiten entsprechende Tätigkeit zu übertragen und ihn/sie an einen anderen Ort zu versetzen.

Der Mitarbeiter/Die Mitarbeiterin verpflichtet sich, einer etwaigen Anordnung dieser Art Folge zu leisten, sofern ihm/ihr die angewiesene Tätigkeit zumutbar ist.

§ 2 Arbeitszeit, Überstunden

1. Die regelmäßige wöchentliche Arbeitszeit beträgt nach dem auf das Arbeitsverhältnis anzuwendenden Tarifvertrag zur Zeit ... Stunden.

2. Der Mitarbeiter/Die Mitarbeiterin erklärt sich bereit, im Rahmen der gesetzlichen und tariflichen Bestimmungen über die regelmäßige Arbeitszeit hinaus tätig zu werden, sofern dies betrieblich notwendig ist und die Überstunden vom Arbeitgeber angeordnet oder von ihm geduldet wurden.

§ 3 Vergütung

1. Der Mitarbeiter/Die Mitarbeiterin wird in die Vergütungsgruppe ... des Vergütungstarifvertrags der ...-Industrie vom 00.00.00 eingestuft. Ausgehend von ... Berufsjahren erhält der Mitarbeiter zzt. eine monatliche Bruttovergütung von

0000,00 € (in Worten ... Euro).

Die Vergütung setzt sich wie folgt zusammen:

a) Grundvergütung gemäß Tarifvertrag   €

b) Zulage gemäß § ... des Tarifvertrags   €

c) Vermögenswirksame Leistungen gem. § ... des Tarifvertrags   €

d) freiwillige, jederzeit widerrufbare übertarifliche Zulage   €

Gesamtvergütung (brutto)   €.

2. Bei der unter Ziffer 1 d genannten Zulage handelt es sich um eine freiwillige, jederzeit vom Arbeitgeber widerrufbare Zahlung. Der Mitarbeiter/Die Mitarbeiterin wurde ausdrücklich darauf hingewiesen, dass auch bei wiederholter Zahlung kein Rechtsanspruch für die Zukunft entsteht.

3. Die Vergütung wird nachträglich gezahlt. Sie wird bis zum 5. des Folgemonats auf ein vom Mitarbeiter zu benennendes Konto überwiesen.

4. Die Abtretung sowie die Verpfändung der Vergütung insgesamt sowie von Vergütungsbestandteilen ist ausgeschlossen. Der Mitarbeiter/Die Mitarbeiterin versichert, dass zur Zeit des Vertragsabschlusses keine Abtretungen, Verpfändungen oder Pfändungen bestehen. Wird die Ver-

gütung von einem Dritten gepfändet, wird dem Mitarbeiter/der Mitarbeiterin monatlich 1 % der gepfändeten Summe für die dem Arbeitgeber durch die Pfändung entstehenden Kosten einbehalten.

5. Freiwillige Sondervergütungen des Arbeitgebers können für Zeiten der krankheitsbedingten Arbeitsunfähigkeit gemäß § 4a EFZG gekürzt werden. Für Zeiten, in denen das Arbeitsverhältnis aus rechtlichen oder tatsächlichen Gründen ruht, besteht kein Anspruch auf freiwillige Sonderzahlungen.

§ 4 Probezeit, Dauer, Beendigung des Arbeitsverhältnisses

1. Das Arbeitsverhältnis wird auf unbestimmte Zeit eingegangen und beginnt am 00. 00. 00:

   Eine ordentliche Kündigung vor Arbeitsantritt ist ausgeschlossen.

2. Die ersten sechs Monate des Arbeitsverhältnisses gelten als Probezeit. Innerhalb der Probezeit kann das Arbeitsverhältnis von beiden Seiten mit der tarifvertraglichen Kündigungsfrist von zzt. ... gekündigt werden.

3. Nach Ablauf der vereinbarten Probezeit kann das Arbeitsverhältnis von beiden Seiten mit den tarifvertraglichen Kündigungsfristen gekündigt werden.

4. Das Arbeitsverhältnis endet, ohne dass es hierzu einer Kündigung bedarf, in jedem Fall mit Ablauf des Monats, in dem der Mitarbeiter das 65. Lebensjahr vollendet, vorausgesetzt, der Mitarbeiter hat zu diesem Zeitpunkt Anspruch auf die volle gesetzliche Altersrente. Ist vorhersehbar, dass diese Voraussetzung nicht erfüllt werden wird, ist der Mitarbeiter verpflichtet, innerhalb von sechs Monaten nach Vollendung des 62. Lebensjahres gegenüber dem Arbeitgeber verbindlich zu erklären, ob das Arbeitsverhältnis mit Vollendung des 65. Lebensjahres enden soll.

§ 5 Vorbehalt der Eignung des Mitarbeiters

1. Der Mitarbeiter/Die Mitarbeiterin ist verpflichtet, dem Arbeitgeber spätestens bis zum Ablauf von drei Monaten nach dem Beginn des Arbeitsverhältnisses – also spätestens bis zum 00. 00. 00 – eine ärztliche Bescheinigung des Hausarztes vorzulegen, aus der hervorgeht, dass er/sie

   – frei von organischen und ansteckenden Krankheiten und

– für die vorgesehene Tätigkeit gesundheitlich uneingeschränkt geeignet ist.

2. Der Arbeitgeber ist zur sofortigen Beendigung des Arbeitsverhältnisses berechtigt, wenn der Mitarbeiter/die Mitarbeiterin durch eine bei Abschluss dieses Vertrags vorhandene und dem Arbeitgeber bewusst verschwiegene Krankheit in der Arbeitsleistung wesentlich beeinträchtigt wird, nicht zur Erbringung der versprochenen Arbeitsleistung in der Lage ist oder wenn sich diese Krankheit in sonstiger Weise störend auf die Arbeitsleistung auswirkt.

§ 6 Dienstverhinderung

1. Der Mitarbeiter/Die Mitarbeiterin ist verpflichtet, dem Arbeitgeber jede Dienstverhinderung – egal auf welchem Grund sie beruht – und deren voraussichtliche Dauer unverzüglich anzuzeigen. Auf Verlangen sind die Gründe mitzuteilen.

2. Im Falle einer krankheitsbedingten Arbeitsunfähigkeit ist der Mitarbeiter/die Mitarbeiterin verpflichtet, vor Ablauf des dritten Kalendertages nach Beginn der Arbeitsunfähigkeit eine ärztliche Bescheinigung über die Arbeitsunfähigkeit sowie deren voraussichtliche Dauer vorzulegen. Dauert die Arbeitsunfähigkeit länger als in der Bescheinigung angegeben, so ist der Mitarbeiter/die Mitarbeiterin verpflichtet, die Fortdauer der Arbeitsunfähigkeit unverzüglich anzuzeigen und innerhalb von drei Kalendertagen eine neue ärztliche Bescheinigung vorzulegen.

3. Der Mitarbeiter/Die Mitarbeiterin verpflichtet sich, auch ungefragt seinen/ihren behandelnden Arzt anlässlich einer Untersuchung umfassend über seine/ihre Aufgaben in der Firma und die damit verbundenen Belastungen aufzuklären, so dass der Arzt sich ein ausreichendes objektives Bild machen und beurteilen kann, ob die festgestellte Erkrankung zur Arbeitsunfähigkeit führt. Auf Wunsch des Arbeitgebers wird sich der Mitarbeiter/die Mitarbeiterin vom behandelnden Arzt eine Bescheinigung ausstellen lassen, aus der hervorgeht, ob der Mitarbeiter/die Mitarbeiterin im Hinblick auf seine/ihre vertraglichen Aufgaben ganz oder teilweise arbeitsunfähig ist und/oder seine/ihre Tätigkeit mit Einschränkungen weiter ausführen kann.

4. Der Mitarbeiter/Die Mitarbeiterin wird den Arbeitgeber bei einer länger als sechs Wochen dauernden Arbeitsunfähigkeit über den Zeitpunkt der Wiederaufnahme der Arbeit möglichst mindestens eine Woche vorher informieren.

5. Der Mitarbeiter/Die Mitarbeiterin ist verpflichtet, dem Arbeitgeber unverzüglich eine Bescheinigung über die Bewilligung einer Kur oder eines Heilverfahrens vorzulegen und den Zeitpunkt des Antritts mitzuteilen. Die Bescheinigung über die Bewilligung muss Angaben über die voraussichtliche Dauer der Kur oder des Heilverfahrens enthalten. Dauert die Kur oder das Heilverfahren länger als in der Bescheinigung angegeben, ist der Mitarbeiter/die Mitarbeiterin verpflichtet, dem Arbeitgeber unverzüglich eine weitere entsprechende Bescheinigung vorzulegen.

6. Die Entgeltfortzahlung im Krankheitsfall richtet sich nach den jeweils gültigen tarifvertraglichen Vorschriften, ergänzend nach den gesetzlichen Vorschriften.

7. Wurde die Arbeitsunfähigkeit durch einen Dritten herbeigeführt oder mitverursacht, tritt der Mitarbeiter/die Mitarbeiterin bereits jetzt seine deswegen bestehenden Schadensersatzansprüche gegen den Dritten in Höhe der von dem Arbeitgeber geleisteten Entgeltfortzahlung und deren Nebenkosten an den Arbeitgeber ab.

§ 7 Urlaub

1. Der Mitarbeiter/Die Mitarbeiterin erhält kalenderjährlich Erholungsurlaub gemäß den jeweils geltenden tarifvertraglichen Bestimmungen. Der Gesamturlaubsanspruch pro Kalenderjahr beträgt danach zzt. ... Arbeitstage.

   Im Ein- und Austrittsjahr wird der Urlaub nach § ... des Tarifvertrags anteilig gemäß der tatsächlichen Beschäftigungsdauer gewährt.

2. Der Urlaub wird in Abstimmung mit dem Leiter des Bereiches ... festgelegt.

   Erholungsurlaub ist mindestens 14 Tage vor der Inanspruchnahme beim zuständigen Vorgesetzten schriftlich zu beantragen. Er darf nur mit schriftlicher Genehmigung des Arbeitgebers angetreten werden. Ein eigenmächtiger Urlaubsantritt des Mitarbeiters/der Mitarbeitin berechtigt den Arbeitgeber zur fristlosen Kündigung des Arbeitsverhältnisses.

3. Der Urlaub ist im laufenden Kalenderjahr zu nehmen. Nicht genommener Urlaub wird ausschließlich nach den gesetzlichen Vorschriften – § 7 Abs. 3 BUrlG – auf das folgende Kalenderjahr übertragen. Der übertragene Urlaub ist bis einschließlich 31. 3. des Folgejahres zu nehmen. Bis zum Ablauf des 31. 3. nicht genommener Altjahresurlaub verfällt in jedem Fall ersatzlos.

4. Während der Dauer des Urlaubs erhält der Mitarbeiter Urlaubsentgelt und Urlaubsgeld nach den tarifvertraglichen Vorschriften.

§ 8 Geheimhaltungspflicht, Rückgabe von Unterlagen

1. Der Mitarbeiter/Die Mitarbeiterin verpflichtet sich, während des Bestehens des Arbeitsverhältnisses und auch nach dessen Beendigung über alle ihm/ihr bekannt werdenden betrieblichen Angelegenheiten Stillschweigen zu bewahren. Dies gilt insbesondere für Betriebs- und Geschäftsgeheimnisse.

2. Der Mitarbeiter/Die Mitarbeiterin verpflichtet sich, alle bei Vertragsbeendigung in seinem/ihrem Besitz befindlichen Werkzeuge und Arbeitsmittel des Arbeitgebers unaufgefordert an den Leiter des Bereiches ... in ordnungsgemäßem Zustand zurückzugeben.

§ 9 Vertragsstrafe

1. Nimmt der Mitarbeiter/die Mitarbeiterin schuldhaft die vertraglich vereinbarte Tätigkeit nicht oder verspätet auf oder beendet er das Vertragsverhältnis unberechtigt vorzeitig, ist er/sie verpflichtet, an den Arbeitgeber eine Vertragsstrafe in Höhe einer Bruttomonatsvergütung zu zahlen. Die Vertragsstrafe wird in diesem Fall sofort fällig.

2. Mit der Verwirkung und Zahlung der Vertragsstrafe werden die sonstigen Ansprüche des Arbeitgebers aufgrund des Vertragsverstoßes des Mitarbeiters/der Mitarbeiterin – beispielsweise Schadensersatzansprüche – nicht berührt. Der Arbeitgeber bleibt insbesondere berechtigt, weitergehende Schadensersatzansprüche geltend zu machen.

§ 10 Nebentätigkeiten

1. Der Mitarbeiter/Die Mitarbeiterin ist verpflichtet, den Arbeitgeber über jede bereits ausgeübte entgeltliche Nebentätigkeit sowie über jede beabsichtigte Aufnahme einer entgeltlichen Nebentätigkeit unaufgefordert und rechtzeitig zu informieren. Ob die Nebentätigkeit im Rahmen eines Arbeitsverhältnisses oder auf anderer Rechtsgrundlage ausgeübt wird, ist für die Informationsverpflichtung nicht ausschlaggebend. Die Informationsverpflichtung des Mitarbeiters/der Mitarbeiterin besteht in jedem Fall.

2. Wird durch eine vom Mitarbeiter/von der Mitarbeiterin angezeigte oder dem Arbeitgeber in anderer Art bekannt gewordene Nebentätigkeit die Erfüllung dieses Arbeitsvertrags erheblich beeinträchtigt oder ist dies wegen der Eigenart der Nebentätigkeit zu erwarten, ist der Arbeitgeber berechtigt, dem Mitarbeiter/der Mitarbeiterin die Nebentätigkeit zu untersagen.

3. Der Arbeitgeber ist insbesondere dann zur Untersagung der Nebentätigkeit berechtigt, wenn die Nebentätigkeit

   – für ein Konkurrenzunternehmen ausgeübt wird

   – zusammen mit diesem Arbeitsverhältnis zu einer Überschreitung der gesetzlich zulässigen Höchstarbeitszeit nach dem ArbZG führt oder andere Vorschriften des ArbZG verletzt werden.

Der Mitarbeiter bestätigt ausdrücklich, dass er darüber informiert wurde, dass

   – die Arbeitszeiten aus mehreren Arbeitsverhältnissen zusammengerechnet werden

   – Arbeitszeitverstöße nach dem ArbZG geahndet werden. Über die Rechtsfolgen von Arbeitszeitverstößen nach dem ArbZG wurde er belehrt.

§ 11 Dienstreisen

1. Bei im Auftrag des Arbeitgebers unternommenen Dienstreisen hat der Mitarbeiter/die Mitarbeiterin Anspruch auf Tagegelder und Übernachtungskosten in Höhe der jeweils gültigen steuerlichen Höchstsätze.

2. Bei Dienstreisen hat der Mitarbeiter/die Mitarbeiterin grundsätzlich das preiswerteste öffentliche Verkehrsmittel – z. B. Bus, Straßen- oder Eisenbahn – zu benutzen, sofern er den ihm/ihr nach § 12 dieses Vertrags überlassenen Dienstwagen nicht nutzen kann. Die entstandenen und geltend gemachten Reisekosten sind durch Belege nachzuweisen.

3. Der Arbeitgeber behält sich vor, in Einzelfällen, wenn dies aus geschäftlichen Gründen notwendig erscheint, dem Mitarbeiter ein bestimmtes Beförderungsmittel – z. B. Flugzeug – vorzuschreiben.

4. Im Übrigen gelten für Dienstreisen

   – die Dienstreiseordnung des Arbeitgebers in der jeweils zum Zeitpunkt der Dienstreise geltenden Fassung

– die Reisekostenordnung des Arbeitgebers in der jeweils zum Zeitpunkt der Dienstreise geltenden Fassung

– die im Zeitpunkt der Dienstreise jeweils gültigen steuerrechtlichen Vorschriften.

§ 12 Dienstwagen

1. Der Mitarbeiter/Die Mitarbeiterin verpflichtet sich, im Rahmen der Erfüllung seiner/ihrer vertraglich vereinbarten Aufgaben notwendig werdende Dienstreisen grundsätzlich in dem ihm überlassenen Dienstwagen durchzuführen.

2. Der Arbeitgeber überlässt dem Mitarbeiter/der Mitarbeiterin zu diesem Zweck ab dem 00. 00. 00 den Personenkraftwagen Marke ... Typ ... mit dem amtlichen Kennzeichen ... - ... 000. Die Übergabe wird in einem gesonderten Protokoll festgehalten. Außerdem wird ein Kfz-Überlassungsvertrag zwischen Arbeitgeber und Arbeitnehmer geschlossen, der die weiteren Bestimmungen zur Dienstwagenüberlassung im Einzelnen enthält.

3. Der Mitarbeiter/Die Mitarbeiterin ist berechtigt, den ihm/ihr überlassenen Dienstwagen auch für private Fahrten zu nutzen. Eine Nutzung des Dienstwagens durch Dritte ist nur gemäß dem mit dem Mitarbeiter/der Mitarbeiterin geschlossenen Kfz-Überlassungsvertrag zulässig.

Der dem Mitarbeiter/der Mitarbeiterin durch die erlaubte Privatnutzung entstehende geldwerte Vorteil wird nach den jeweils geltenden steuerrechtlichen Vorschriften besteuert.

§ 13 Schlussbestimmungen

1. Mündliche Nebenabreden außerhalb dieses Vertrags bestehen nicht. Die Angaben des Mitarbeiters/der Mitarbeiterin im Personalfragebogen vom 00. 00. 00 werden Bestandteil dieses Arbeitsvertrags.

2. Abänderungen und Ergänzungen dieses Vertrags bedürfen der Schriftform.

3. Die Unwirksamkeit einer Bestimmung dieses Vertrags berührt die Wirksamkeit der übrigen Bestimmungen nicht. Die Parteien verpflichten sich, für die unwirksame Regelung eine dieser im wirtschaftlichen Ergebnis nahe kommende wirksame Regelung alsbald zu vereinbaren.

4. Der Mitarbeiter/Die Mitarbeiterin erklärt ausdrücklich, dass Umstände, die ihn/sie in absehbarer Zeit daran hindern könnten, seine/ihre Verpflichtungen aus diesem Arbeitsvertrag voll zu erfüllen, im Zeitpunkt des Vertragsabschlusses nicht vorliegen.

5. Auf das Arbeitsverhältnis finden die vorstehenden Regelungen sowie die Vorschriften des Mantel- und Vergütungstarifvertrags der ... - Industrie Anwendung. Ergänzend finden die gesetzlichen Vorschriften in ihrer jeweils geltenden Fassung Anwendung.

   Darüber hinaus gilt auch der unter § 12 dieses Vertrags erwähnte Kfz-Überlassungsvertrag.

6. Der Mitarbeiter/Die Mitarbeiterin wurde darauf hingewiesen, dass die auf das Arbeitsverhältnis Anwendung findenden tariflichen und gesetzlichen Vorschriften in der Personalabteilung ausliegen und jederzeit eingesehen werden können. Dasselbe gilt für die bestehenden Betriebsvereinbarungen, die in ihrer jeweils gültigen Fassung ebenfalls auf das Arbeitsverhältnis Anwendung finden.

7. Dem Mitarbeiter/Der Mitarbeiterin   wurden folgende Unterlagen und/oder Arbeitsmittel ausgehändigt:

   – ...

   – ...

   – ...

   Bei Beendigung des Arbeitsverhältnisses sind diese Unterlagen und Arbeitsmittel in ordnungsgemäßem Zustand zurückzugeben. Sie dürfen ohne Zustimmung des Arbeitgebers Dritten nicht zugänglich gemacht werden.

8. Ansprüche aus dem Arbeitsverhältnis sind binnen einer Ausschlussfrist von drei Monaten nach Fälligkeit gegenüber dem Arbeitgeber schriftlich geltend zu machen. Nicht rechtzeitig geltend gemachte Ansprüche verfallen.

....
(Ort/Datum)   (Arbeitgeber)

....
(Ort/Datum)   (Mitarbeiter/Mitarbeiterin)

5.2 Kfz-Überlassungsvertrag für Dienstwagen mit Privatnutzung

Kfz-Überlassungsvertrag

Zwischen Firma ..., Anschrift

– im Folgenden Arbeitgeber genannt –

und

Herrn/Frau ..., Anschrift

– im Folgenden Arbeitnehmer/-in genannt –

§ 1 Dienstwagen, Privatnutzung

1. Zur Erfüllung seiner/ihrer Aufgaben aus dem Arbeitsvertrag vom 00. 00. 00 stellt der Arbeitgeber dem Arbeitnehmer/der Arbeitnehmerin ein Personenkraftfahrzeug der Klasse ... zur Verfügung.

2. Der Arbeitnehmer/Die Arbeitnehmerin ist berechtigt, das Fahrzeug auch für private Fahrten im Bereich der Bundesrepublik Deutschland zu nutzen. Auslandsfahrten sind nur nach vorheriger schriftlicher Zustimmung durch den Arbeitgeber zulässig.

3. Der Arbeitgeber ist berechtigt, das Fahrzeug jederzeit nach einer Ankündigungsfrist von 14 Tagen gegen ein anderes Fahrzeug, auch einer anderen Klasse, auszutauschen.

§ 2 Nachweispflicht für Fahrerlaubnis

1. Der Arbeitnehmer/Die Arbeitnehmerin ist bei Überlassung des Dienstwagens im Besitz einer gültigen Fahrerlaubnis. Eine Kopie dieser Fahrerlaubnis ist diesem Vertrag als Anlage 1 angefügt.

2. Der Arbeitnehmer/Die Arbeitnehmerin ist verpflichtet, auf Anforderung durch den Arbeitgeber, seine/ihre Fahrerlaubnis nachzuweisen. Der Entzug der Fahrerlaubnis ist unverzüglich dem Arbeitgeber zu melden, auch wenn der Entzug nur vorübergehend ist.

3. Die Überlassung des Fahrzeugs an Dritte, die nicht Mitarbeiter des Arbeitgebers sind, ist unzulässig. Ausgenommen hiervon sind bei erlaubten Privatfahrten die Überlassung an im gleichen Haushalt wohnende Familienangehörige, sofern diese über eine gültige Fahrerlaubnis verfügen.

§ 3 Kostentragung

1. Die mit dem Fahrzeug verbundenen Kosten, einschließlich der Kosten für eine Vollkaskoversicherung mit einem Selbstbehalt von € 0000,00, trägt der Arbeitgeber. Ausgenommen hiervon sind die Kosten für Benzin und Öl auf genehmigten Urlaubsfahrten im Ausland. Diese Kosten trägt der Arbeitnehmer/die Arbeitnehmerin.

2. Die Möglichkeit der Privatnutzung stellt steuerrechtlichen einen geldwerten Vorteil dar. Die auf den geldwerten Vorteil anfallende Lohnsteuer und Sozialversicherung trägt der Arbeitnehmer/die Arbeitnehmerin.

3. Das Recht des Arbeitnehmers/der Arbeitnehmerin zur privaten Nutzung des Fahrzeugs entfällt unter anderem in den Zeiträumen, in denen er keinen Vergütungsanspruch gegen den Arbeitgeber hat oder für die ein Fahrverbot gegen den Arbeitnehmer/die Arbeitnehmerin verhängt wurde. Der Arbeitnehmer/Die Arbeitnehmerin hat das Fahrzeug in diesen Fällen nach Aufforderung der Firma zurückzugeben.

§ 4 Sorgfaltspflichten

1. Der Arbeitnehmer/Die Arbeitnehmerin ist verpflichtet, das ihm/ihr überlassene Fahrzeug pfleglich zu behandeln.

2. Der Arbeitnehmer/Die Arbeitnehmerin hat insbesondere für eine ordnungsgemäße Pflege und Wartung des Fahrzeugs zu sorgen und Reparaturen sowie die festgelegten Inspektionen pünktlich durch autorisierte Fachwerkstätten ausführen zu lassen.

3. Der Arbeitnehmer/Die Arbeitnehmerin hat ferner dafür zu sorgen, dass das Fahrzeug an den vorgeschriebenen Terminen zur Hauptuntersuchung sowie Abgassonderuntersuchung vorgeführt wird.

§ 5 Verhalten bei Unfall

1. Der Arbeitnehmer/Die Arbeitnehmerin ist verpflichtet, bei einem Unfall, den er/sie verursacht hat oder in den er mit dem Fahrzeug verwickelt ist, die Polizei zu benachrichtigen und eine polizeiliche Unfallaufnahme zu veranlassen. Der Arbeitnehmer/Die Arbeitnehmerin ist nicht berechtigt, gegenüber einem möglichen Unfallbeteiligten oder Unfallgeschädigten ein Verschulden anzuerkennen.

2. Unfälle sowie den Verlust, Beschädigungen, Änderungen oder ungewöhnliche Wertminderungen des Fahrzeugs hat der Arbeitnehmer/die Arbeitnehmerin unverzüglich schriftlich zu melden.

§ 6 Haftungsfragen

1. Bei einem Unfall, der vom Arbeitnehmer/der Arbeitnehmerin auf einer Dienstfahrt grob fahrlässig oder vorsätzlich verursacht wurde, haftet er/sie für alle Schäden, soweit diese nicht von einer Versicherung getragen werden.

2. Bei einem Unfall auf einer Privatfahrt haftet der Arbeitnehmer/die Arbeitnehmerin in gleicher Weise auch bei leicht fahrlässiger Verursachung des Unfalls.

3. Der Arbeitnehmer/Die Arbeitnehmerin haftet ferner bei einer Verletzung der in § 4 dieser Vereinbarung niedergelegten Pflichten.

§ 7 Freiwillige Leistung des Arbeitgebers

1. Soweit es sich um die Möglichkeit zur Privatnutzung des Fahrzeugs handelt, stellt die Überlassung des Fahrzeugs an den Arbeitnehmer/die Arbeitnehmerin eine freiwillige, jederzeit widerrufbare Leistung des Arbeitgebers dar. Der Arbeitgeber ist infolgedessen berechtigt, bei oder nach Ausspruch einer Kündigung die jederzeitige Rückgabe des Fahrzeugs zu verlangen. Dem Arbeitnehmer/Der Arbeitnehmerin steht ein Zurückbehaltungsrecht am Fahrzeug nicht zu.

2. Der Arbeitnehmer/Die Arbeitnehmerin ist verpflichtet, vor Rückgabe des Fahrzeugs Änderungen am Fahrzeug rückgängig zu machen oder Einbauten, die er/sie vorgenommen hat, auf eigene Kosten zu entfernen oder entfernen zu lassen.

3. Die Rückgabe des Fahrzeugs hat am Sitz des Arbeitgebers in ... zu erfolgen. Das Fahrzeug ist in einem ordnungsgemäßen, gereinigten Zustand einschließlich sämtlicher Schlüssel und Wagenpapiere zurückzugeben.

§ 8 Schlussbestimmungen

1. Bei Übergabe des Fahrzeugs wird ein Übergabeprotokoll angefertigt, das diesem Vertrag als Anlage 2 angefügt wird.

2. Der Arbeitgeber behält sich das Recht vor, einzelne Bestimmungen dieser Vereinbarung einseitig mit einer Ankündigungsfrist von einem Monat zu ändern.

3. Mündliche Nebenabreden zur Kfz-Überlassung bestehen nicht.

4. Der Kfz-Überlassungsvertrag nebst seinen Anlagen ist Bestandteil des Arbeitsvertrags vom ...

5. Sollte eine dieser Bestimmungen unwirksam sein, berührt dies die Gültigkeit der übrigen Bestimmungen nicht. In diesem Fall treffen die Parteien eine der unwirksamen Bestimmungen im wirtschaftlichen Ergebnis nahe kommende Regelung.

....
(Ort/Datum)

....
(Arbeitgeber)

....
(Ort/Datum)

....
(Mitarbeiter/Mitarbeiterin)

5.3 Erläuterungen/Vertragsbausteine

Das obige Vertragsmuster entspricht im Wesentlichen dem unter Kapitel 4 erläuterten, es enthält zusätzlich jedoch die Verpflichtung des Arbeitgebers, dem Arbeitnehmer einen Dienst-/Geschäftswagen zu überlassen. Diesen darf der Arbeitnehmer nach der verwendeten vertraglichen Regelung nicht nur beruflich, sondern auch privat verwenden.

 TIPP!

Im Zusammenhang mit der Stellung eines Dienstwagens sollten die einzelnen Rechte und Pflichten, wie z. B.

► Wer trägt die Verantwortung für die rechtzeitige Durchführung von Inspektionen?

► In welchen Intervallen wird der Dienstwagen durch einen neuen ersetzt?

► Wann kann der Arbeitgeber den Dienstwagen zurückverlangen?

in einem Kfz-Überlassungsvertrag gesondert geregelt werden, um den Arbeitsvertrag nicht zu überfrachten. Im Arbeitsvertrag sollte nur die Vereinbarung, dass und welcher Typ von Fahrzeug überlassen wird, geregelt werden.

Enthält der Arbeitsvertrag eine Regelung zur Überlassung eines Dienstwagens auch zur privaten Nutzung, wird der Dienstwagen Vergütungsbestandteil. Dies hat zur Folge, dass der Dienstwagen dem Arbeitnehmer z. B. auch während der Dauer einer krankheitsbedingten Arbeitsunfähigkeit zusteht. Als Faustregel gilt: Solange der Arbeitnehmer Anspruch auf Arbeitsvergütung hat, hat er auch einen Anspruch auf den Dienstwagen.

Die Möglichkeit der Privatnutzung eines Dienstwagens ist – steuerrechtlich gesehen – ein geldwerter Vorteil, der vom Arbeitnehmer zu versteuern ist. Es empfiehlt sich, im Arbeitsvertrag auf diese Pflicht zur Versteuerung, die rechnerisch zu einer Erhöhung des steuerpflichtigen Arbeitsentgelts führt, hinzuweisen.

6. Teilzeitarbeitsvertrag nach dem TzBfG

6.1 Vertragsmuster

Teilzeitarbeitsvertrag (ohne Tarifbindung)

Zwischen der Firma ..., Anschrift

– nachstehend Arbeitgeber genannt –

und

Herrn/Frau ..., Anschrift

– nachstehend Mitarbeiter/Mitarbeiterin genannt –

wird folgender Arbeitsvertrag geschlossen:

§ 1 Beginn des Arbeitsverhältnisses, Tätigkeit

1. Der Mitarbeiter/Die Mitarbeiterin nimmt seine/ihre Tätigkeit als ... am ... auf. Der Inhalt der Tätigkeit im Einzelnen richtet sich nach den von ... gegebenen Weisungen.

Variante:

Zu den Tätigkeiten des Mitarbeiters/der Mitarbeiterin zählen insbesondere:

...

...

2. Der Mitarbeiter/Die Mitarbeiterin erklärt sich ausdrücklich bereit, im Bedarfsfalle auch andere zumutbare Arbeiten unter Beibehaltung der vereinbarten Bezüge zu erledigen.

§ 2 Dauer und Kündbarkeit des Arbeitsverhältnisses

1. Das Arbeitsverhältnis wird auf unbestimmte Zeit geschlossen. Die ersten sechs Monate gelten als Probezeit. Innerhalb der Probezeit kann das Arbeitsverhältnis mit der gesetzlichen Kündigungsfrist für Probezeiten (zzt. zwei Wochen zu jedem Termin) gekündigt werden.

2. Nach Ablauf der Probezeit gelten die gesetzlichen Kündigungsfristen.

3. Im Übrigen endet das Arbeitsverhältnis spätestens mit Ablauf des Monats, in dem der Mitarbeiter/die Mitarbeiterin das 65. Lebensjahr vollendet, ohne dass es hierzu einer Kündigung bedarf.

4. Die Kündigung muss nach § 623 BGB schriftlich erfolgen, um wirksam zu sein.

5. Eine Kündigung vor Vertragsbeginn ist ausgeschlossen.

§ 3 Arbeitszeit

1. Das Arbeitsverhältnis ist ein Teilzeitarbeitsverhältnis. Die regelmäßige wöchentliche Arbeitszeit für den Mitarbeiter/die Mitarbeiterin beträgt ... Stunden.

2. Der Mitarbeiter/Die Mitarbeiterin arbeitet in der Regel von Montag bis Freitag jeweils vier Stunden in der Zeit von 8.30 Uhr bis 12.30 Uhr.

3. Der Mitarbeiter/Die Mitarbeiterin erklärt sich bereit, im Bedarfsfalle darüber hinaus nach Absprache auch länger oder zu anderen Zeiten zur Verfügung zu stehen.

§ 4 Vergütung

1. Der Mitarbeiter/Die Mitarbeiterin erhält eine Vergütung in Höhe von ... € brutto pro Arbeitsstunde.

Variante:

Der Mitarbeiter/Die Mitarbeiterin erhält eine Vergütung in Höhe von ... € brutto monatlich.

2. Die Vergütung ist jeweils am Monatsende fällig und wird auf ein Konto des Mitarbeiters/der Mitarbeiterin überwiesen.

§ 5 Arbeitsverhinderung

1. Der Mitarbeiter/Die Mitarbeiterin verpflichtet sich, jede Arbeitsverhinderung unter der Angabe des Grunds und der voraussichtlichen Dauer dem Arbeitgeber unverzüglich mitzuteilen.

2. Der Mitarbeiter/Die Mitarbeiterin verpflichtet sich, im Falle der Erkrankung vor Ablauf des dritten Kalendertages dem Arbeitgeber *(Variante: Personalabteilung)* eine ärztliche Bescheinigung über die Arbeits-

unfähigkeit und ihre voraussichtliche Dauer vorzulegen. Dauert die Arbeitsunfähigkeit über den letzten bescheinigten Tag hinaus fort, ist der Mitarbeiter/die Mitarbeiterin unabhängig von der Gesamtdauer der Arbeitsunfähigkeit verpflichtet, jeweils innerhalb von drei Tagen eine neue ärztliche Bescheinigung einzureichen. In diesem Falle ist die fortdauernde Arbeitsunfähigkeit erneut anzuzeigen.

3. Für den Fall, dass die Arbeitsunfähigkeit schuldhaft durch einen Dritten herbeigeführt worden ist, tritt der Mitarbeiter/die Mitarbeiterin schon jetzt seine/ihre Schadenersatzansprüche in Höhe der vom Arbeitgeber zu leistenden Gehaltsfortzahlung ab.

4. Ausfallzeiten aus sonstigen persönlichen Gründen werden in Abänderung von § 616 Abs. 1 BGB nicht vergütet.

§ 6 Urlaub

1. Der Mitarbeiter/Die Mitarbeiterin hat in jedem Kalenderjahr Anspruch auf bezahlten Erholungsurlaub nach Maßgabe der gesetzlichen Bestimmungen. Die Höhe der Urlaubsvergütung bemisst sich nach der reduzierten Arbeitszeit des Mitarbeiters/der Mitarbeiterin.

2. Der Urlaub ist grundsätzlich zusammenhängend zu nehmen. Den Zeitpunkt des Urlaubs bestimmt der Arbeitgeber im Einvernehmen mit dem Mitarbeiter/der Mitarbeiterin.

3. Erholungsurlaub kann im Übrigen erstmals nach der sechsmonatigen ununterbrochenen Firmenzugehörigkeit beansprucht werden und ist mindestens 14 Tage vorher bei der Personalabteilung schriftlich zu beantragen.

4. Im Übrigen findet das Bundesurlaubsgesetz Anwendung.

§ 7 Weiteres Arbeitsverhältnis

1. Da es sich bei dem vorliegenden Arbeitsverhältnis um ein Teilzeitarbeitsverhältnis handelt, ist der Mitarbeiter/die Mitarbeiterin in der Verwendung seiner/ihrer übrigen Arbeitskraft grundsätzlich frei. Der Mitarbeiter/die Mitarbeiterin erklärt hiermit jedoch ausdrücklich, derzeit in keinem weiteren Arbeitsverhältnis zu stehen, und verpflichtet sich zugleich, jede beabsichtigte entgeltliche Nebenbeschäftigung dem Arbeitgeber mindestens einen Monat vorher schriftlich anzuzeigen.

2. Der Arbeitgeber ist berechtigt, die Aufnahme einer beabsichtigten Nebenbeschäftigung oder ihre Fortsetzung zu untersagen, wenn dadurch die ordnungsgemäße Erfüllung der Verpflichtungen aus diesem Arbeitsvertrag durch den Mitarbeiter/die Mitarbeiterin beeinträchtigt werden kann oder gegen gesetzliche Bestimmungen, insbesondere gegen Bestimmungen des Arbeitszeitgesetzes, verstoßen wird.

§ 8 Vertragsstrafe

1. Für den Fall, dass der Mitarbeiter/die Mitarbeiterin schuldhaft die vertragsgemäße Tätigkeit nicht oder verspätet aufnimmt oder das Vertragsverhältnis unberechtigt vorzeitig beendet, wird eine Vertragsstrafe in Höhe eines Gesamtmonatseinkommens vereinbart.

2. Das Gesamtmonatseinkommen bemisst sich gemäß Ziff. 4 dieses Vertrags, und zwar nach dem Durchschnitt der letzten zwölf Monate. Im Falle einer kürzeren Beschäftigungsdauer bemisst sich das Gesamtmonatseinkommen nach dem Durchschnitt während dieser Zeit, im Falle der Nichtaufnahme oder der verspäteten Aufnahme der Tätigkeit nach den durchschnittlichen Bezügen eines/r vergleichbaren Mitarbeiters/Mitarbeiterin.

§ 9 Verschwiegenheitspflicht

Der Mitarbeiter/Die Mitarbeiterin verpflichtet sich, über alle vertraulichen Angelegenheiten und Vorgänge, die ihm/ihr im Rahmen seiner/ihrer Tätigkeit zur Kenntnis gelangen, sowie über den Inhalt dieses Vertrags Stillschweigen gegenüber jedermann zu bewahren. Dies gilt auch nach Beendigung des Arbeitsverhältnisses.

§ 10 Anwendbares Recht

Tarifliche Bestimmungen sind auf dieses Arbeitsverhältnis nicht anwendbar. Es gelten ausschließlich die Regelungen dieses Arbeitsvertrags und die gesetzlichen Bestimmungen sowie die Arbeitsordnung des Betriebs, die dem Mitarbeiter/der Mitarbeiterin ausgehändigt wurde/als Anlage diesem Arbeitsvertrag beiliegt und Bestandteil des Arbeitsvertrags wird.

§ 11 Schlussbestimmungen

1. Mündliche Nebenabreden zu diesem Vertrag bestehen nicht.

2. Änderungen oder Ergänzungen dieses Vertrags bedürfen zu ihrer Rechtswirksamkeit der Schriftform.

3. Alle Ansprüche aus dem Arbeitsverhältnis sind beiderseits binnen einer Frist von drei Monaten seit Fälligkeit schriftlich geltend zu machen und im Falle der Ablehnung innerhalb einer Frist von einem Monat einzuklagen.

4. Sollte eine der Bestimmungen dieses Arbeitsvertrags unwirksam sein, wird die Wirksamkeit der übrigen Bestimmungen hierdurch nicht berührt. Die Parteien verpflichten sich, in diesem Fall eine der unwirksamen Bestimmung im wirtschaftlichen Ergebnis nahe kommende Regelung zu treffen.

....
(Ort/Datum)   (Arbeitgeber)

....
(Ort/Datum)   (Mitarbeiter/Mitarbeiterin)

6.2 Mustervereinbarung für Reduzierung der Arbeitszeit nach dem TzBfG

Vereinbarung über Verringerung der Arbeitszeit nach dem TzBfG

Zwischen der Firma ..., Anschrift

– nachstehend Arbeitgeber genannt –

und

Herrn/Frau ..., Anschrift

– nachstehend Mitarbeiter/Mitarbeiterin genannt –

wird der bisherige Arbeitsvertrag vom ... wie folgt geändert und ergänzt:

§ 1 Verringerung der Arbeitszeit

Auf ausdrücklichen Wunsch des Mitarbeiters/der Mitarbeiterin (siehe dessen Schreiben vom 15. 2. 2003) nach einer Verringerung der bisherigen Arbeitszeit eines Vollzeitbeschäftigten im Sinne von § 8 Abs. 1 und 2 TzBfG wird die bisherige regelmäßige wöchentliche Arbeitszeit von 38,5 Stunden ab dem 1. 6. 2003 auf wöchentlich 21,5 Stunden reduziert.

Die Verteilung der Arbeitszeit wird wie folgt geregelt:

Der Mitarbeiter/Die Mitarbeiterin arbeitet montags bis freitags jeweils von 8:00 Uhr bis 12:30 Uhr unter Einrechnung einer unbezahlten Pause von 15 Minuten. Die tatsächliche tägliche Arbeitszeit beträgt mithin 4,25 Stunden, die regelmäßige wöchentliche Arbeitszeit 21,25 Stunden.

Variante:

Der Mitarbeiter/Die Mitarbeiterin arbeitet montags bis mittwochs insgesamt 21,5 Stunden. Innerhalb des betrieblichen Gleitzeitrahmens kann der Mitarbeiter/die Mitarbeiterin Arbeitsbeginn und Arbeitsende selbst bestimmen, die vereinbarte Arbeitszeit von 21,5 Stunden ist allerdings in den drei Arbeitstagen pro Woche zu erbringen. Zeitguthaben oder Zeitminus dürfen nicht gebildet werden.

§ 2 Arbeitsvergütung

Die bisherige Arbeitsvergütung verringert sich entsprechend der Verringerung der Arbeitszeit. Der Mitarbeiter/Die Mitarbeiterin erhält daher ab dem ... folgende monatliche Vergütung: ... € (in Worten: ... €) brutto.

Sonderzahlungen gemäß § ... des Arbeitsvertrags vom 00. 00. 00 ermäßigen sich ebenfalls im Verhältnis der bisherigen Vollzeit-Arbeitszeit zur neuen Teilzeit-Arbeitszeit.

§ 3 Hinweise

Der Mitarbeiter/Die Mitarbeiterin wurde darauf hingewiesen, dass er/sie nach § 8 Abs. 6 TzBfG eine erneute Verringerung der Arbeitszeit frühestens nach Ablauf von zwei Jahren verlangen kann.

§ 4 Sonstige Bestimmungen

Im Übrigen bleibt der Arbeitsvertrag vom ... unverändert bestehen.

....

(Ort/Datum)

....

(Arbeitgeber)

....

(Ort/Datum)

....

(Mitarbeiter/Mitarbeiterin)

6.3 Erläuterungen/Vertragsbausteine

Mit Wirkung vom 1. 1. 2001 gibt es das „Teilzeit- und Befristungsgesetz" (TzBfG), das die Rahmenbedingungen für Teilzeitarbeitsverhältnisse abschließend regelt. § 2 TzBfG bietet eine gesetzliche Definition der Teilzeitbeschäftigung.

Danach ist teilzeitbeschäftigt der Arbeitnehmer, dessen Wochenarbeitszeit kürzer ist als die eines vergleichbaren vollzeitbeschäftigten Arbeitnehmers. Arbeitnehmer, mit denen keine feste wöchentliche Arbeitszeit vereinbart ist, gelten als teilzeitbeschäftigt, wenn ihre regelmäßige durchschnittliche Arbeitszeit unter der durchschnittlichen Arbeitszeit eines vergleichbaren vollzeitbeschäftigten Arbeitnehmers liegt. Dabei kann die durchschnittliche Arbeitszeit auf der Grundlage eines Beschäftigungszeitraums von bis zu zwölf Monaten berechnet werden.

Vergleichbar sind Vollzeitarbeitnehmer des Betriebs mit derselben Art des Arbeitsverhältnisses und der gleichen oder einer ähnlichen Tätigkeit. Bei der Art des Arbeitsverhältnisses werden z. B. nur unbefristete oder nur befristete Arbeitsverhältnisse miteinander verglichen.

 WICHTIG!

Gibt es im Betrieb keinen vergleichbaren vollzeitbeschäftigten Arbeitnehmer, muss dieser aufgrund des anzuwendenden Tarifvertrags bestimmt werden. Ist auch dies nicht möglich – z. B. weil kein Tarifvertrag Anwendung findet –, wird auf den Wirtschaftszweig, zu dem das Unternehmen gehört, abgestellt und geprüft, wer dort üblicherweise als vollzeitbeschäftigter Arbeitnehmer gilt.

 ACHTUNG!

Als Teilzeitbeschäftigte gelten auch geringfügig entlohnte Beschäftigte (§ 2 Abs. 2 TzBfG). Bei dieser Vorschrift handelt es sich um eine Klarstellung, da geringfügig Beschäftigte auch nach der Definition des § 2 Abs. 1 TzBfG bereits als Teilzeitbeschäftigte anzusehen sind. Mit der Klarstellung soll der oft anzutreffenden Meinung, für geringfügig Beschäftigte gelte das Arbeitsrecht nicht, entgegengetreten werden.

Diskriminierungsverbot

In § 4 Abs. 1 TzBfG ist ein gesetzliches Diskriminierungsverbot aufgenommen worden. Danach darf ein teilzeitbeschäftigter Arbeitnehmer nicht schlechter behandelt werden als ein vergleichbarer vollzeitbeschäftigter Arbeitnehmer, es sei denn, dass sachliche Gründe eine Ungleichbehandlung rechtfertigen. Das Gesetz stellt nunmehr klar, dass einem teilzeitbeschäftigten Arbeitnehmer das Arbeitsentgelt oder eine andere teilbare geldwerte Leistung, die für einen bestimmten Bemessungszeitraum gewährt wird, mindestens in dem Umfang zu gewähren ist, der dem Anteil seiner Arbeitszeit an der Arbeitszeit eines vergleichbaren vollzeitbeschäftigten Arbeitnehmers entspricht.

Beispiel:

Alle vollzeitbeschäftigten Arbeitnehmer erhalten aufgrund vertraglicher Regelung ein halbes zusätzliches Monatsentgelt als Weihnachtsgeld. Aufgrund des Diskriminierungsverbots ist das Weihnachtsgeld auch an teilzeitbeschäftigte Mitarbeiter zu zahlen. Sie erhalten ein Weihnachtsgeld in Höhe der Hälfte ihres Teilzeitverdienstes. Arbeitet die Teilzeitkraft 50 % der Arbeitszeit eines Vollzeitbeschäftigten, so erhält sie – rechnerisch – 50 % des Weihnachtsgelds des Vollzeitbeschäftigten, also 25 % eines vollen Weihnachtsgelds.

 TIPP!

Das Diskriminierungsverbot untersagt nur eine Schlechterstellung. Steht ein teilzeitbeschäftigter Arbeitnehmer im Vergleich mit einem vollzeitbeschäftigten Arbeitnehmer besser da, so ist dies kein Verstoß gegen das Diskriminierungsverbot.

 ACHTUNG! Benachteiligungsverbot

Beruft sich ein teilzeitbeschäftigter Mitarbeiter auf seine Rechte aus dem Gesetz über Teilzeitarbeit und befristete Arbeitsverträge, so darf er deswegen nicht benachteiligt werden (§ 5 TzBfG).

Neben dem TzBfG finden auf Teilzeitarbeitsverhältnisse alle sonstigen arbeitsrechtlichen Vorschriften Anwendung, z. B.

▶ §§ 611 ff. BGB (Dienstvertrag), soweit es um Abschluss des Arbeitsvertrags, Kündigungsfristen, Schriftform der Kündigung, Rechte und Pflichten aus dem Arbeitsverhältnis geht,

▶ Entgeltfortzahlungsgesetz, soweit es um die Entgeltfortzahlung bei unverschuldeter Arbeitsunfähigkeit geht,

▶ Bundesurlaubsgesetz für Urlaubsfragen,

▶ Mutterschutz- und Bundeserziehungsgeldgesetz.

 WICHTIG!

Soweit gesetzliche Vorschriften an ein Vollzeitarbeitsverhältnis anknüpfen, haben Teilzeitbeschäftigte den Anspruch im Verhältnis ihrer Arbeitszeit zu der eines vergleichbaren Vollzeitbeschäftigten.

Anspruch auf Teilzeitarbeit

In § 8 TzBfG wurde den Arbeitnehmern ein Rechtsanspruch auf Verringerung der Arbeitszeit, d. h. auf Umwandlung einer Vollzeit- in eine Teilzeitstelle, normiert. Der Anspruch auf Verringerung der Arbeitszeit ist an folgende Voraussetzungen gebunden:

► Beschäftigung von mehr als 15 Arbeitnehmern

Ein Anspruch auf Teilzeitarbeit kann nur bei Arbeitgebern angemeldet werden, die in der Regel mehr als 15 Arbeitnehmer – ohne Auszubildende – beschäftigen. In Kleinunternehmen mit in der Regel bis zu 15 Arbeitnehmern besteht also kein Rechtsanspruch auf Teilzeitarbeit. Die Vorschrift des § 8 Abs. 7 TzBfG spricht von „Arbeitgebern", nicht von „Betrieb" oder „Unternehmen". Hat ein Arbeitgeber also z. B. mehrere Betriebe, so werden die Arbeitnehmer zusammengezählt.

► Beschäftigungsdauer mehr als sechs Monate

Die Verringerung der vertraglich vereinbarten Arbeitszeit kann nur verlangen, wessen Arbeitsverhältnis bei Äußerung des Verlangens länger als sechs Monate bestanden hat. Der Arbeitnehmer muss also eine Wartefrist von sechs Monaten erfüllen. Die Einführung einer Wartefrist und deren Dauer entsprechen anderen gesetzlichen Vorschriften, z. B. im Bundesurlaubsgesetz oder im Kündigungsschutzgesetz.

► Ankündigung spätestens drei Monate vor Beginn

Ein Arbeitnehmer, der seine vertraglich vereinbarte Arbeitszeit verringern will, muss nach § 8 Abs. 2 TzBfG diesen Wunsch dem Arbeitgeber spätestens drei Monate vor dem gewünschten Beginn der Verringerung der Arbeitszeit mitteilen. Er muss dabei auch angeben, in welchem Umfang er seine Arbeitszeit verringern will. Außerdem muss er sich zur gewünschten Verteilung der Arbeitszeit äußern.

Innerhalb der Ankündigungsfrist soll der Arbeitgeber prüfen können (und müssen), ob und inwieweit der Wunsch des Arbeitnehmers verwirklicht werden kann. Da im § 8 Abs. 3 TzBfG nur von „Arbeitszeit" und nicht von „Wochenarbeitszeit" die Rede ist, kann der Arbeitnehmer Wünsche nach jeder möglichen Art von Arbeitszeitverringerung äußern, z. B.

► nur noch drei Wochen im Monat arbeiten,

► elf statt zwölf Monate pro Jahr arbeiten,

► vier Vollzeittage statt fünf Vollzeittage pro Woche,

► Ansparung auf ein Jahresarbeitszeitkonto und Abfeiern durch Freistellung für einen längeren Zeitraum.

§ 8 Abs. 2 TzBfG lässt also die unterschiedlichsten Formen der Arbeitszeitgestaltung zu.

Vereinbarung zwischen Arbeitgeber und Arbeitnehmer notwendig bei Arbeitszeitverringerung

Nachdem der Arbeitnehmer seinen Teilzeitarbeitswunsch sowie die gewünschte Lage der Arbeitszeit angekündigt hat, muss der Arbeitgeber tätig werden. Er hat den Wunsch des Arbeitnehmers auf Realisierbarkeit zu prüfen. Der Arbeitgeber hat den Wunsch des Arbeitnehmers mit diesem zu erörtern mit dem Ziel, zu einer Vereinbarung über die Umsetzung des geäußerten Wunsches zu gelangen (§ 8 Abs. 3 TzBfG). Der Arbeitgeber hat sodann mit dem Arbeitnehmer Einvernehmen über die vom Arbeitgeber festzulegende Verteilung der Arbeitszeit zu erzielen. Das Direktionsrecht des Arbeitgebers, die Lage und Verteilung der Arbeitszeit einseitig zu bestimmen, bleibt also bestehen.

Unter welchen Voraussetzungen und mit welchem Inhalt die Vereinbarung zustande kommen kann oder muss, ist in Abs. 4 und 5 des § 8 TzBfG näher geregelt.

Nach § 8 Abs. 4 TzBfG kann der Arbeitgeber den Wunsch nach Verringerung der Arbeitszeit sowie die Wünsche hinsichtlich der Verteilung der Arbeitszeit ablehnen, wenn und soweit betriebliche Gründe entgegenstehen. Welche betrieblichen Gründe im Einzelnen eine Ablehnung des Teilzeitwunsches und/oder der Verteilung der Arbeitszeit rechtfertigen können, hängt von der Art und Größe des betroffenen Unternehmens ab. Das Gesetz nennt beispielhaft:

► wesentliche Beeinträchtigung von Organisation, Arbeitsablauf oder Sicherheit,

► Verursachung von unverhältnismäßigen Kosten für den Arbeitgeber.

 ACHTUNG!

Tarifvertragsparteien können weitere Ablehnungsgründe in einem Tarifvertrag festlegen. Ist dies geschehen, können nicht tarifgebundene Arbeitgeber und Arbeitnehmer im Einzelarbeitsvertrag auf die entsprechende tarifliche Regelung Bezug nehmen.

Der Arbeitgeber ist nach § 8 Abs. 5 TzBfG verpflichtet, dem Arbeitnehmer seine Entscheidung über die Verringerung der Arbeitszeit und ihre Verteilung spätestens einen Monat vor dem gewünschten Beginn der Verringerung schriftlich mitzuteilen. Zwischen der Ankündigung und der Mitteilung der Entscheidung liegen also mindestens zwei Monate. Beantragt der Arbeitnehmer die Verringerung mehr als drei Monate vor dem beabsichtigten Beginn, ist die Überlegungs-/Verhandlungsfrist entsprechend länger. Der Arbeitgeber kann in seiner Mitteilung

► das mit dem Arbeitnehmer hergestellte Einvernehmen über die Verringerung der Arbeitszeit und die Verteilung der Arbeitszeit im Sinne von § 8 Abs. 3 TzBfG bestätigen.

In diesem Fall kommt es zu der abgesprochenen Verringerung und Verteilung der Arbeitszeit.

► den Wunsch des Arbeitnehmers nach Verringerung der Arbeitszeit wegen entgegenstehender betrieblicher Gründe ablehnen.
In diesem Fall bleibt es bei der bisher vertraglich vereinbarten Arbeitszeit und deren Verteilung.

► den Wunsch des Arbeitnehmers nach Verringerung der Arbeitszeit erfüllen, die Arbeitszeit aber anders – also nicht den Wünschen des Arbeitnehmers entsprechend – verteilen.
In diesem Fall kommt es zu einer Verringerung der Arbeitszeit nach dem Wunsch des Arbeitnehmers, die Lage der Arbeitszeit wird allerdings im Wege des Direktionsrechts – einseitig – vom Arbeitgeber festgelegt.

 WICHTIG!

Unternimmt der Arbeitgeber nichts, kann es zu einer einseitigen Verringerung der Arbeitszeit aufgrund des angemeldeten Wunsches kommen:

► Versäumt der Arbeitgeber die rechtzeitige Ablehnung des Wunsches auf Verringerung der Arbeitszeit, verringert sich diese ab dem gewünschten Beginn entsprechend den Wünschen des Arbeitnehmers.

► Konnte kein Einvernehmen über die Verteilung der Arbeitszeit zwischen Arbeitgeber und Arbeitnehmer erzielt werden und vergisst der Arbeitgeber, die vom Arbeitnehmer gewünschte Verteilung rechtzeitig – also einen Monat vor dem gewünschten Beginn – abzulehnen, gilt die Verteilung der Arbeitszeit entsprechend den Wünschen des Arbeitnehmers als festgelegt.

 TIPP!

Eine einseitige Verringerung der Arbeitszeit durch den Arbeitnehmer lässt sich durch eine rechtzeitige schriftliche Ablehnung vermeiden. Die Ablehnung der Verringerung und/oder der Verteilung der Arbeitszeit muss dem Arbeitnehmer mindestens einen Monat vor dem gewünschten Beginn zugehen.

Ist es zu einer einseitigen Verteilung der Arbeitszeit durch den Arbeitnehmer gekommen, weil der Arbeitgeber nicht rechtzeitig die Wünsche des Arbeitnehmers abgelehnt hat, kann der Arbeitgeber die Arbeitszeit einseitig – im Wege des Direktionsrechts – wieder ändern, wenn

► das betriebliche Interesse an einer neuen Verteilung der Arbeitszeit das Interesse des Arbeitnehmers an der Beibehaltung der bisherigen Verteilung erheblich überwiegt und

► der Arbeitgeber die Änderung der Verteilung der Arbeitszeit spätestens einen Monat vorher angekündigt hat (§ 8 Abs. 5 TzBfG).

Dasselbe Recht steht dem Arbeitgeber auch zu, wenn er mit dem Arbeitnehmer Einvernehmen über die Verteilung der Arbeitszeit erzielt hatte (§ 8 Abs. 5 TzBfG).

 WICHTIG! 2-Jahres-Frist

Der Arbeitnehmer kann eine erneute Verringerung der Arbeitszeit frühestens zwei Jahre nach einer berechtigten Ablehnung durch den Arbeitgeber oder seiner Zustimmung verlangen. Gerechnet wird vom Zeitpunkt der Ablehnung oder Zustimmung durch den Arbeitgeber.

Von Teilzeit zur Vollzeit zurück

Will ein teilzeitbeschäftigter Arbeitnehmer seine Arbeitszeit verlängern, muss er dies dem Arbeitgeber mitteilen. Es spielt dabei keine Rolle, ob die Teilzeit infolge eines Wunsches des Arbeitnehmers nach Arbeitszeitverringerung zustande kam oder der Arbeitnehmer von Anfang an als Teilzeitbeschäftigter eingestellt war. Der Arbeitgeber hat Arbeitnehmer, die ihre Arbeitszeit verlängern möchten, bei der Besetzung entsprechender freier Arbeitsplätze im Betrieb oder Unternehmen bevorzugt zu berücksichtigen, sofern der Arbeitnehmer für den zu besetzenden Arbeitsplatz nach Ausbildung, Qualifikation und Fähigkeiten geeignet ist (§ 9 TzBfG). Der bevorzugten Berücksichtigung können dringende betriebliche Gründe oder die Wünsche anderer teilzeitbeschäftigter Arbeitnehmer entgegenstehen. Unter mehreren teilzeitbeschäftigten Arbeitnehmern kann der Arbeitgeber seine Auswahl frei unter Berücksichtigung des billigen Ermessens treffen.

Kündigungsverbot

Weigert sich ein Arbeitnehmer, von einem Vollzeit- in ein Teilzeitarbeitsverhältnis zu wechseln oder umgekehrt, so kann der Arbeitgeber ihm deswegen nicht kündigen. Eine entsprechende Kündigung ist nach § 11 TzBfG unwirksam.

Das Recht, das Arbeitsverhältnis aus anderen Gründen zu kündigen, bleibt unberührt. Das heißt, der Arbeitgeber kann z. B. verhaltensbedingt oder betriebsbedingt kündigen, wenn die entsprechenden Voraussetzungen hierfür vorliegen.

7. Befristeter Arbeitsvertrag bei Neueinstellung nach § 14 Abs. 2 TzBfG (ohne Tarifbindung)

7.1 Vertragsmuster

Zwischen der Firma ..., Anschrift

– nachstehend Arbeitgeber genannt –

und

Herrn/Frau ..., Anschrift

– nachstehend Mitarbeiter/Mitarbeiterin genannt –

wird folgender befristeter Arbeitsvertrag geschlossen:

§ 1 Beginn des Arbeitsverhältnisses, Tätigkeit

(1) Der Mitarbeiter/Die Mitarbeiterin wird ab ... als ... eingestellt.

(2) Zu den Aufgaben des Mitarbeiters/der Mitarbeiterin zählen insbesondere

► ...

► ...

► ...

(3) Der Mitarbeiter/Die Mitarbeiterin hat seine/ihre ganze Arbeitskraft der Firma zu widmen.

(4) Ort, Art und zeitliche Lage der vom Mitarbeiter/von der Mitarbeiterin zu erledigenden Aufgaben richten sich nach den betrieblichen Bedürfnissen des Arbeitgebers, soweit dies dem Mitarbeiter/der Mitarbeiterin zumutbar ist. Der Mitarbeiter/Die Mitarbeiterin kann im In- und Ausland eingesetzt werden.

(5) Der Arbeitgeber behält sich vor, dem Mitarbeiter/der Mitarbeiterin innerhalb des Unternehmens bei unveränderten Bezügen auch eine andere seiner/ihrer Vorbildung und seinen/ihren Fähigkeiten entsprechende Tätigkeit zu übertragen und ihn/sie an einen anderen Ort zu versetzen. Der Mitarbeiter/Die Mitarbeiterin verpflichtet sich, einer etwaigen Anordnung dieser Art Folge zu leisten, sofern ihm/ihr die angewiesene Tätigkeit zumutbar ist.

§ 2 Beginn und Ende des Arbeitsverhältnisses

(1) Das Arbeitsverhältnis beginnt am ...

(2) Die ersten sechs Monate gelten als Probezeit. Während der Probezeit kann das Arbeitsverhältnis von beiden Seiten mit einer Frist von zwei Wochen gekündigt werden (§ 622 Abs. 3 BGB). Die Kündigung bedarf nach § 623 BGB der Schriftform.

(3) Das Arbeitsverhältnis ist nach § 14 Abs. 2 TzBfG für die Dauer von 24 Monaten befristet. Es endet, ohne dass es hierzu einer Kündigung bedarf, nach Ablauf von zwei Jahren, also mit Ablauf des ...

(4) Vor Ablauf der vereinbarten Befristung können beide Seiten das Arbeitsverhältnis unter Einhaltung der gesetzlichen Kündigungsfristen kündigen. Die Kündigung bedarf nach § 623 BGB der Schriftform.

(5) Zwischen den Parteien bestand vor Abschluss dieses Vertrags zu keinem Zeitpunkt ein unbefristetes oder befristetes Arbeitsverhältnis.

§ 3 Vergütung

Der Mitarbeiter/Die Mitarbeiterin erhält eine monatliche Bruttovergütung in Höhe von ... € (in Worten ... Euro).

Die Vergütung ist jeweils am Monatsende fällig und wird auf ein Konto des Mitarbeiters/der Mitarbeiterin überwiesen.

§ 4 Sonderzahlungen

(1) Gratifikationen und andere Sonderzahlungen werden vom Arbeitgeber freiwillig gewährt. Auf diese Leistungen besteht auch nach wiederholter Gewährung kein Rechtsanspruch – weder der Höhe noch dem Grunde nach.

(2) Ist der Mitarbeiter/die Mitarbeiterin im Kalenderjahr, in dem eine Gratifikation oder andere Sonderzahlung freiwillig gewährt wird, nur Teile des Jahres beschäftigt gewesen, erhält er/sie die Gratifikation oder andere Sonderzahlung anteilig entsprechend der Beschäftigungsdauer.

§ 5 Arbeitszeit

(1) Die Arbeitszeit beträgt ... Stunden wöchentlich. Ihre Lage richtet sich nach den betrieblichen Regelungen.

(2) Der Mitarbeiter/Die Mitarbeiterin verpflichtet sich, Überstunden oder Mehrarbeit in der gesetzlich zulässigen Höhe zu leisten, wenn dies betrieblich erforderlich und vom Arbeitgeber angeordnet ist.

§ 6 Urlaub

(1) Der Mitarbeiter/Die Mitarbeiterin hat Anspruch auf jährlichen Erholungsurlaub von ... Arbeitstagen.

(2) Im Ein- und Austrittsjahr wird der Erholungsurlaub nur anteilig entsprechend der Beschäftigungsdauer gewährt.

(3) Der Urlaub ist grundsätzlich im Kalenderjahr zu nehmen. Nicht genommener Urlaub verfällt am 31. 3. des Folgejahres ersatzlos.

§ 7 Arbeitsverhinderung

Der Mitarbeiter/Die Mitarbeiterin ist verpflichtet, dem Arbeitgeber jede Dienstverhinderung sowie ihre voraussichtliche Dauer unverzüglich anzuzeigen. Im Falle einer krankheitsbedingten Arbeitsverhinderung ist der Mitarbeiter/die Mitarbeiterin verpflichtet, ab dem dritten Krankheitstag eine ärztliche Arbeitsunfähigkeitsbescheinigung vorzulegen. Dies gilt auch, falls die Arbeitsunfähigkeit länger als in der Bescheinigung angegeben andauert.

§ 8 Verpfändung von Gehaltsansprüchen

Eine Abtretung oder Verpfändung der Vergütung oder der Sonderzahlungen ist ausgeschlossen.

§ 9 Geheimhaltung

Der Mitarbeiter/Die Mitarbeiterin verpflichtet sich, über alle ihm/ihr im Rahmen seiner/ihrer Tätigkeit zur Kenntnis gelangten Vorgänge, insbesondere Betriebs- und Geschäftsgeheimnisse etc., sowohl während der Dauer des Anstellungsverhältnisses als auch nach dessen Beendigung Stillschweigen zu bewahren.

§ 10 Nebentätigkeit

Nebentätigkeiten, die zu einer Beeinträchtigung der Arbeitskraft führen oder die Belange des Arbeitgebers beeinträchtigen können, bedürfen der vorherigen schriftlichen Zustimmung des Arbeitgebers.

§ 11 Schlussbestimmungen

(1) Ergänzungen oder Änderungen dieses Vertrags bedürfen der Schriftform.

(2) Weitere Vereinbarungen außerhalb dieses Arbeitsvertrags sind nicht getroffen.

(3) Auf das Arbeitsverhältnis finden dieser Arbeitsvertrag und ergänzend die gesetzlichen Vorschriften Anwendung.

(4) Sollte eine der Bestimmungen dieses Arbeitsvertrags unwirksam sein, wird die Wirksamkeit der übrigen Bestimmungen hierdurch nicht berührt. Die Parteien verpflichten sich, in diesem Fall eine der unwirksamen Bestimmung im wirtschaftlichen Ergebnis nahe kommende Regelung zu treffen.

....
(Ort/Datum)   (Arbeitgeber)

....
(Ort/Datum)   (Mitarbeiter/Mitarbeiterin)

7.2 Erläuterungen/Vertragsbausteine

 WICHTIG!

Das obige Vertragsmuster kann bei Tarifbindung entsprechend abgewandelt werden, z. B. durch einen Hinweis unter den Schlussbestimmungen, dass der Tarifvertrag der ...-Branche Anwendung findet.

Das „Gesetz über Teilzeitarbeit und befristete Arbeitsverträge" (TzBfG) bildet die alleinige Rechtsgrundlage zum Abschluss befristeter Arbeitsverträge (§ 620 Abs. 3 BGB). Nach § 14 Abs. 1 TzBfG ist die Befristung eines Arbeitsverhältnisses grundsätzlich nur noch erlaubt, wenn sie durch einen sachlichen Grund gerechtfertigt ist. Dabei sind im Gesetz beispielhaft sachliche Gründe aufgezählt. Außerhalb dieser Zulässigkeitsvoraussetzungen ist der Abschluss eines befristeten Arbeitsvertrags nur in 2 Fällen zulässig, nämlich wenn:

► es sich um eine Neueinstellung handelt

Nach § 14 Abs. 2 TzBfG darf ein befristeter Arbeitsvertrag ohne sachlichen Grund abgeschlossen werden, wenn vorher zu demselben Arbeitgeber kein befristetes oder unbefristetes Arbeitsverhältnis bestanden hat und die Befristung oder ihre höchstens dreimalige Verlängerung die Gesamtdauer von zwei Jahren nicht überschreitet.

oder

► der befristet eingestellte Arbeitnehmer bei Beginn des befristeten Arbeitsverhältnisses das 52. Lebensjahr vollendet hat *(hierauf wird in Kapitel 8 eingegangen)*

 ACHTUNG!

Die Befristung bei Neueinstellungen ist abschließend in § 14 Abs. 2 TzBfG geregelt. Folgende Voraussetzungen müssen unbedingt beachtet werden:

► Die Befristung muss kalendermäßig bestimmt sein. Ein zweckbefristeter Arbeitsvertrag ist in diesen Fällen nicht zulässig.

► Die Befristung darf nicht länger als zwei Jahre dauern. Innerhalb dieser Zeit darf die ursprünglich vereinbarte Befristung dreimal verlängert werden.

► Die Befristung darf nicht auf ein unbefristetes oder befristetes Arbeitsverhältnis mit demselben Arbeitnehmer folgen. Dabei spielt es nach dem Gesetzeswortlaut keine Rolle, welcher Zeitraum zwischen den beiden Arbeitsverhältnissen liegt.

Der Gesetzgeber räumt bei Neueinstellungen den Tarifvertragspartnern das Recht ein,

► die Anzahl der zulässigen Verlängerungen oder

► die Höchstdauer der Befristung

► abweichend von der gesetzlichen Regelung in § 14 Abs. 2 TzBfG zu regeln. Im Geltungsbereich eines derartigen Tarifvertrags, der die entsprechenden Regelungen enthält, können nicht tarifgebundene Arbeitgeber und Arbeitnehmer die Anwendung der tariflichen Regelungen vereinbaren.

Schriftform notwendig

Nach § 14 Abs. 4 TzBfG bedarf die Befristung der Schriftform, um rechtswirksam zu sein. Mündliche befristete Arbeitsverträge gehören damit der Vergangenheit an, denn sie sind unwirksam. Den Inhalt des schriftlichen befristeten Arbeitsvertrags können Arbeitgeber und Arbeitnehmer grundsätzlich frei aushandeln. Zwingend notwendige Vertragsbestandteile ergeben sich dabei jedoch aus den Vorschriften des Nachweisgesetzes.

Beendigungsgründe

Der Gesetzgeber hat jetzt in § 15 TzBfG festgelegt, zu welchem Zeitpunkt ein befristeter Arbeitsvertrag endet und unter welchen Umständen er vorzeitig beendet werden kann. Danach endet ein kalendermäßig (datumsmäßig) befristeter Arbeitsvertrag mit Ablauf der vereinbarten Zeit (§ 15 Abs. 1 TzBfG).

Das Recht zur ordentlichen Kündigung besteht für beide Vertragsparteien nur dann, wenn dies einzelvertraglich oder in einem auf das Arbeitsverhältnis anwendbaren Tarifvertrag ausdrücklich vereinbart ist (§ 15 Abs. 3 TzBfG). In dieser Vereinbarung können auch die einzuhaltenden Kündigungsfristen festgelegt werden. Wird hierzu keine Vereinbarung getroffen, gelten die gesetzlichen Kündigungsfristen des § 622 BGB. Sofern auf das Arbeitsverhältnis ein Tarifvertrag Anwendung findet, werden diese durch die tarifvertraglich festgelegten Kündigungsfristen ersetzt, die in der Regel günstiger sind als die gesetzlichen Kündigungsfristen.

Als weitere Beendigungsmöglichkeit gibt es den Aufhebungsvertrag. Ein Aufhebungsvertrag kann zwischen den Arbeitsvertragsparteien jederzeit und aus jedem beliebigen Grund geschlossen werden. Kündigungsfristen müssen nicht eingehalten werden. Ein Aufhebungsvertrag bedarf nach § 623 zu seiner Wirksamkeit immer der Schriftform.

Stillschweigende Verlängerung des Arbeitsverhältnisses (§ 15 Abs. 5 TzBfG)

Die Vorschrift bestimmt, dass das befristete Arbeitsverhältnis als auf unbestimmte Zeit verlängert gilt, wenn der Arbeitgeber nach Ablauf der Datumsbefristung oder nach Erreichen des vereinbarten Zwecks der Fortsetzung des Arbeitsverhältnisses nicht unverzüglich widerspricht. Zu einem unbefristeten Arbeitsverhältnis kommt es außerdem, wenn der Arbeitgeber dem Arbeitnehmer die Erreichung des Zwecks nicht unverzüglich mitteilt.

Beispiel:

Arbeitnehmer A hat einen bis 31. 5. befristeten Arbeitsvertrag. Am 1. 6. kommt er weiterhin zur Arbeit. Der Arbeitgeber sieht dies und lässt A gewähren.

Damit kommt es zu einer stillschweigenden Verlängerung des Arbeitsverhältnisses.

 WICHTIG!

Nach § 22 TzBfG kann die Regelung über die stillschweigende Verlängerung des Arbeitsverhältnisses nicht vertraglich ausgeschlossen werden, da eine entsprechende Ausschlussregelung eine Abweichung von der gesetzlichen Regelung zuungunsten des Arbeitnehmers wäre.

Rechtsfolgen unwirksamer Befristungen

Eine unwirksame Befristung – z. B. wegen Fehlens eines sachlichen Grundes – führt zu einem unbefristeten Arbeitsverhältnis (§ 16 TzBfG). Der als Folge einer unwirksamen Befristung entstandene unbefristete Arbeitsvertrag kann vom Arbeitgeber frühestens zum vereinbarten Ende gekündigt werden. Ausnahme: Eine Kündigung zu einem früheren Zeitpunkt ist möglich, wenn im Vertrag das Recht zur ordentlichen Kündigung vereinbart wurde. Ist der befristete Arbeitsvertrag nur deswegen unwirksam, weil die Schriftform nicht eingehalten wurde, handelt es sich also um einen mündlich geschlossenen befristeten Arbeitsvertrag, kann dieser auch vor dem vereinbarten Ende gekündigt werden.

 WICHTIG!

Bei einer Neueinstellung kann eine vereinbarte Befristung unwirksam sein, weil

► die gesetzlich vorgeschriebene Schriftform nicht eingehalten wurde (§ 14 Abs. 4 TzBfG),

► eine Befristung ohne sachlichen Grund vereinbart wurde, es sich aber nicht um eine Neueinstellung im Sinne von § 14 Abs. 2 TzBfG handelte.

Will der Arbeitnehmer sich auf die Unwirksamkeit einer Befristung – gleich aus welchem Rechtsgrund – berufen, so muss er beim zuständigen Arbeitsgericht innerhalb von drei Wochen nach dem vereinbarten Ende der Befristung Klage erheben (§ 17 TzBfG).

Diskriminierungsverbot

In § 4 Abs. 2 TzBfG ist ein gesetzliches Diskriminierungsverbot aufgenommen worden. Danach darf ein befristet beschäftigter Arbeitnehmer nicht schlechter behandelt werden als ein vergleichbarer unbefristet beschäftigter Arbeitnehmer, es sei denn, dass sachliche Gründe eine Ungleichbehandlung rechtfertigen. Das Gesetz stellt nunmehr klar, dass einem befristet beschäftigten Arbeitnehmer das Arbeitsentgelt oder eine andere teilbare geldwerte Leistung, die für einen bestimmten Bemessungszeitraum gewährt wird, mindestens in dem Umfang zu gewähren ist, der dem Anteil seiner Beschäftigungsdauer am Bemessungszeitraum entspricht. Falls bestimmte Beschäftigungsbedingungen von der Dauer des Bestehens des Arbeitsverhältnisses in demselben Betrieb oder Unternehmen abhängig sind, so sind für befristet beschäftigte Arbeitnehmer dieselben Zeiten zu berücksichtigen wie für unbefristet eingestellte Arbeitnehmer, es sei denn, dass für eine unterschiedliche Behandlung sachliche Gründe bestehen.

Benachteiligungsverbot

Beruft sich ein befristet eingestellter Mitarbeiter auf seine Rechte aus dem Gesetz über Teilzeitarbeit und befristete Arbeitsverträge, so darf er deswegen nicht benachteiligt werden (§ 5 TzBfG).

Sonstige gesetzliche Vorschriften

Auf befristete Arbeitsverhältnisse finden neben den Vorschriften des TzBfG grundsätzlich dieselben arbeitsrechtlichen Vorschriften Anwendung wie auf unbefristete Arbeitsverhältnisse. So richten sich z. B.

► die Höchstarbeitszeit nach dem Arbeitszeitgesetz,

► die Mindestdauer des Urlaubs nach dem Bundesurlaubsgesetz,

► die Mindestkündigungsfristen nach dem BGB,

► die Entgeltfortzahlung im Krankheitsfall nach dem EFZG,

sofern einzelvertraglich nichts anderes vereinbart wurde und kein Tarifvertrag Anwendung findet. Außerdem hat der befristet eingestellte Arbeitnehmer bei Beendigung des Arbeitsverhältnisses Anspruch auf ein Zeugnis nach § 630 BGB oder eine Arbeitsbescheinigung nach den Vorschriften des SGB III.

Darüber hinaus müssen Sie bei Vorliegen der Voraussetzungen noch folgende Gesetze beachten:

► **Bundeserziehungsgeldgesetz**

wenn während der Dauer der Befristung Elternzeit genommen wird. Die Elternzeit endet in diesem Fall spätestens mit Ablauf der vereinbarten Befristung.

► **Jugendarbeitsschutzgesetz**

bei befristeten Arbeitsverträgen mit Arbeitnehmern unter 18 Jahren – z. B. hinsichtlich der Arbeitszeit und des Mindesturlaubsanspruchs

► **Mutterschutzgesetz**

wenn die Arbeitnehmerin während der Dauer der Befristung schwanger wird. Trotz eingetretener Schwangerschaft endet das Arbeitsverhältnis mit Ablauf der vereinbarten Befristung.

► **SGB IX (Rehabilitation und Teilhabe behinderter Menschen)**

bei befristeten Arbeitsverträgen mit Schwerbehinderten.

Aus- und Weiterbildungspflichten des Arbeitgebers

§ 19 TzBfG normiert besondere Aus- und Weiterbildungspflichten des Arbeitgebers für befristet eingestellte Arbeitnehmer. Danach hat der Arbeitgeber dafür Sorge zu tragen, dass auch befristet eingestellte Arbeitnehmer an angemessenen Aus- und Weiterbildungsmaßnahmen zur Förderung der beruflichen Entwicklung und Mobilität teilnehmen können. Die Teilnahme an entsprechenden Aus- und Weiterbildungsangeboten kann befristet eingestellten Arbeitnehmern insbesondere dann verwehrt werden, wenn dringende betriebliche Gründe oder Aus- und Weiterbildungswünsche anderer Arbeitnehmer entgegenstehen.

 ACHTUNG! Informationspflicht über Dauerarbeitsplätze

Nach § 18 TzBfG ist der Arbeitgeber verpflichtet, befristet eingestellte Arbeitnehmer über entsprechende unbefristete Arbeitsplätze zu informieren, die besetzt werden sollen. Die Information kann durch eine allgemeine Bekanntgabe an geeigneter, den Arbeitnehmern zugänglicher Stelle im Betrieb oder Unternehmen erfolgen, z. B. am Schwarzen Brett des Betriebs oder in der Mitarbeiterzeitung.

8. Befristeter Arbeitsvertrag mit Arbeitnehmer über 52 Jahre

8.1 Vertragsmuster

Zwischen der Firma ..., Anschrift

– nachstehend Arbeitgeber genannt –

und

Herrn/Frau ..., geboren am 00. 00. 00, Anschrift

– nachstehend Mitarbeiter/Mitarbeiterin genannt –

wird folgender befristeter Arbeitsvertrag nach § 14 Abs. 3 TzBfG geschlossen:

§ 1 Beginn des Arbeitsverhältnisses, Tätigkeit

(1) Der Mitarbeiter/Die Mitarbeiterin wird ab ... als ... eingestellt.

(2) Zu den Aufgaben des Mitarbeiters/der Mitarbeiterin zählen insbesondere

▶ ...

▶ ...

▶ ...

(3) Der Mitarbeiter/Die Mitarbeiterin hat seine/ihre ganze Arbeitskraft der Firma zu widmen.

(4) Ort, Art und zeitliche Lage der vom Mitarbeiter/von der Mitarbeiterin zu erledigenden Aufgaben richten sich nach den betrieblichen Bedürfnissen des Arbeitgebers, soweit dies dem Mitarbeiter/der Mitarbeiterin zumutbar ist. Der Mitarbeiter/Die Mitarbeiterin kann im In- und Ausland eingesetzt werden.

(5) Der Arbeitgeber behält sich vor, dem Mitarbeiter/der Mitarbeiterin innerhalb des Unternehmens bei unveränderten Bezügen auch eine andere seiner/ihrer Vorbildung und seinen/ihren Fähigkeiten entsprechende Tätigkeit zu übertragen und ihn/sie an einen anderen Ort zu versetzen. Der Mitarbeiter/Die Mitarbeiterin verpflichtet sich, einer etwaigen Anordnung dieser Art Folge zu leisten, sofern ihm/ihr die angewiesene Tätigkeit zumutbar ist.

§ 2 Beginn und Ende des Arbeitsverhältnisses

(1) Das Arbeitsverhältnis beginnt am ...

(2) Die ersten sechs Monate gelten als Probezeit. Während der Probezeit kann das Arbeitsverhältnis von beiden Seiten mit einer Frist von zwei Wochen gekündigt werden (§ 622 Abs. 3 BGB). Die Kündigung bedarf nach § 623 BGB der Schriftform.

(3) Der Mitarbeiter/Die Mitarbeiterin ist am ... geboren. Zum Zeitpunkt des Beginns des Arbeitsverhältnisses hat der Mitarbeiter/die Mitarbeiterin daher das 52. Lebensjahr vollendet.

Zwischen dem Arbeitgeber und dem Mitarbeiter/der Mitarbeiterin bestand zuvor weder ein unbefristetes noch ein befristetes Arbeitsverhältnis. Das Arbeitsverhältnis ist deswegen nach § 14 Abs. 3 TzBfG für die Dauer von ... Monaten befristet. Es endet, ohne dass es hierzu einer Kündigung bedarf, mit Ablauf des ...

(4) Vor Ablauf der vereinbarten Befristung können beide Seiten das Arbeitsverhältnis unter Einhaltung der gesetzlichen Kündigungsfristen kündigen. Die Kündigung bedarf nach § 623 BGB der Schriftform.

(5) Zwischen den Parteien bestand vor Abschluss dieses Vertrags zu keinem Zeitpunkt ein unbefristetes oder befristetes Arbeitsverhältnis.

§ 3 Vergütung

Der Mitarbeiter/Die Mitarbeiterin erhält eine monatliche Bruttovergütung in Höhe von ... € (in Worten ... Euro).

Die Vergütung ist jeweils am Monatsende fällig und wird auf ein Konto des Mitarbeiters/der Mitarbeiterin überwiesen.

§ 4 Sonderzahlungen

(1) Gratifikationen und andere Sonderzahlungen werden vom Arbeitgeber freiwillig gewährt. Auf diese Leistungen besteht auch nach wiederholter Gewährung kein Rechtsanspruch – weder der Höhe noch dem Grunde nach.

(2) Ist der Mitarbeiter/die Mitarbeiterin im Kalenderjahr, in dem eine Gratifikation oder andere Sonderzahlung freiwillig gewährt wird, nur Teile des Jahres beschäftigt gewesen, erhält er/sie die Gratifikation oder andere Sonderzahlung anteilig entsprechend der Beschäftigungsdauer.

§ 5 Arbeitszeit

(1) Die Arbeitszeit beträgt ... Stunden wöchentlich. Ihre Lage richtet sich nach den betrieblichen Regelungen.

(2) Der Mitarbeiter/Die Mitarbeiterin verpflichtet sich, Überstunden oder Mehrarbeit in der gesetzlich zulässigen Höhe zu leisten, wenn dies betrieblich erforderlich und vom Arbeitgeber angeordnet ist.

§ 6 Urlaub

(1) Der Mitarbeiter/Die Mitarbeiterin hat Anspruch auf jährlichen Erholungsurlaub von ... Arbeitstagen.

(2) Im Ein- und Austrittsjahr wird der Erholungsurlaub nur anteilig entsprechend der Beschäftigungsdauer gewährt.

(3) Der Urlaub ist grundsätzlich im Kalenderjahr zu nehmen. Nicht genommener Urlaub verfällt am 31. 3. des Folgejahres ersatzlos.

§ 7 Arbeitsverhinderung

Der Mitarbeiter/Die Mitarbeiterin ist verpflichtet, dem Arbeitgeber jede Dienstverhinderung sowie ihre voraussichtliche Dauer unverzüglich anzuzeigen. Im Falle einer krankheitsbedingten Arbeitsverhinderung ist der Mitarbeiter/die Mitarbeiterin verpflichtet, ab dem dritten Krankheitstag eine ärztliche Arbeitsunfähigkeitsbescheinigung vorzulegen. Dies gilt auch, falls die Arbeitsunfähigkeit länger als in der Bescheinigung angegeben andauert.

§ 8 Verpfändung von Gehaltsansprüchen

Eine Abtretung oder Verpfändung der Vergütung oder der Sonderzahlungen ist ausgeschlossen.

§ 9 Geheimhaltung

Der Mitarbeiter/Die Mitarbeiterin verpflichtet sich, über alle ihm/ihr im Rahmen seiner/ihrer Tätigkeit zur Kenntnis gelangten Vorgänge, insbesondere Betriebs- und Geschäftsgeheimnisse etc., sowohl während der Dauer des Anstellungsverhältnisses als auch nach dessen Beendigung Stillschweigen zu bewahren.

§ 10 Nebentätigkeit

Nebentätigkeiten, die zu einer Beeinträchtigung der Arbeitskraft führen oder die Belange des Arbeitgebers beeinträchtigen können, bedürfen der vorherigen schriftlichen Zustimmung des Arbeitgebers.

§ 11 Schlussbestimmungen

(1) Ergänzungen oder Änderungen dieses Vertrags bedürfen der Schriftform.

(2) Weitere Vereinbarungen außerhalb dieses Arbeitsvertrags sind nicht getroffen.

(3) Auf das Arbeitsverhältnis finden dieser Arbeitsvertrag und ergänzend die gesetzlichen Vorschriften Anwendung.

(4) Sollte eine der Bestimmungen dieses Arbeitsvertrags unwirksam sein, wird die Wirksamkeit der übrigen Bestimmungen hierdurch nicht berührt. Die Parteien verpflichten sich, in diesem Fall eine der unwirksamen Bestimmung im wirtschaftlichen Ergebnis nahe kommende Regelung zu treffen.

....
(Ort/Datum)

....
(Arbeitgeber)

....
(Ort/Datum)

....
(Mitarbeiter/Mitarbeiterin)

8.2 Erläuterungen/Vertragsbausteine

Nach § 14 Abs. 3 ist der Abschluss eines befristeten Arbeitsvertrags ohne sachlichen Grund im Sinne von § 14 Abs. 1 TzBfG auch zulässig, wenn:

► der befristet eingestellte Arbeitnehmer bei Beginn des befristeten Arbeitsverhältnisses das 52. Lebensjahr vollendet hat.

Die Befristung ist allerdings nicht zulässig, wenn der eingestellte Arbeitnehmer zu demselben Arbeitgeber

▶ zuvor in einem unbefristeten Arbeitsverhältnis gestanden hat und

▶ zwischen diesem unbefristeten Arbeitsverhältnis und dem jetzt befristeten Arbeitsverhältnis ein enger sachlicher Zusammenhang besteht. Dass ein derartiger enger sachlicher Zusammenhang vorliegt, wird zwingend vermutet, wenn zwischen beiden Arbeitsverhältnissen ein Zeitraum von weniger als sechs Monaten liegt.

Im Übrigen gelten die Ausführungen aus Kapitel 7.2 entsprechend.

9. Befristeter Arbeitsvertrag mit sachlichem Grund nach § 14 Abs. 1 TzBfG

9.1 Vertragsmuster

Zwischen der Firma ..., Anschrift

– nachstehend Arbeitgeber genannt –

und

Herrn/Frau ..., Anschrift

– nachstehend Mitarbeiter/Mitarbeiterin genannt –

wird folgender befristeter Arbeitsvertrag nach § 14 Abs. 1 TzBfG geschlossen:

§ 1 Beginn des Arbeitsverhältnisses, Tätigkeit

(1) Der Mitarbeiter/Die Mitarbeiterin wird ab ... als ... eingestellt.

(2) Zu den Aufgaben des Mitarbeiters/der Mitarbeiterin zählen insbesondere

▶ ...

▶ ...

▶ ...

(3) Der Mitarbeiter/Die Mitarbeiterin hat seine/ihre ganze Arbeitskraft der Firma zu widmen.

(4) Ort, Art und zeitliche Lage der vom Mitarbeiter/von der Mitarbeiterin zu erledigenden Aufgaben richten sich nach den betrieblichen Bedürfnissen des Arbeitgebers, soweit dies dem Mitarbeiter/der Mitarbeiterin

zumutbar ist. Der Mitarbeiter/Die Mitarbeiterin kann im In- und Ausland eingesetzt werden.

(5) Der Arbeitgeber behält sich vor, dem Mitarbeiter/der Mitarbeiterin innerhalb des Unternehmens bei unveränderten Bezügen auch eine andere seiner/ihrer Vorbildung und seinen/ihren Fähigkeiten entsprechende Tätigkeit zu übertragen und ihn/sie an einen anderen Ort zu versetzen. Der Mitarbeiter/Die Mitarbeiterin verpflichtet sich, einer etwaigen Anordnung dieser Art Folge zu leisten, sofern ihm/ihr die angewiesene Tätigkeit zumutbar ist.

§ 2 Beginn und Ende des Arbeitsverhältnisses

(1) Das Arbeitsverhältnis beginnt am ...

(2) Die ersten ... Wochen/... Monate gelten als Probezeit. Während der Probezeit kann das Arbeitsverhältnis von beiden Seiten mit einer Frist von zwei Wochen gekündigt werden (§ 622 Abs. 3 BGB). Die Kündigung bedarf nach § 623 BGB der Schriftform.

(3) Das Arbeitsverhältnis ist nach § 14 Abs. 1 TzBfG für die Dauer von ... Monaten befristet. Das Arbeitsverhältnis ist befristet, weil der betriebliche Bedarf an der Arbeitsleistung nur vorübergehend besteht.

Varianten:

... weil der Mitarbeiter/die Mitarbeiterin als Vertretung für Herrn/Frau ... beschäftigt wird, der/die sich bis zum 00. 00. 00 in einem Fortbildungslehrgang befindet.

... weil der Mitarbeiter/die Mitarbeiterin die Befristung bis zum genannten Termin ausdrücklich wünscht.

... weil die Eigenart der Arbeitsleistung die Befristung auf die Dauer der Sommersaison mit sich bringt (z. B. in Gastronomie-Betrieben)

... weil der Mitarbeiter/die Mitarbeiterin eine bis zum 00. 00. 00 gültige Arbeitserlaubnis besitzt.

(4) Vor Ablauf der vereinbarten Befristung können beide Seiten – unabhängig vom Eintritt der vereinbarten Bedingung – das Arbeitsverhältnis unter Einhaltung der gesetzlichen Kündigungsfristen kündigen. Die Kündigung bedarf nach § 623 BGB der Schriftform.

§ 3 Vergütung

Der Mitarbeiter/Die Mitarbeiterin erhält eine monatliche Bruttovergütung in Höhe von ... € (in Worten ... Euro).

Die Vergütung ist jeweils am Monatsende fällig und wird auf ein Konto des Mitarbeiters/der Mitarbeiterin überwiesen.

§ 4 Sonderzahlungen

(1) Gratifikationen und andere Sonderzahlungen werden vom Arbeitgeber freiwillig gewährt. Auf diese Leistungen besteht auch nach wiederholter Gewährung kein Rechtsanspruch – weder der Höhe noch dem Grunde nach.

(2) Ist der Mitarbeiter/die Mitarbeiterin im Kalenderjahr, in dem eine Gratifikation oder andere Sonderzahlung freiwillig gewährt wird, nur Teile des Jahres beschäftigt gewesen, erhält er/sie die Gratifikation oder andere Sonderzahlung anteilig entsprechend der Beschäftigungsdauer.

§ 5 Arbeitszeit

(1) Die Arbeitszeit beträgt ... Stunden wöchentlich. Ihre Lage richtet sich nach den betrieblichen Regelungen.

(2) Der Mitarbeiter/Die Mitarbeiterin verpflichtet sich, Überstunden oder Mehrarbeit in der gesetzlich zulässigen Höhe zu leisten, wenn dies betrieblich erforderlich und vom Arbeitgeber angeordnet ist.

§ 6 Urlaub

(1) Der Mitarbeiter/Die Mitarbeiterin hat Anspruch auf jährlichen Erholungsurlaub von ... Arbeitstagen.

(2) Im Ein- und Austrittsjahr wird der Erholungsurlaub nur anteilig entsprechend der Beschäftigungsdauer gewährt.

(3) Der Urlaub ist grundsätzlich im Kalenderjahr zu nehmen. Nicht genommener Urlaub verfällt am 31. 3. des Folgejahres ersatzlos.

§ 7 Arbeitsverhinderung

Der Mitarbeiter/Die Mitarbeiterin ist verpflichtet, dem Arbeitgeber jede Dienstverhinderung sowie ihre voraussichtliche Dauer unverzüglich anzuzeigen. Im Falle einer krankheitsbedingten Arbeitsverhinderung ist der Mitarbeiter/die Mitarbeiterin verpflichtet, ab dem dritten Krankheitstag eine ärztliche Arbeitsunfähigkeitsbescheinigung vorzulegen. Dies gilt auch, falls die Arbeitsunfähigkeit länger als in der Bescheinigung angegeben andauert.

§ 8 Verpfändung von Gehaltsansprüchen

Eine Abtretung oder Verpfändung der Vergütung oder der Sonderzahlungen ist ausgeschlossen.

§ 9 Geheimhaltung

Der Mitarbeiter/Die Mitarbeiterin verpflichtet sich, über alle ihm/ihr im Rahmen seiner/ihrer Tätigkeit zur Kenntnis gelangten Vorgänge, insbesondere Betriebs- und Geschäftsgeheimnisse etc., sowohl während der Dauer des Anstellungsverhältnisses als auch nach dessen Beendigung Stillschweigen zu bewahren.

§ 10 Nebentätigkeit

Nebentätigkeiten, die zu einer Beeinträchtigung der Arbeitskraft führen oder die Belange des Arbeitgebers beeinträchtigen können, bedürfen der vorherigen schriftlichen Zustimmung des Arbeitgebers.

§ 11 Schlussbestimmungen

(1) Ergänzungen oder Änderungen dieses Vertrags bedürfen der Schriftform.

(2) Weitere Vereinbarungen außerhalb dieses Arbeitsvertrags sind nicht getroffen.

(3) Auf das Arbeitsverhältnis finden dieser Arbeitsvertrag und ergänzend die gesetzlichen Vorschriften Anwendung.

(4) Sollte eine der Bestimmungen dieses Arbeitsvertrags unwirksam sein, wird die Wirksamkeit der übrigen Bestimmungen hierdurch nicht berührt. Die Parteien verpflichten sich, in diesem Fall eine der unwirksamen Bestimmung im wirtschaftlichen Ergebnis nahe kommende Regelung zu treffen.

....
(Ort/Datum) (Arbeitgeber)

....
(Ort/Datum) (Mitarbeiter/Mitarbeiterin)

9.2 Erläuterungen/Vertragsbausteine

Nach § 14 Abs. 1 TzBfG ist die Befristung eines Arbeitsverhältnisses – außer bei Neueinstellungen für die Dauer von 2 Jahren oder bei Arbeitnehmern über 52 Jahre – nur noch erlaubt, wenn sie durch einen sachlichen Grund gerechtfertigt ist. Nach § 14 Abs. 1 TzBfG gelten als sachliche Gründe insbesondere:

► vorübergehend erhöhter betrieblicher Bedarf an Arbeitsleistung

Beispiele:

Erhöhter Auftragseingang; Erkrankung mehrerer Mitarbeiter, Produktionsumstellungen; Inventurarbeiten; Renovierung oder Umzug des Betriebs

► Befristung im Anschluss an eine Ausbildung oder ein Studium, um den Übergang des Arbeitnehmers in eine Anschlussbeschäftigung zu erleichtern

Beispiel:

Praktikantenjahr im Anschluss an ein Studium

► Vertretung eines anderen Arbeitnehmers

Beispiele:

Vertretung für Elternzeit, Kurmaßnahmen, unbezahlten Urlaub eines anderen Mitarbeiters.

► Eigenart der Arbeitsleistung

Beispiele:

befristetes Forschungsprojekt; in Gastromie-Betrieben: saisonales Zusatzgeschäft (z. B. Biergarten; Terrassenbewirtschaftung)

► Erprobung

► Gründe in der Person des Arbeitnehmers

Beispiele:

Wunsch des Arbeitnehmers nach befristeter Beschäftigung; befristete Aufenthalts- oder Arbeitserlaubnis

► Vergütung erfolgt aus Mitteln, die haushaltsrechtlich für eine befristete Beschäftigung bestimmt sind, und der Arbeitnehmer wird entsprechend beschäftigt

Beispiel:

ABM-Maßnahmen

► gerichtlicher Vergleich über die Befristung.

Beispiel:

Im Rahmen eines Kündigungsschutzprozesses über eine betriebsbedingte Kündigung einigen sich die Parteien, dass der Arbeitnehmer noch zwei Monate lang beschäftigt und danach das Arbeitverhältnis einvernehmlich beendet wird.

Befristungsarten

Das Gesetz erlaubt bei Befristungen mit sachlichem Grund kalendermäßig befristete oder zweckbefristete Arbeitsverträge.

Ein kalendermäßig befristeter Arbeitsvertrag liegt vor, wenn seine Dauer kalendermäßig bestimmt ist, Anfang und Ende des Arbeitsverhältnisses im Arbeitsvertrag durch ein Kalenderdatum eindeutig bestimmt sind.

Beispiel:

Der Arbeitsvertrag beginnt am 1. 3. und endet am 30. 9.

Ein zweckbefristeter Arbeitsvertrag liegt vor, wenn sich die Dauer der Befristung aus Art, Zweck oder Beschaffenheit der Arbeitsleistung ergibt. In diesen Fällen ist zwar der Beginn des Arbeitsverhältnisses kalendermäßig bestimmt, dessen Ende hängt jedoch von dem Erreichen des arbeitsvertraglich vereinbarten Zwecks ab. Das Enddatum des Arbeitsverhältnisses ist bei Vertragsschluss also offen, weil Arbeitgeber und/oder Arbeitnehmer nicht wissen, zu welchem Zeitpunkt der Zweck erreicht ist.

Beispiel:

Der Mitarbeiter wird als Vertretung für die Dauer des Mutterschutzes von Frau M. eingestellt. Das Arbeitsverhältnis endet mit dem Ende der nachgeburtlichen Mutterschutzfrist von Frau M.

 ACHTUNG! Gerichtlich überprüfbar

Ob ein sachlicher Grund für die Befristung vorliegt, kann gerichtlich überprüft werden, und zwar dann, wenn der Arbeitnehmer sich – spätestens nach Ablauf der vereinbarten Befristung – darauf beruft, dass die Befristung unwirksam sei und eine entsprechende Klage beim Arbeitsgericht einreicht.

Kommt das Gericht zum Ergebnis, ein sachlicher Grund liegt nicht vor, ist die vereinbarte Befristung unzulässig. An die Stelle des unzulässigen befristeten Arbeitsverhältnisses tritt dann ein unbefristetes Arbeitsverhältnis (§ 16 TzBfG). Das Arbeitsverhältnis endet also nicht mehr mit Ablauf der eigentlich vereinbarten Befristung automatisch. Es kann nur durch eine Kündigung, die nach dem Kündigungsschutzgesetz sozial gerechtfertigt sein und unter Einhaltung der in §§ 15, 16 TzBfG geregelten Kündigungsfristen ausgesprochen sein muss, oder den Abschluss eines Aufhebungsvertrags beendet werden.

Der Gesetzgeber hat jetzt in § 15 TzBfG festgelegt, zu welchem Zeitpunkt ein befristeter Arbeitsvertrag endet und unter welchen Umständen er vorzeitig beendet werden kann. Danach endet ein kalendermäßig (datumsmäßig) befristeter Arbeitsvertrag mit Ablauf der vereinbarten Zeit (§ 15 Abs. 1 TzBfG). Ein zweckbefristeter Arbeitsvertrag endet mit Erreichen des Zwecks, frühestens jedoch zwei Wochen nach Zugang der schriftlichen Unterrichtung des Arbeitnehmers durch den Arbeitgeber über den Zeitpunkt der Zweckerreichung. Der Arbeitgeber ist gesetzlich verpflichtet, den Arbeitnehmer unverzüglich schriftlich zu informieren, wenn er den Zweck als erreicht ansieht. Zu den übrigen Beendigungsgründen lesen Sie bitte die Ausführungen in Kapitel 7. 2.

Rechtsfolgen unwirksamer Befristungen

Eine unwirksame Befristung führt zu einem unbefristeten Arbeitsverhältnis (§ 16 TzBfG). Eine vereinbarte Befristung bei einem befristeten Arbeitsvertrag mit sachlichen Grund kann z. B. unwirksam sein, weil

► die gesetzlich vorgeschriebene Schriftform nicht eingehalten wurde (§ 14 Abs. 4 TzBfG),

► für die Befristung kein sachlicher Grund im Sinne von § 14 Abs. 1 TzBfG vorlag,

► eine Befristung ohne sachlichen Grund vereinbart wurde, es sich aber nicht um eine Neueinstellung im Sinne von § 14 Abs. 2 TzBfG oder um die Einstellung eines über 52 Jahre alten Arbeitnehmers (§ 14 Abs. 3 TzBfG) handelte.

Im Übrigen gelten die Ausführungen aus Kapitel 7.2.

 TIPPS für die Vertragsgestaltung

► Nennen Sie den sachlichen Grund für den Abschluss eines befristeten Arbeitsvertrags.

► Legen Sie immer ein Enddatum der Befristung ausdrücklich fest, bei Zweckbefristungen ggf. zusätzlich zum vertraglich vereinbarten Zweck.

► Wenn kein Weg um eine Zweckbefristung herumführt, stellen Sie klar, dass der Arbeitnehmer entsprechend der gesetzlichen Vorschrift unverzüglich davon informiert wird, wenn Sie als Arbeitgeber den vereinbarten Zweck als erreicht ansehen, und dass das Arbeitsverhältnis zwei Wochen nach Zugang dieser Unterrichtung endet.

► Behalten Sie sich das Recht vor, das befristete Arbeitsverhältnis vor Ablauf der Befristung ordentlich zu kündigen. Eine außerordentliche Kündigung ist auch ohne entsprechenden Vorbehalt zulässig, wenn hierfür ein wichtiger Grund im Sinne des § 626 BGB vorliegt.

► Vereinbaren Sie auch in einem befristeten Arbeitsverhältnis immer eine Probezeit mit der Folge verkürzter Kündigungsfristen nach § 622 Abs. 3 BGB bei einer Probezeit unter sechs Monaten Dauer, es sei denn, es handelt sich ausdrücklich um einen befristeten Probearbeitsvertrag.

► Falls Sie Sonderzahlungen gewähren, vereinbaren Sie, dass diese im Ein- und Austrittsjahr nur anteilig gezahlt werden.

► Holen Sie bei befristeten Arbeitsverträgen mit Minderjährigen – z. B. bei der Beschäftigung von Schülern – die Einwilligung der gesetzlichen Vertreter ein. Lassen Sie den schriftlichen Arbeitsvertrag von diesen mit unterschreiben.

10. Verlängerung eines befristeten Arbeitsvertrags

10.1 Vertragsmuster

Zwischen der Firma ..., Anschrift

– nachstehend Arbeitgeber genannt –

und

Herrn/Frau ..., Anschrift

– nachstehend Mitarbeiter/Mitarbeiterin genannt –

wird im Anschluss an den befristeten Arbeitsvertrag vom ... und in dessen Ergänzung nachfolgende Vereinbarung nach § 14 Abs. 2 TzBfG geschlossen:

§ 1 Beginn des Arbeitsverhältnisses, Tätigkeit

(1) Am ... schlossen der Mitarbeiter/die Mitarbeiterin und der Arbeitgeber einen befristeten Arbeitsvertrag im Sinne von § 14 Abs. 2 TzBfG mit einer Laufzeit von ... Monaten. Dieser Arbeitsvertrag endet vereinbarungsgemäß am ...

(2) Der Mitarbeiter/Die Mitarbeiterin ist bereits seit ... als .... beschäftigt.. Zu den Aufgaben des Mitarbeiters/der Mitarbeiterin zählen insbesondere

► ...

► ...

► ...

Der Mitarbeiter/Die Mitarbeiterin wird die bisherigen Tätigkeiten auch bis zum Ende der nunmehr vereinbarten Verlängerung ausüben.

(3) Der Arbeitgeber und der Mitarbeiter/die Mitarbeiterin sind sich einig, dass der ursprünglich bis zum ... befristete Arbeitsvertrag mit dieser Vereinbarung erstmalig verlängert wird bis zum ... Mit Ablauf dieses Tages endet das Arbeitsverhältnis, ohne dass es hierzu einer Kündigung bedarf.

§ 2 Urlaub

Dem Mitarbeiter/Der Mitarbeiterin steht für das laufende Kalenderjahr nach den Bestimmungen des bisherigen Arbeitsvertrags sowie dieser Verlängerungsvereinbarung ein Urlaubsanspruch in folgender Höhe zu:

► Urlaubsanspruch aus dem für die Zeit vom ... bis ... befristeten Arbeitsvertrag: ... Urlaubstage

► Urlaubsanspruch aus dieser Verlängerungsvereinbarung für das laufende Kalenderjahr (Zeitraum vom ... bis ...):   ... Urlaubstage

► Gesamtanspruch im laufenden Kalenderjahr: ... Urlaubstage

(2) Der Urlaub ist grundsätzlich im Kalenderjahr zu nehmen. Nicht genommener Urlaub verfällt am 31. 3. des Folgejahres ersatzlos.

§ 3 Schlussbestimmungen

Im Übrigen gilt der bisherige Arbeitsvertrag vom 00.00.00 unverändert weiter.

....
(Ort/Datum)   (Arbeitgeber)

....
(Ort/Datum)   (Mitarbeiter/Mitarbeiterin)

10.2 Erläuterungen/Vertragsbausteine

Bei einer Befristung im Zusammenhang mit einer Neueinstellung nach § 14 Abs. 2 TzBfG ist es zulässig, innerhalb der Höchstbefristungsdauer von zwei Jahren den ursprünglichen Vertrag bis zu dreimal zu verlängern.

Da der ursprüngliche Arbeitsvertrag weitergilt, kann auf den bisherigen Arbeitsvertrag verwiesen werden, soweit durch die Verlängerungsvereinbarung keine Änderungen eintreten sollen.

 TIPP!

Da die Verlängerung der bisherigen Vertragsdauer in der Regel zu einem erhöhten Urlaubsanspruch des Arbeitnehmers führt, kann als klarstellende Regelung ein Hinweis auf den sich infolge der Verlängerung ergebenden Urlaubsanspruch sinnvoll sein.

11. Befristeter Arbeitsvertrag für Probearbeitsverhältnis

11.1 Vertragsmuster

Zwischen der Firma ..., Anschrift

– im Nachfolgenden Firma genannt –

und

Herrn/Frau ..., Anschrift

– im Nachfolgenden Mitarbeiter/Mitarbeiterin genannt –

wird folgender befristeter Arbeitsvertrag zum Zwecke der Erprobung im Sinne von § 14 Abs. 1 Ziffer 5 TzBfG abgeschlossen:

§ 1 Beginn des Arbeitsverhältnisses, Tätigkeit

(1) Mit Wirkung vom 00. 00. 00 wird der Mitarbeiter/die Mitarbeiterin als ... eingestellt.

(2) Die Einstellung erfolgt unter dem Vorbehalt, dass der Hausarzt/ Betriebsarzt des Arbeitgebers die Eignung des Mitarbeiters/der Mitarbeiterin feststellt.

(3) Die einzelnen zum Aufgabenbereich gehörenden Tätigkeiten ergeben sich aus der als Anlage 1 beigefügten Stellenbeschreibung. Die Stellenbeschreibung wird insoweit Bestandteil dieses Arbeitsvertrages.

§ 2 Beendigung des Arbeitsverhältnisses

(1) Die Einstellung erfolgt befristet zur Erprobung des Mitarbeiters/der Mitarbeiterin und endet am 00. 00. 00, ohne dass es einer Kündigung bedarf.

(2) Sollten sich der Arbeitgeber und der Mitarbeiter/die Mitarbeiterin vor Ablauf der vereinbarten Befristung über eine Fortführung des Arbeitsverhältnisses einigen, muss diese Einigung in schriftlicher Form erfolgen.

(3) Falls der Arbeitgeber das Arbeitsverhältnis nicht über die vereinbarte Befristung hinaus fortsetzen will, unterrichtet er den Mitarbeiter/die Mitarbeiterin hiervon spätestens ... Wochen/Tage vor dem Ablauf der vereinbarten Befristung.

§ 3 Arbeitszeit

(1) Die regelmäßige wöchentliche Arbeitszeit beträgt ... Stunden zuzüglich der gesetzlich vorgeschriebenen Pausen. Die Lage der Arbeitszeit richtet sich nach den betrieblichen Gepflogenheiten und Bedürfnissen.

(2) Der Mitarbeiter/Die Mitarbeiterin erklärt sich bereit, falls die betrieblichen Belange es erfordern und der Arbeitgeber dies anordnet, Mehrarbeit im Rahmen der gesetzlichen Grenzen zu leisten.

§ 4 Vergütung

(1) Der Mitarbeiter/Die Mitarbeiterin erhält eine monatliche Brutto-Vergütung von € ...

(2) Die Vergütung ist jeweils am Monatsende fällig und wird auf ein Konto des Mitarbeiters/der Mitarbeiterin überwiesen.

(3) Angeordnete Überstunden werden mit der Brutto-Grundvergütung pro Arbeitsstunde und einem Zuschlag von ... Prozent vergütet.

§ 5 Urlaub

Der Mitarbeiter/Die Mitarbeiterin hat Anspruch auf ... Arbeitstage Urlaub. Die Lage des Urlaubes ist mit dem Arbeitgeber abzustimmen.

§ 6 Arbeitsverhinderung

Im Falle einer krankheitsbedingten oder aus sonstigen Gründen veranlassten Arbeitsverhinderung hat der Mitarbeiter/die Mitarbeiterin dem Arbeitgeber unverzüglich Mitteilung zu machen. Bei einer Arbeitsverhinderung infolge Krankheit, die länger als drei Kalendertage andauert, legt der Mitarbeiter/die Mitarbeiterin dem Arbeitgeber spätestens am auf den 3. Krankheitstag folgenden Arbeitstag eine ärztliche Bescheinigung über die voraussichtliche Dauer der Arbeitsunfähigkeit vor.

§ 7 Verschwiegenheit

Der Mitarbeiter/Die Mitarbeiterin verpflichtet sich, über alle betrieblichen Angelegenheiten, die ihm/ihr im Rahmen oder aus Anlass seiner/ihrer Tätigkeit bekannt werden, auch nach seinem/ihrem Ausscheiden Stillschweigen zu bewahren.

§ 8 Ausschlussklausel

Ansprüche aus dem Arbeitsverhältnis muss der Mitarbeiter/die Mitarbeiterin spätestens innerhalb eines Monats nach Beendigung des Arbeitsverhältnisses schriftlich geltend machen. Geschieht dies nicht, so gelten die Ansprüche als verwirkt.

§ 9 Zeugnis

Nach Ablauf der Befristung erhält der Mitarbeiter/die Mitarbeiterin ein Zeugnis, aus dem sich die Art und Dauer der Beschäftigung und – falls gewünscht – eine Beurteilung der Führung und Leistung des Mitarbeiters/der Mitarbeiterin ergeben.

§ 10 Schlussbestimmungen

(1) Weitere Vereinbarungen außerhalb dieses Arbeitsvertrages sind nicht getroffen.

(2) Ergänzungen oder Änderungen dieses Vertrages bedürfen der Schriftform.

(3) Sollte eine der Bestimmungen dieses Arbeitsvertrags unwirksam sein, wird die Wirksamkeit der übrigen Bestimmungen hierdurch nicht berührt. Die Parteien verpflichten sich, in diesem Fall eine der unwirksamen Bestimmung im wirtschaftlichen Ergebnis nahe kommende Regelung zu treffen.

(4) Auf das Arbeitsverhältnis finden die Regelungen dieses Arbeitsvertrags und ergänzend die gesetzlichen Bestimmungen Anwendung.

(5) Diesem Vertrag ist als Anlage 1 eine Stellenbeschreibung beigefügt.

....
(Ort/Datum) (Arbeitgeber)

....
(Ort/Datum) (Mitarbeiter/Mitarbeiterin)

11.2 Erläuterungen/Vertragsbausteine

Die Befristung zum Zwecke der Erprobung ist in § 14 Abs. 1 Ziffer 5 TzBfG ausdrücklich vorgesehen. Eine zeitliche Begrenzung für ein befristetes Probearbeitsverhältnis sieht das TzBfG dabei aber nicht vor. Ein befristeter Arbeitsvertrag zum Zweck der Erprobung kann daher mit beliebiger Laufzeit abgeschlossen werden.

ACHTUNG!

Bei einer Befristung von mehr als 6 Monaten Dauer für ein Probearbeitsverhältnis
▶ gilt nicht mehr die verkürzte Kündigungsfrist des § 622 Abs. 3 BGB;
▶ kann sich der Arbeitnehmer in Betrieben mit mehr als 5 Arbeitnehmern auf das Kündigungsschutzgesetz berufen, wenn der Arbeitgeber nach Ablauf von 6 Monaten eine Kündigung ausspricht.

Im Übrigen gelten die Erläuterungen aus Kapitel 7. 2 entsprechend.

TIPP!

Gerade bei einem Probearbeitsverhältnis hat der Mitarbeiter ein berechtigtes Interesse daran, frühzeitig zu erfahren, ob er mit einer Fortsetzung des Arbeitsverhältnisses rechnen kann. Vor diesem Hintergrund enthält das Vertragsmuster unter Ziffer 11.1 eine Verpflichtung des Arbeitgebers, den Mitarbeiter rechtzeitig über seine Absichten zu informieren.

ACHTUNG!

Das Recht zur Kündigung kann auch in einem zum Zwecke der Erprobung abgeschlossenen befristeten Arbeitsvertrag vereinbart werden. Wird dies nicht getan, ist nach § 15 Abs. 3 TzBfG eine ordentliche Kündigung für beide Seiten grundsätzlich nicht möglich.

12. Befristeter Arbeitsvertrag für die Übernahme eines Auszubildenden

12.1 Vertragsmuster

Zwischen der Firma ..., Anschrift

– nachstehend Arbeitgeber genannt –

und

Herrn/Frau ..., Anschrift

– nachstehend Mitarbeiter/Mitarbeiterin genannt –

wird folgender befristeter Arbeitsvertrag nach § 14 Abs. 1 Nr. 2 TzBfG geschlossen:

§ 1 Beginn des Arbeitsverhältnisses, Tätigkeit

(1) Der Mitarbeiter/Die Mitarbeiterin wird ab ... als ... eingestellt.

(2) Zu den Aufgaben des Mitarbeiters/der Mitarbeiterin zählen insbesondere

▸ ...

▸ ...

▸ ...

(3) Der Mitarbeiter/Die Mitarbeiterin hat seine/ihre ganze Arbeitskraft der Firma zu widmen.

(4) Ort, Art und zeitliche Lage der vom Mitarbeiter/von der Mitarbeiterin zu erledigenden Aufgaben richten sich nach den betrieblichen Bedürfnissen des Arbeitgebers, soweit dies dem Mitarbeiter/der Mitarbeiterin zumutbar ist. Der Mitarbeiter/Die Mitarbeiterin kann im In- und Ausland eingesetzt werden.

(5) Der Arbeitgeber behält sich vor, dem Mitarbeiter/der Mitarbeiterin innerhalb des Unternehmens bei unveränderten Bezügen auch eine andere seiner/ihrer Vorbildung und seinen/ihren Fähigkeiten entsprechende Tätigkeit zu übertragen und ihn/sie an einen anderen Ort zu versetzen. Der Mitarbeiter/Die Mitarbeiterin verpflichtet sich, einer etwaigen Anordnung dieser Art Folge zu leisten, sofern ihm/ihr die angewiesene Tätigkeit zumutbar ist.

§ 2 Beginn und Ende des Arbeitsverhältnisses

(1) Das Arbeitsverhältnis beginnt am ...

(2) Die ersten ... Wochen/... Monate gelten als Probezeit. Während der Probezeit kann das Arbeitsverhältnis von beiden Seiten mit einer Frist von zwei Wochen gekündigt werden (§ 622 Abs. 3 BGB). Die Kündigung bedarf nach § 623 BGB der Schriftform.

(3) Das Arbeitsverhältnis ist nach § 14 Abs. 1 Nr. 2 TzBfG für die Dauer von ... Monaten befristet. Der Arbeitnehmer hat seine Ausbildung am ... beendet. Um ihm eine Anschlussbeschäftigung zu erleichtern, wird er befristet weiterbeschäftigt. Das Arbeitsverhältnis endet, ohne dass es hierzu einer Kündigung bedarf, sobald der Arbeitnehmer eine unbefristete oder befristete Anschlussbeschäftigung bei einem anderen Arbeitgeber gefunden hat, spätestens jedoch mit Ablauf des ...

(4) Vor Ablauf der vereinbarten Befristung können beide Seiten – unabhängig vom Eintritt der vereinbarten Bedingung – das Arbeitsverhältnis unter Einhaltung der gesetzlichen Kündigungsfristen kündigen. Die Kündigung bedarf nach § 623 BGB der Schriftform.

§ 3 Vergütung

Der Mitarbeiter/Die Mitarbeiterin erhält eine monatliche Bruttovergütung in Höhe von ... € (in Worten ... Euro).

Die Vergütung ist jeweils am Monatsende fällig und wird auf ein Konto des Mitarbeiters/der Mitarbeiterin überwiesen.

§ 4 Sonderzahlungen

(1) Gratifikationen und andere Sonderzahlungen werden vom Arbeitgeber freiwillig gewährt. Auf diese Leistungen besteht auch nach wiederholter Gewährung kein Rechtsanspruch – weder der Höhe noch dem Grunde nach.

(2) Ist der Mitarbeiter/die Mitarbeiterin im Kalenderjahr, in dem eine Gratifikation oder andere Sonderzahlung freiwillig gewährt wird, nur Teile des Jahres beschäftigt gewesen, erhält er/sie die Gratifikation oder andere Sonderzahlung anteilig entsprechend der Beschäftigungsdauer.

§ 5 Arbeitszeit

(1) Die Arbeitszeit beträgt ... Stunden wöchentlich. Ihre Lage richtet sich nach den betrieblichen Regelungen.

(2) Der Mitarbeiter/Die Mitarbeiterin verpflichtet sich, Überstunden oder Mehrarbeit in der gesetzlich zulässigen Höhe zu leisten, wenn dies betrieblich erforderlich und vom Arbeitgeber angeordnet ist.

§ 6 Urlaub

(1) Der Mitarbeiter/Die Mitarbeiterin hat Anspruch auf jährlichen Erholungsurlaub von ... Arbeitstagen.

(2) Im Ein- und Austrittsjahr wird der Erholungsurlaub nur anteilig entsprechend der Beschäftigungsdauer gewährt.

(3) Der Urlaub ist grundsätzlich im Kalenderjahr zu nehmen. Nicht genommener Urlaub verfällt am 31. 3. des Folgejahres ersatzlos.

§ 7 Arbeitsverhinderung

Der Mitarbeiter/Die Mitarbeiterin ist verpflichtet, dem Arbeitgeber jede Dienstverhinderung sowie ihre voraussichtliche Dauer unverzüglich anzuzeigen. Im Falle einer krankheitsbedingten Arbeitsverhinderung ist der Mitarbeiter/die Mitarbeiterin verpflichtet, ab dem dritten Krankheitstag eine ärztliche Arbeitsunfähigkeitsbescheinigung vorzulegen. Dies gilt auch, falls die Arbeitsunfähigkeit länger als in der Bescheinigung angegeben andauert.

§ 8 Verpfändung von Gehaltsansprüchen

Eine Abtretung oder Verpfändung der Vergütung oder der Sonderzahlungen ist ausgeschlossen.

§ 9 Geheimhaltung

Der Mitarbeiter/Die Mitarbeiterin verpflichtet sich, über alle ihm/ihr im Rahmen seiner/ihrer Tätigkeit zur Kenntnis gelangten Vorgänge, insbesondere Betriebs- und Geschäftsgeheimnisse etc., sowohl während der Dauer des Anstellungsverhältnisses als auch nach dessen Beendigung Stillschweigen zu bewahren.

§ 10 Nebentätigkeit

Nebentätigkeiten, die zu einer Beeinträchtigung der Arbeitskraft führen oder die Belange des Arbeitgebers beeinträchtigen können, bedürfen der vorherigen schriftlichen Zustimmung des Arbeitgebers.

§ 11 Schlussbestimmungen

(1) Ergänzungen oder Änderungen dieses Vertrags bedürfen der Schriftform.

(2) Weitere Vereinbarungen außerhalb dieses Arbeitsvertrags sind nicht getroffen.

(3) Auf das Arbeitsverhältnis finden dieser Arbeitsvertrag und ergänzend die gesetzlichen Vorschriften Anwendung.

(4) Sollte eine der Bestimmungen dieses Arbeitsvertrags unwirksam sein, wird die Wirksamkeit der übrigen Bestimmungen hierdurch nicht

berührt. Die Parteien verpflichten sich, in diesem Fall eine der unwirksamen Bestimmung im wirtschaftlichen Ergebnis nahe kommende Regelung zu treffen.

....
(Ort/Datum)   (Arbeitgeber)

....
(Ort/Datum)   (Mitarbeiter/Mitarbeiterin)

12.2 Erläuterungen/Vertragsbausteine

Nach § 14 Abs. 1 TzBfG ist die Befristung eines Arbeitsverhältnisses nur noch erlaubt, wenn sie durch einen sachlichen Grund gerechtfertigt ist. Danach gelten als sachliche Gründe insbesondere:

► Befristung im Anschluss an eine Ausbildung, um den Übergang des Arbeitnehmers in eine Anschlussbeschäftigung zu erleichtern.
(§ 14 Abs. 1 Nr. 2 erste Alternative)

Beispiel:

Ein Mitarbeiter wurde zum Industriekaufmann ausgebildet. Nach Abschluss der Ausbildung durch Bestehen der Abschlussprüfung – allerdings nur mit einer mittelmäßigen Note – bietet der Arbeitgeber dem Mitarbeiter einen befristeten Arbeitsvertrag bis zum 31.12. an, damit er in dieser Zeit Berufserfahrung sammeln und leichter eine Anschlussbeschäftigung finden kann, die er aufgrund der mittelmäßigen Abschlussprüfung unmittelbar nach Abschluss der Ausbildung nicht gefunden hat.

In diesem Fall ist die Befristung sachlich gerechtfertigt.

► Befristung im Anschluss an ein Studium, um den Übergang des Arbeitnehmers in eine Anschlussbeschäftigung zu erleichtern.
(§ 14 Abs. 1 Nr. 2 zweite Alternative)

Beispiel:

Der Arbeitgeber bietet einem ihm bekannten Studenten, der gerade das Examen gemacht hat, dessen Ergebnis er aber noch nicht kennt, einen befristeten Arbeitsvertrag an, damit er zu den theoretischen Kenntnissen noch betriebspraktische Erfahrungen sammeln kann. Damit soll ihm das Finden einer Stelle hiermit erleichtert werden.

In diesem Fall ist die Befristung sachlich gerechtfertigt.

Im Übrigen gelten die Erläuterungen aus Kapitel 7.2 entsprechend.

13. Arbeitsvertrag für Altersteilzeit

13.1 Vertragsmuster
Verkürzung der Arbeitszeit über die gesamte Vertragslaufzeit

Zwischen der Firma ..., Anschrift

– nachstehend Arbeitgeber genannt –

und

Herrn/Frau ..., Anschrift

– nachstehend Mitarbeiter/Mitarbeiterin genannt –

wird folgender Altersteilzeit-Arbeitsvertrag geschlossen:

§ 1 Beginn und Ende der Altersteilzeit

(1) Zwischen den Parteien besteht aufgrund des Arbeitsvertrags vom ... seit .... ein Arbeitsverhältnis. Der Mitarbeiter/Die Mitarbeiterin war bisher beschäftigt als ...

Unter Abänderung dieses Arbeitsvertrags wird das Arbeitsverhältnis zwischen den Parteien ab dem ... als Altersteilzeitarbeitsverhältnis fortgesetzt. Der Mitarbeiter/Die Mitarbeiterin wird in Altersteilzeit nunmehr als ... beschäftigt. Zu seinen/ihren Aufgaben zählen insbesondere:

...

...

...

(2) Der Mitarbeiter/Die Mitarbeiterin hat seine/ihre ganze Arbeitskraft der Firma zu widmen.

(3) Ort, Art und zeitliche Lage der vom Mitarbeiter/von der Mitarbeiterin zu erledigenden Aufgaben richten sich nach den betrieblichen Bedürfnissen des Arbeitgebers, soweit dies dem Mitarbeiter/der Mitarbeiterin zumutbar ist.

(4) Der Arbeitgeber behält sich vor, dem Mitarbeiter/der Mitarbeiterin innerhalb des Unternehmens bei unveränderten Bezügen auch eine andere seiner/ihrer Vorbildung, seinen/ihren Fähigkeiten und seiner/ihrer Berufserfahrung entsprechende Tätigkeit zu übertragen und ihn/sie an einen anderen Ort zu versetzen. Der Mitarbeiter/Die Mitarbeiterin verpflichtet sich, einer etwaigen Anordnung dieser Art Folge zu leisten, sofern ihm/ihr

die angewiesene Tätigkeit zumutbar ist. Bei der Zuweisung einer anderen Tätigkeit wird der Arbeitgeber darauf achten, dass der Mitarbeiter/die Mitarbeiterin folgende Fachkenntnisse und Erfahrungen in einem für sein/ihr berufliches Fortkommen ausreichenden Maße einsetzen kann:

Fachkenntnisse:

...

...

...

Berufserfahrungen:

...

...

...

Eine Änderung der vereinbarten Bezüge tritt hierdurch nicht ein. Auch eine längere Beschäftigung mit bestimmten Arbeiten macht diesen Vorbehalt nicht gegenstandslos.

(5) Das Altersteilzeitarbeitsverhältnis endet, ohne dass es hierzu einer Kündigung bedarf, am ...

(6) Vor diesem Termin endet es in den Fällen, in denen der Mitarbeiter/die Mitarbeiterin eine Rente wegen Alters, eine Knappschaftsausgleichleistung, eine Leistung öffentlich-rechtlicher Art oder – bei Befreiung von der Versicherungspflicht in der gesetzlichen Rentenversicherung – eine vergleichbare Leistung einer Versicherungs- oder Versorgungseinrichtung oder eines Versicherungsunternehmens beanspruchen kann, mit Ablauf des Kalendermonats, in dem der Anspruch erstmals entstanden ist. Dies gilt nicht für Renten, die vor dem für den Versicherten maßgebenden Rentenalter unter Hinnahme von Abschlägen in Anspruch genommen werden können.

§ 2 Arbeitszeit

(1) Die regelmäßige wöchentliche Arbeitszeit beträgt ... Stunden, dies entspricht der Hälfte der bisher vereinbarten/bisherigen tariflichen regelmäßigen Arbeitszeit des Mitarbeiters/der Mitarbeiterin.

(2) Bei einer Reduzierung der regelmäßigen tariflichen wöchentlichen Arbeitszeit durch eine Änderung des Tarifvertrags ermäßigt sich die Arbeitszeit des Mitarbeiters/der Mitarbeiterin entsprechend. Sie beträgt jedoch immer mindestens ... Stunden wöchentlich.

(3) Die Arbeitszeit des Mitarbeiters/der Mitarbeiterin verteilt sich während der gesamten Dauer der Altersteilzeit wie folgt:

▸ ...

▸ ...

▸ ...

(4) Der Mitarbeiter/Die Mitarbeiterin verpflichtet sich, sofern es betrieblich erforderlich ist, im Rahmen der geltenden gesetzlichen Arbeitszeitvorschriften über die in § 6 ATG festgelegte Arbeitszeit und über seine/ihre regelmäßige wöchentliche Arbeitszeit hinaus tätig zu werden. Notwendige zusätzliche Arbeitszeit wird innerhalb einer Frist von drei Monaten durch entsprechende Freizeit ausgeglichen. Kann der Zeitausgleich wegen Krankheit, Urlaub oder ähnlichen Gründen innerhalb dieser Frist nicht erfolgen, wird er in den folgenden drei Monaten vorgenommen. Der Arbeitgeber verpflichtet sich, nur bezahlte Mehrarbeit anzuordnen, die nicht zu einer Überschreitung der in § 8 SGB IV genannten Entgeltgrenzen führt.

§ 3 Bezüge

(1) Der Mitarbeiter/Die Mitarbeiterin erhält für die Dauer des Altersteilzeitarbeitsverhältnisses das Entgelt für die Altersteilzeitarbeit auf der Basis seiner/ihrer bisherigen monatlichen Bruttovergütung. Unter Berücksichtigung der vereinbarten regelmäßigen wöchentlichen Arbeitszeit errechnet sich zur Zeit folgende Vergütung:

Grundvergütung/Tarifvertragliche Vergütung   €

Zulagen   €

Vermögenswirksame Leistungen   €

(2) Darüber hinaus erhält der Mitarbeiter/die Mitarbeiterin eine Aufstockungszahlung in Höhe von 20 % des Arbeitsentgelts für Altersteilzeit. Das Arbeitsentgelt wird jedoch auf mindestens 70 % des um die gesetzlichen Abzüge, die bei Arbeitnehmern gewöhnlich anfallen, verminderten Arbeitsentgelts, das der Mitarbeiter/die Mitarbeiterin ohne Eintritt in die Altersteilzeitarbeit erzielt hätte, aufgestockt. Für die Berechnung dieses Nettoarbeitsentgelts ist die auf die Altersteilzeitarbeit anzuwendende Steuerklasse maßgebend.

Der Arbeitgeber entrichtet neben den von ihm zu tragenden Sozialversicherungsbeiträgen außerdem für den Mitarbeiter/die Mitarbeiterin Beiträge zur gesetzlichen Rentenversicherung in Höhe des Unterschiedsbetrags zwischen 90 % des Entgelts, das der Mitarbeiter/die Mitarbeiterin erhalten hätte, wenn die Arbeitszeit nicht durch die Vereinbarung von Altersteilzeit vermindert worden wäre, und dem Arbeitsentgelt für die Altersteilzeitarbeit, höchstens jedoch bis zur jeweils geltenden Beitragsbemessungsgrenze.

(3) Die Vergütung wird nachträglich gezahlt. Sie wird bis zum 5. des Folgemonats auf ein vom Mitarbeiter/von der Mitarbeiterin zu benennendes Konto überwiesen.

(4) Die Abtretung sowie die Verpfändung der Vergütung insgesamt sowie von Vergütungsbestandteilen ist ausgeschlossen. Der Mitarbeiter/Die Mitarbeiterin versichert, dass zur Zeit des Vertragsabschlusses keine Abtretungen, Verpfändungen oder Pfändungen bestehen. Wird die Vergütung von einem Dritten gepfändet, wird dem Mitarbeiter/der Mitarbeiterin monatlich 1 % der gepfändeten Summe für die dem Arbeitgeber durch die Pfändung entstehenden Kosten einbehalten.

(5) Freiwillige Sonderzahlungen des Arbeitgebers können für Zeiten der krankheitsbedingten Arbeitsunfähigkeit gemäß § 4 EFZG gekürzt werden. Für Zeiten, in denen das Arbeitsverhältnis aus rechtlichen oder tatsächlichen Gründen ruht, besteht kein Anspruch auf freiwillige Sonderzahlungen.

(6) Mit der genannten Vergütung sind Überstunden, Mehrarbeit, Sonn- und Feiertagsarbeit abgegolten, soweit sie ... Stunden im Monat nicht übersteigen.

§ 4 Beendigung des Arbeitsverhältnisses

Zusätzlich zu den Vereinbarungen in § 1 dieses Vertrags wird Folgendes vereinbart:

(1) Das Arbeitsverhältnis endet, ohne dass es hierzu einer Kündigung bedarf, in jedem Fall mit Ablauf des Monats, in dem der Mitarbeiter/die Mitarbeiterin das 65. Lebensjahr vollendet, vorausgesetzt, der Mitarbeiter/die Mitarbeiterin hat zu diesem Zeitpunkt Anspruch auf die volle gesetzliche Altersrente. Ist vorhersehbar, dass diese Voraussetzung nicht erfüllt werden wird, ist der Mitarbeiter verpflichtet, innerhalb von sechs Monaten nach Vollendung des 62. Lebensjahres gegenüber dem Arbeitgeber verbindlich zu erklären, ob das Arbeitsverhältnis mit Vollendung des 65. Lebensjahres enden soll.

(2) Das Arbeitsverhältnis ist von beiden Seiten mit der gesetzlichen/tarifvertraglichen Kündigungsfrist ordentlich kündbar.

§ 5 Dienstverhinderung

(1) Der Mitarbeiter/Die Mitarbeiterin ist verpflichtet, dem Arbeitgeber jede Dienstverhinderung und ihre voraussichtliche Dauer unverzüglich anzuzeigen. Auf Verlangen sind die Gründe mitzuteilen.

(2) Im Falle der Erkrankung ist der Mitarbeiter/die Mitarbeiterin verpflichtet, vor Ablauf des dritten Kalendertages nach Beginn der Arbeitsunfähigkeit eine ärztliche Bescheinigung über die Arbeitsunfähigkeit sowie deren voraussichtliche Dauer vorzulegen. Dauert die Arbeitsunfähigkeit länger als in der Bescheinigung angegeben, so ist der Mitarbeiter/die Mitarbeiterin verpflichtet, die Fortdauer der Arbeitsunfähigkeit unverzüglich anzuzeigen und innerhalb von drei Kalendertagen eine neue ärztliche Bescheinigung vorzulegen.

(3) Der Mitarbeiter/Die Mitarbeiterin verpflichtet sich, auch ungefragt den behandelnden Arzt anlässlich der Untersuchung umfassend über seine Aufgaben in der Firma und die damit verbundenen Belastungen aufzuklären, so dass der Arzt sich ein ausreichendes objektives Bild machen kann, ob die festgestellte Erkrankung zur Arbeitsunfähigkeit führt. Auf Wunsch des Arbeitgebers wird sich der Mitarbeiter/die Mitarbeiterin vom behandelnden Arzt eine Bescheinigung ausstellen lassen, aus der hervorgeht, ob der Mitarbeiter/die Mitarbeiterin im Hinblick auf seine/ihre vertraglichen Aufgaben ganz oder teilweise arbeitsunfähig ist und/oder seine/ihre Tätigkeit mit Einschränkungen weiter ausführen kann.

(4) Der Mitarbeiter/Die Mitarbeiterin wird den Arbeitgeber bei einer länger als sechs Wochen dauernden Arbeitsunfähigkeit über den Zeitpunkt der Wiederaufnahme der Arbeit möglichst mindestens eine Woche vorher informieren.

(5) Der Mitarbeiter/Die Mitarbeiterin ist verpflichtet, dem Arbeitgeber unverzüglich eine Bescheinigung über die Bewilligung einer Kur oder eines Heilverfahrens vorzulegen und den Zeitpunkt des Antritts mitzuteilen. Die Bescheinigung über die Bewilligung muss Angaben über die voraussichtliche Dauer der Kur oder des Heilverfahrens enthalten. Dauert die Kur oder das Heilverfahren länger als in der Bescheinigung angegeben, so ist der Mitarbeiter/die Mitarbeiterin verpflichtet, dem Arbeitgeber unverzüglich eine weitere entsprechende Bescheinigung vorzulegen.

(6) Die Entgeltfortzahlung im Krankheitsfall richtet sich nach den gesetzlichen/tarifvertraglichen Vorschriften.

(7) Wurde die Arbeitsunfähigkeit durch einen Dritten herbeigeführt oder mitverursacht, tritt der Mitarbeiter/die Mitarbeiterin bereits jetzt seine/ihre

deswegen bestehenden Schadenersatzansprüche gegen den Dritten in Höhe der von dem Arbeitgeber geleisteten Entgeltfortzahlung und deren Nebenkosten an den Arbeitgeber ab.

§ 6 Urlaub

(1) Der Mitarbeiter/Die Mitarbeiterin erhält kalenderjährlich einen Erholungsurlaub von ... Arbeitstagen gemäß den gesetzlichen/tarifvertraglichen Bestimmungen. Im Jahr der Beendigung des Arbeitsverhältnisses hat der Mitarbeiter/die Mitarbeiterin pro vollem Beschäftigungsmonat Anspruch auf ein Zwölftel des vereinbarten Jahresurlaubs.

(2) Erholungsurlaub ist mindestens 14 Tage vor der Inanspruchnahme beim Abteilungsleiter schriftlich zu beantragen. Er darf nur mit schriftlicher Genehmigung des Arbeitgebers angetreten werden. Ein eigenmächtiger Urlaubsantritt des Mitarbeiters/der Mitarbeiterin berechtigt den Arbeitgeber zur fristlosen Kündigung des Arbeitsverhältnisses.

(3) Der Urlaub ist im laufenden Kalenderjahr zu nehmen. Nicht genommener Urlaub wird nach den gesetzlichen Vorschriften auf das folgende Kalenderjahr übertragen. Der übertragene Urlaub ist bis einschließlich 31. 3. des Folgejahres zu nehmen. Bis zum Ablauf des 31. 3. nicht genommener Altjahresurlaub verfällt in jedem Fall ersatzlos.

(4) Während der Dauer des Urlaubs erhält der Mitarbeiter/die Mitarbeiterin Urlaubsentgelt nach den gesetzlichen/tarifvertraglichen Vorschriften.

(5) Gewährt der Arbeitgeber über die gesetzlichen/tarifvertraglichen Bestimmungen hinaus Urlaubsgeld, so erfolgt die Zuwendung freiwillig und begründet auch bei mehrmaliger vorbehaltloser Zahlung keinen Rechtsanspruch für die Zukunft.

(6) Im Übrigen gilt die Betriebsvereinbarung vom ... in ihrer jeweils geltenden Fassung.

§ 7 Geheimhaltungspflicht, Rückgabe von Unterlagen

(1) Der Mitarbeiter/Die Mitarbeiterin verpflichtet sich, während des Bestehens des Arbeitsverhältnisses und auch nach dessen Beendigung über alle ihm/ihr bekannt werdenden betrieblichen Angelegenheiten Stillschweigen zu bewahren. Dies gilt insbesondere für Betriebs- und Geschäftsgeheimnisse.

(2) Der Mitarbeiter/Die Mitarbeiterin verpflichtet sich, alle bei Vertragsbeendigung in seinem/ihrem Besitz befindlichen Werkzeuge und Arbeitsmittel des Arbeitgebers unaufgefordert und in ordnungsgemäßem Zustand an den Arbeitgeber zurückzugeben.

§ 8 Vertragsstrafe

(1) Beendet der Mitarbeiter/die Mitarbeiterin das Vertragsverhältnis unberechtigt vorzeitig, ist er/sie verpflichtet, an den Arbeitgeber eine Vertragsstrafe in Höhe einer Bruttomonatsvergütung zu zahlen. Die Vertragsstrafe wird in diesem Fall sofort fällig.

(2) Mit der Verwirkung und Zahlung der Vertragsstrafe werden die sonstigen Ansprüche des Arbeitgebers aufgrund des Vertragsverstoßes des Mitarbeiters/der Mitarbeiterin – beispielsweise Schadenersatzansprüche – nicht berührt. Der Arbeitgeber bleibt insbesondere berechtigt, weitergehende Schadenersatzansprüche geltend zu machen.

§ 9 Nebentätigkeiten

(1) Der Mitarbeiter/Die Mitarbeiterin ist verpflichtet, den Arbeitgeber über jede bereits ausgeübte entgeltliche Nebentätigkeit sowie über jede beabsichtigte Aufnahme einer entgeltlichen Nebentätigkeit unaufgefordert und rechtzeitig zu informieren. Ob die Nebentätigkeit im Rahmen eines Arbeitsverhältnisses oder auf anderer Rechtsgrundlage ausgeübt wird, ist für die Informationsverpflichtung nicht ausschlaggebend. Die Informationsverpflichtung des Mitarbeiters/der Mitarbeiterin besteht in jedem Fall.

(2) Wird durch eine vom Mitarbeiter/von der Mitarbeiterin angezeigte oder dem Arbeitgeber in anderer Art bekannt gewordene Nebentätigkeit die Erfüllung dieses Arbeitsvertrags erheblich beeinträchtigt oder ist dies wegen der Eigenart der Nebentätigkeit zu erwarten, ist der Arbeitgeber berechtigt, dem Mitarbeiter/der Mitarbeiterin die Nebentätigkeit zu untersagen.

(3) Der Arbeitgeber ist insbesondere dann zur Untersagung der Nebentätigkeit berechtigt, wenn die Nebentätigkeit

▶ für ein Konkurrenzunternehmen ausgeübt wird,

▶ zusammen mit diesem Arbeitsverhältnis zu einer Überschreitung der gesetzlich zulässigen Höchstarbeitszeit nach dem ArbZG führt oder andere Vorschriften des ArbZG verletzt werden.

► die Vergütung die in § 8 SGB IX geregelten Grenzen einer geringfügig entlohnten Beschäftigung übersteigt.

(4) Der Mitarbeiter/Die Mitarbeiterin bestätigt ausdrücklich, dass er/sie darüber informiert wurde, dass

► die Arbeitszeiten aus mehreren Arbeitsverhältnissen zusammengerechnet werden,

► Arbeitszeitverstöße nach dem ArbZG geahndet werden. Über die Rechtsfolgen von Arbeitszeitverstößen nach dem ArbZG wurde er/sie belehrt.

► eine Überschreitung der Entgeltgrenzen des § 8 SGB IV zu einem Verlust der Förderung durch das Arbeitsamt für den Arbeitgeber führen und Ersatzansprüche des Arbeitsamts nach sich ziehen kann.

§ 10 Dienstreisen

(1) Bei Dienstreisen hat der Mitarbeiter/die Mitarbeiterin Anspruch auf Tagegelder und Übernachtungskosten in Höhe der jeweils gültigen steuerlichen Höchstsätze.

(2) Bei Dienstreisen hat der Mitarbeiter/die Mitarbeiterin grundsätzlich das preiswerteste öffentliche Verkehrsmittel – z. B. Bus, Straßen- oder Eisenbahn – zu benutzen. Die entstandenen und geltend gemachten Reisekosten sind durch Belege nachzuweisen.

(3) Die Firma behält sich vor, in Einzelfällen, wenn dies aus geschäftlichen Gründen notwendig erscheint, dem Mitarbeiter/der Mitarbeiterin ein bestimmtes Beförderungsmittel – z. B. Flugzeug – vorzuschreiben.

(4) Im Übrigen gelten für Dienstreisen

► die Dienstreiseordnung der Firma

► die Reisekostenordnung der Firma

► die im Zeitpunkt der Dienstreise jeweils gültigen steuerrechtlichen Vorschriften.

§ 11 Bezug von Lohnersatzleistungen

(1) Der Mitarbeiter/Die Mitarbeiterin tritt seine/ihre Ansprüche auf Altersteilzeitleistungen gegen die Bundesanstalt für Arbeit nach § 10 Abs. 2 ATG an den Arbeitgeber für die Zeiträume ab, in denen der Mitarbeiter/die Mitarbeiterin Lohnersatzleistungen bezieht. Zu den Lohnersatzleistungen zählen insbesondere:

▶ Krankengeld,

▶ Verletztengeld,

▶ Übergangsgeld,

▶ Versorgungskrankengeld.

(2) Der Arbeitgeber erbringt Aufstockungsleistungen insoweit anstelle der Bundesanstalt für Arbeit im Umfang der abgetretenen Ansprüche des Mitarbeiters/der Mitarbeiterin.

§ 12 Mitteilungs- und Erstattungspflichten

(1) Der Mitarbeiter/Die Mitarbeiterin verpflichtet sich, dem Arbeitgeber alle Umstände und Änderungen, die seinen/ihren Vergütungsanspruch oder den Anspruch auf Aufstockungszahlung berühren können, unverzüglich mitzuteilen.

(2) Der Mitarbeiter/Die Mitarbeiterin verpflichtet sich, insbesondere über Nebentätigkeiten und die dort bezogenen Vergütungen auf Verlangen des Arbeitsgebers oder bei einer Änderung unverzüglich Nachricht zu geben.

(3) Der Mitarbeiter/Die Mitarbeiterin ist verpflichtet, den Antrag auf Rente wegen Alters zum frühestmöglichen Zeitpunkt zu stellen und den Arbeitgeber hierüber unverzüglich zu unterrichten. Der Mitarbeiter/Die Mitarbeiterin hat auf Verlangen des Arbeitgebers diesem den frühestmöglichen Zeitpunkt mitzuteilen, an dem er/sie eine unverminderte Altersrente beanspruchen kann.

(4) Der Arbeitgeber hat ein Zurückbehaltungsrecht in den Fällen, in denen der Mitarbeiter/die Mitarbeiterin seine/ihre Mitwirkungs- und Mitteilungspflichten nicht erfüllt oder unvollständige oder unrichtige Angaben oder Auskünfte macht, die seinen/ihren Vergütungsanspruch, seinen/ihren Anspruch auf Aufstockungszahlung oder Beiträge zur Rentenversicherung berühren können.

(5) Der Mitarbeiter/Die Mitarbeiterin verpflichtet sich, zu Unrecht empfangene Leistungen des Arbeitgebers an diesen zurückzugewähren.

(6) Der Mitarbeiter/Die Mitarbeiterin wurde auf die Mitwirkungspflichten nach § 11 ATG ausdrücklich hingewiesen.

§ 13 Schlussbestimmungen

(1) Mündliche Nebenabreden außerhalb dieses Vertrags bestehen nicht. Abänderungen und Ergänzungen dieses Vertrags bedürfen der Schriftform. Der bisherige Arbeitsvertrag vom ... verliert hiermit seine Gültigkeit.

(2) Die Unwirksamkeit einer Bestimmung dieses Vertrags berührt die Wirksamkeit der übrigen Bestimmungen nicht. Die Parteien verpflichten sich, für die unwirksame Regelung eine dieser im wirtschaftlichen Ergebnis nahe kommende wirksame Regelung alsbald zu vereinbaren.

(3) Auf das Arbeitsverhältnis finden die vorstehenden Regelungen, die Vorschriften des Tarifvertrags der ...-Branche sowie die gesetzlichen Vorschriften Anwendung. Ergänzend finden alle im Betrieb geltenden Betriebsvereinbarungen Anwendung, auch wenn sie in diesem Vertrag nicht ausdrücklich erwähnt sind.

(4) Der Mitarbeiter/Die Mitarbeiterin wurde darauf hingewiesen, dass die auf das Arbeitsverhältnis Anwendung findenden gesetzlichen und tarifvertraglichen Vorschriften sowie die jeweils geltenden Betriebsvereinbarungen in der Personalabteilung ausliegen und jederzeit eingesehen werden können.

(5) Dem Mitarbeiter/Der Mitarbeiterin wurden folgende Unterlagen und/oder Arbeitsmittel ausgehändigt:

► ...

► ...

► ...

(6) Bei Beendigung des Arbeitsverhältnisses sind diese Unterlagen und Arbeitsmittel in ordnungsgemäßem Zustand zurückzugeben. Sie dürfen ohne Zustimmung des Arbeitgebers Dritten nicht zugänglich gemacht werden.

(7) Ansprüche aus dem Arbeitsverhältnis sind binnen einer Ausschlussfrist von .... Monaten nach Fälligkeit gegenüber dem Arbeitgeber schriftlich geltend zu machen. Nicht rechtzeitig geltend gemachte Ansprüche verfallen.

....
(Ort/Datum)   (Arbeitgeber)

....
(Ort/Datum)   (Mitarbeiter/Mitarbeiterin)

13.2 Erläuterungen/Vertragsbausteine

Das obige Vertragsmuster empfiehlt sich insbesondere bei Umsetzungen. Bei seiner Verwendung wird der bisher bestehende Arbeitsvertrag vollständig abgelöst.

 TIPP!

Soll der bisherige Vertrag weiterbestehen, kann der Vertrag auf die Regelungen zur Arbeitszeit, Vergütung sowie die für die Altersteilzeit spezifischen Vereinbarungen beschränkt werden. Regelungen, die gegenüber dem bisherigen Arbeitsvertrag unverändert geblieben sind, können durch folgende Formulierung übernommen werden:

„Die bisherigen Regelungen aus dem Arbeitsvertrag vom ... bleiben weiterhin gültig."

Voraussetzungen für Altersteilzeit

Zweck des Altersteilzeitgesetzes (ATG) ist es,

▶ älteren Arbeitnehmern ab 55 Jahren einen gleitenden Übergang vom Erwerbsleben in die Altersrente zu ermöglichen.

und

▶ gleichzeitig die Einstellung eines Arbeitslosen oder die Übernahme von Auszubildenden als Ersatz für den teilweise frei werdenden Arbeitsplatz zu fördern.

Die beiden Ziele sind untrennbar miteinander verknüpft mit der Folge, dass die finanzielle Förderung der Altersteilzeit durch Leistungen des Arbeitsamtes nur fließen, wenn im Gegenzug ein arbeitsloser Arbeitnehmer eingestellt wurde.

Der Arbeitnehmer kann frei entscheiden, ob er von den Möglichkeiten des Altersteilzeitgesetzes Gebrauch machen oder wie bisher weiterarbeiten will. Voraussetzung für die Altersteilzeit ist eine vom Arbeitnehmer und Arbeitgeber unterschriebene entsprechende Vereinbarung. Für den Arbeitgeber kann sich dabei aus einem Tarifvertrag oder einer Betriebsvereinbarung eine Verpflichtung zum Abschluss einer entsprechenden Vereinbarung ergeben. Besteht keine entsprechende Verpflichtung für den Arbeitgeber, kann auch dieser frei entscheiden, ob er von den Möglichkeiten des Altersteilzeitgesetzes im Einvernehmen mit dem Arbeitnehmer Gebrauch machen will.

Eine entsprechende Entscheidungsfreiheit bei tarifvertraglicher Verpflichtung zur Altersteilzeit ergibt sich für den Arbeitgeber dann wieder, wenn

mehr als 5 % der Arbeitnehmer des Betriebs Altersteilzeit in Anspruch nehmen wollen (§ 3 ATG).

 ACHTUNG!

Ohne tarifvertragliche Grundlage kann die Verteilung der Arbeitszeit bis zu einem Zeitraum von
3 Jahren frei vereinbart werden. Die Vereinbarung von Verteilzeiträumen über 3 Jahre hinaus
ist nur dann durch Betriebsvereinbarung oder einzelvertragliche Vereinbarung möglich, wenn
der Tarifvertrag einen entsprechenden Vorbehalt enthält und dies zulässt. In diesem Fall können Verteilungszeiträume für die Arbeitszeit bis zu 6 Jahren gewählt werden (§ 2 Abs. 2 ATG).

 WICHTIG!

Das Arbeitsamt fördert die Teilzeittätigkeit älterer Arbeitnehmer unter folgenden Voraussetzungen (§ 2 Abs. 1 ATG):

► Der Arbeitnehmer hat das 55. Lebensjahr vollendet.

► Der Arbeitnehmer reduziert seine bisherige Arbeitszeit der Voll- oder Teilzeitbeschäftigung über einen Gesamtzeitraum von bis zu 3 Jahren mindestens auf die Hälfte.

► Die Beschäftigung ist nach der Arbeitszeitreduzierung weiterhin sozialversicherungspflichtig. Dies ist immer dann der Fall, wenn das Arbeitsentgelt nach Reduzierung auf
Altersteilzeit mehr als 400 € beträgt und der Arbeitnehmer sich nicht arbeitslos gemeldet
hat.

► Der Arbeitgeber stockt das Teilzeitarbeitsentgelt um 20 % auf.

► Der Arbeitnehmer war innerhalb der letzten 5 Jahre vor Beginn der Altersteilzeit mindestens 1080 Kalendertage sozialversicherungspflichtig beschäftigt.

► Der Arbeitnehmer hat noch keinen Anspruch auf ungeminderte Rente.

► Die Altersteilzeitvereinbarung mit dem Arbeitgeber muss mindestens bis zum Rentenalter gelten.

► Der frei werdende Arbeitsplatz wird durch die Einstellung eines Arbeitslosen oder Übernahme eines Auszubildenden besetzt.

Die genannten Voraussetzungen erfüllen auch alle Arbeitnehmer, die

► beim Übergang in die Altersteilzeit bereits älter als 55 Jahre sind,

► innerhalb der letzten 5 Jahre vor dem Übergang in die Altersteilzeit
zeitweise Arbeitslosengeld, Arbeitslosenhilfe oder Entgeltersatzleis-
tungen bezogen haben, die eine Versicherungspflicht in der Arbeitslosenhilfe begründen (z. B. Krankengeld durch die gesetzlichen
Krankenkassen).

Die Verteilung der Arbeitszeit im Einzelnen ist von den betrieblichen Möglichkeiten und den Vereinbarungen des Arbeitnehmers mit dem Arbeitgeber abhängig. Der ältere Arbeitnehmer kann seine Arbeitszeit täglich ver-
mindern oder an bestimmten Tagen in der Woche nicht arbeiten. Diese
Voraussetzungen sind auch dann erfüllt, wenn bei unterschiedlichen
wöchentlichen Arbeitszeiten oder einer unterschiedlichen Verteilung der
Arbeitszeit

1. die durchschnittliche wöchentliche Arbeitszeit in einem Zeitraum von bis zu 3 Jahren (bei tarifvertraglicher Regelung der Altersteilzeit: bis zu 6 Jahren) die Hälfte der bisherigen Arbeitszeit nicht überschreitet und

2. das Arbeitsentgelt für die Altersteilzeitarbeit und der Aufstockungsbetrag fortlaufend – also auch in Zeiten der Nichtbeschäftigung – gezahlt werden.

Beispiel:

Herr Schneider möchte Altersteilzeit in der Form arbeiten, dass er im Wechsel zwei Monate Vollzeit mit 38 Stunden in der Woche und die anschließenden zwei Monate überhaupt nicht arbeitet.

Auch ein derartiges Arbeitszeitmodell erfüllt die Voraussetzungen des ATG, da Arbeitnehmer Schneider rechnerisch über den jeweiligen 4-Monats-Zeitraum hinweg seine Arbeitszeit auf die Hälfte reduziert hat:

Monat A/Vollzeit	*167,20 Stunden bei 22 Arbeitstagen*
Monat B/Vollzeit	*167,20 Stunden bei 22 Arbeitstagen*
Monat C/Nichtbeschäftigung	*0 Stunden*
Monat D/Nichtbeschäftigung	*0 Stunden*
Gesamtarbeitszeit in vier Monaten	*334,40 Stunden*
Durchschnittliche monatliche Arbeitszeit	*83,60 Stunden (= 50 % der Vollzeit)*

 TIPP!

Innerhalb der genannten Zeiträume – 3 Jahre bei nicht tariflicher Regelung, 6 Jahre bei tarifvertraglicher Regelung – können auch Blockmodelle gebildet werden, z. B. in der Form, dass der Arbeitnehmer in den ersten 18 (36) Monaten weiterhin vollzeitbeschäftigt ist, in den zweiten 18 (36) Monaten dafür gar nicht arbeitet. Im Durchschnitt hat der betreffende Arbeitnehmer seine Arbeitszeit um die Hälfte reduziert.

 WICHTIG!

Bisherige wöchentliche Arbeitszeit ist die wöchentliche Arbeitszeit, die mit dem Arbeitnehmer unmittelbar vor Übergang in Altersteilzeit vereinbart war. Obergrenze ist die Arbeitszeit des Durchschnitts der letzten 24 Monate vor dem Übergang in die Altersteilzeit. Dabei werden jedoch Arbeitszeiten, die über der tariflichen regelmäßigen Arbeitszeit liegen, nicht berücksichtigt.

 TIPP!

Die Vereinbarung von Altersteilzeit soll Arbeitnehmer und Arbeitgeber durch staatliche finanzielle Anreize erleichtert werden:

► Anreize für den Arbeitnehmer:

► Der Arbeitgeber erhöht das Teilzeitarbeitsentgelt um 20 %.

Der Arbeitnehmer erhält also mehr Geld als ihm nach der Reduzierung der Arbeitszeit eigentlich zustände. Seine finanziellen Einbußen durch die Arbeitszeitreduzierung betragen also nicht 50 %, sondern lediglich 30 %. Dabei ist der Aufstockungsbetrag steuer- und sozialversicherungsfrei, die 20 % hat der Arbeitnehmer also ohne Abzüge zur Verfügung. Er erhält in der Regel monatlich mindestens 70 % des pauschalierten Nettoarbeitsentgelts, das er erhalten würde, wenn er seine Arbeitszeit nicht vermindert hätte.

► Der Arbeitgeber entrichtet für den Arbeitnehmer Beiträge zur Rentenversicherung auf der Basis von 90 % des bisherigen Arbeitsentgelts.

Nach der Reduzierung der Arbeitszeit und damit auch des Entgelts wären die Beiträge zur Rentenversicherung aus den verminderten Bezügen zu entrichten. Dies würde zu Nachteilen bei der Rentenhöhe des Arbeitnehmers führen. Durch die Zahlung eines höheren Rentenversicherungsbeitrags durch den Arbeitgeber vermindert sich diese finanzielle Einbuße des Arbeitnehmers.

► Anreize für den Arbeitgeber:

► Das Arbeitsamt erstattet dem Arbeitgeber den Aufstockungsbetrag zum Altersteilzeitentgelt in Höhe von 20 %. Zahlt der Arbeitgeber einen höheren Aufstockungsbetrag, erhält er gleichwohl nur 20 % erstattet – es sei denn, der Aufstockungsbetrag muss höher sein, um 70 % des pauschalierten Nettoarbeitsentgelts zu erhalten. In diesem Fall erhält der Arbeitgeber eine entsprechend höhere Erstattung.

Die Zahlung eines Aufstockungsbetrags von 20 % zusätzlich zu dem dem Arbeitnehmer zustehenden (reduzierten) Arbeitsentgelt ist für den Arbeitgeber kostenneutral, da er eine gleich hohe Erstattung durch das Arbeitsamt erhält.

► Das Arbeitsamt erstattet den Aufstockungsbetrag für die Zahlung des erhöhten Beitrags zur Rentenversicherung.

Auch insoweit sind die Zahlungen des Arbeitgebers kostenneutral, sofern der Arbeitgeber die Rentenbeiträge auf der Basis von 90 % des bisherigen Arbeitsentgelts bezahlt. Zahlt er mehr, erhält er trotzdem keine höhere Erstattung.

 ACHTUNG!

Der Arbeitgeber erhält die Erstattungsleistungen des Arbeitsamtes nur dann, wenn der infolge der Altersteilzeitarbeit frei werdende Arbeitsplatz durch die Einstellung eines Arbeitslosen oder die Übernahme eines Auszubildenden wieder besetzt wird. Wird ein Auszubildender übernommen, genügt es, wenn dieser auf dem frei gemachten oder auf einem in diesem Zusammenhang durch Umsetzung frei gewordenen Arbeitsplatz beschäftigt wird. In allen Fällen muss es sich um eine sozialversicherungspflichtige Beschäftigung handeln.

In Kleinunternehmen mit bis zu 50 Arbeitnehmern wird unwiderleglich vermutet, dass der Arbeitnehmer auf einem frei gemachten oder auf einem in diesem Zusammenhang durch Umsetzung frei gewordenen Arbeitsplatz beschäftigt wird. Bei derartigen Kleinunternehmen sind die Fördervoraussetzungen auch erfüllt, wenn ein Auszubildender im Zusammenhang mit der Altersteilzeit neu eingestellt wird.

14. Teilzeitarbeitsvertrag für Abrufarbeit

14.1 Vertragsmuster

Zwischen der Firma ..., Anschrift

– nachstehend Arbeitgeber genannt –

und

Herrn/Frau ..., Anschrift

– nachstehend Mitarbeiter/Mitarbeiterin genannt –

wird folgender Arbeitsvertrag über Abrufarbeit nach § 12 Abs. 1 TzBfG geschlossen:

§ 1 Beginn des Arbeitsverhältnisses, Tätigkeit

1. Der Mitarbeiter/Die Mitarbeiterin nimmt seine/ihre Tätigkeit als ... am ... auf. Der Inhalt der Tätigkeit im Einzelnen richtet sich nach den von ... gegebenen Weisungen.

Variante:

Zu den Tätigkeiten des Mitarbeiters/der Mitarbeiterin zählen insbesondere:

...

...

2. Der Mitarbeiter/Die Mitarbeiterin erklärt sich ausdrücklich bereit, im Bedarfsfalle auch andere zumutbare Arbeiten unter Beibehaltung der vereinbarten Bezüge zu erledigen.

§ 2 Dauer und Kündbarkeit des Arbeitsverhältnisses

1. Das Arbeitsverhältnis wird auf unbestimmte Zeit geschlossen. Die ersten sechs Monate gelten als Probezeit. Innerhalb der Probezeit kann das Arbeitsverhältnis mit der gesetzlichen Kündigungsfrist für Probezeiten (zzt. zwei Wochen zu jedem Termin) gekündigt werden.

2. Nach Ablauf der Probezeit gelten die gesetzlichen Kündigungsfristen.

3. Im Übrigen endet das Arbeitsverhältnis spätestens mit Ablauf des Monats, in dem der Mitarbeiter/die Mitarbeiterin das 65. Lebensjahr vollendet, ohne dass es hierzu einer Kündigung bedarf.

4. Die Kündigung muss nach § 623 BGB schriftlich erfolgen, um wirksam zu sein.

5. Eine Kündigung vor Vertragsbeginn ist ausgeschlossen.

§ 3 Arbeitszeit

1. Das Arbeitsverhältnis ist ein Teilzeitarbeitsverhältnis. Der Mitarbeiter/ Die Mitarbeiterin hat seine/ihre Arbeitsleistung entsprechend dem Arbeitsanfall zu erbringen (Arbeit auf Abruf).

2. Der Mitarbeiter/Die Mitarbeiterin arbeitet wöchentlich mindestens 10 Stunden, maximal ... Stunden. Die tägliche Arbeitszeit beträgt mindestens 3 Stunden.

3. Der Arbeitgeber ist verpflichtet, dem Mitarbeiter/der Mitarbeiterin die Arbeitszeit mindestens 4 Tage im Voraus mitzuteilen.

4. Der Mitarbeiter/Die Mitarbeiterin erklärt sich bereit, im Bedarfsfalle darüber hinaus nach Absprache auch länger oder zu anderen Zeiten zur Verfügung zu stehen.

§ 4 Vergütung

1. Der Mitarbeiter/Die Mitarbeiterin erhält eine Vergütung in Höhe von ... € brutto pro Arbeitsstunde.

2. Die Vergütung ist jeweils am Monatsende fällig und wird auf ein Konto des Mitarbeiters/der Mitarbeiterin überwiesen

§ 5 Arbeitsverhinderung

1. Der Mitarbeiter/Die Mitarbeiterin verpflichtet sich, jede Arbeitsverhinderung unter der Angabe des Grunds und der voraussichtlichen Dauer dem Arbeitgeber unverzüglich mitzuteilen.

2. Der Mitarbeiter/Die Mitarbeiterin verpflichtet sich, im Falle der Erkrankung vor Ablauf des dritten Kalendertages dem Arbeitgeber *(Variante: Personalabteilung)* eine ärztliche Bescheinigung über die Arbeitsunfähigkeit und ihre voraussichtliche Dauer vorzulegen. Dauert die Arbeitsunfähigkeit über den letzten bescheinigten Tag hinaus fort, ist der Mitarbeiter/die Mitarbeiterin unabhängig von der Gesamtdauer der Arbeitsunfähigkeit verpflichtet, jeweils innerhalb von drei Tagen eine neue

ärztliche Bescheinigung einzureichen. In diesem Falle ist die fortdauernde Arbeitsunfähigkeit erneut anzuzeigen.

3. Für den Fall, dass die Arbeitsunfähigkeit schuldhaft durch einen Dritten herbeigeführt worden ist, tritt der Mitarbeiter/die Mitarbeiterin schon jetzt seine/ihre Schadenersatzansprüche in Höhe der vom Arbeitgeber zu leistenden Gehaltsfortzahlung ab.

4. Ausfallzeiten aus sonstigen persönlichen Gründen werden in Abänderung von § 616 Abs. 1 BGB nicht vergütet.

§ 6 Urlaub

1. Der Mitarbeiter/Die Mitarbeiterin hat in jedem Kalenderjahr Anspruch auf bezahlten Erholungsurlaub nach Maßgabe der gesetzlichen Bestimmungen. Die Höhe der Urlaubsvergütung bemisst sich nach der reduzierten Arbeitszeit des Mitarbeiters/der Mitarbeiterin.

2. Der Urlaub ist grundsätzlich zusammenhängend zu nehmen. Den Zeitpunkt des Urlaubs bestimmt der Arbeitgeber im Einvernehmen mit dem Mitarbeiter/der Mitarbeiterin.

3. Erholungsurlaub kann im Übrigen erstmals nach der sechsmonatigen ununterbrochenen Firmenzugehörigkeit beansprucht werden und ist mindestens 14 Tage vorher bei der Personalabteilung schriftlich zu beantragen.

4. Im Übrigen findet das Bundesurlaubsgesetz Anwendung.

§ 7 Weiteres Arbeitsverhältnis

1. Da es sich bei dem vorliegenden Arbeitsverhältnis um ein Teilzeitarbeitsverhältnis handelt, ist der Mitarbeiter/die Mitarbeiterin in der Verwendung seiner/ihrer übrigen Arbeitskraft grundsätzlich frei. Der Mitarbeiter/Die Mitarbeiterin erklärt hiermit jedoch ausdrücklich, derzeit in keinem weiteren Arbeitsverhältnis zu stehen, und verpflichtet sich zugleich, jede beabsichtigte entgeltliche Nebenbeschäftigung dem Arbeitgeber mindestens einen Monat vorher schriftlich anzuzeigen.

2. Der Arbeitgeber ist berechtigt, die Aufnahme einer beabsichtigten Nebenbeschäftigung oder ihre Fortsetzung zu untersagen, wenn dadurch die ordnungsgemäße Erfüllung der Verpflichtungen aus diesem Arbeitsvertrag durch den Mitarbeiter/die Mitarbeiterin beeinträchtigt werden kann oder gegen gesetzliche Bestimmungen, insbesondere gegen Bestimmungen des Arbeitszeitgesetzes, verstoßen wird.

§ 8 Vertragsstrafe

1. Für den Fall, dass der Mitarbeiter/die Mitarbeiterin schuldhaft die vertragsgemäße Tätigkeit nicht oder verspätet aufnimmt oder das Vertragsverhältnis unberechtigt vorzeitig beendet, wird eine Vertragsstrafe in Höhe eines Gesamtmonatseinkommens vereinbart.

2. Das Gesamtmonatseinkommen bemisst sich gemäß Ziff. 4 dieses Vertrags, und zwar nach dem Durchschnitt der letzten zwölf Monate. Im Falle einer kürzeren Beschäftigungsdauer bemisst sich das Gesamtmonatseinkommen nach dem Durchschnitt während dieser Zeit, im Falle der Nichtaufnahme oder der verspäteten Aufnahme der Tätigkeit nach den durchschnittlichen Bezügen eines/r vergleichbaren Mitarbeiters/ Mitarbeiterin.

§ 9 Verschwiegenheitspflicht

Der Mitarbeiter/Die Mitarbeiterin verpflichtet sich, über alle vertraulichen Angelegenheiten und Vorgänge, die ihm/ihr im Rahmen seiner/ihrer Tätigkeit zur Kenntnis gelangen, sowie über den Inhalt dieses Vertrags Stillschweigen gegenüber jedermann zu bewahren. Dies gilt auch nach Beendigung des Arbeitsverhältnisses.

§ 10 Anwendbares Recht

Tarifliche Bestimmungen sind auf dieses Arbeitsverhältnis nicht anwendbar. Es gelten ausschließlich die Regelungen dieses Arbeitsvertrags und die gesetzlichen Bestimmungen sowie die Arbeitsordnung des Betriebs, die dem Mitarbeiter/der Mitarbeiterin ausgehändigt wurde/als Anlage diesem Arbeitsvertrag beiliegt und Bestandteil des Arbeitsvertrags wird.

§ 11 Schlussbestimmungen

1. Mündliche Nebenabreden zu diesem Vertrag bestehen nicht.

2. Änderungen oder Ergänzungen dieses Vertrags bedürfen zu ihrer Rechtswirksamkeit der Schriftform.

3. Alle Ansprüche aus dem Arbeitsverhältnis sind beiderseits binnen einer Frist von drei Monaten seit Fälligkeit schriftlich geltend zu machen und im Falle der Ablehnung innerhalb einer Frist von einem Monat einzuklagen.

4. Sollte eine der Bestimmungen dieses Arbeitsvertrags unwirksam sein, wird die Wirksamkeit der übrigen Bestimmungen hierdurch nicht berührt. Die Parteien verpflichten sich, in diesem Fall eine der unwirksamen Bestimmung im wirtschaftlichen Ergebnis nahe kommende Regelung zu treffen.

....
(Ort/Datum)

....
(Arbeitgeber)

....
(Ort/Datum)

....
(Mitarbeiter/Mitarbeiterin)

14.2 Erläuterungen/Vertragsbausteine

Arbeitgeber und Arbeitnehmer können vereinbaren, dass der Arbeitnehmer seine Arbeitsleistung entsprechend dem Arbeitsanfall zu erbringen hat. In derartigen Fällen spricht man von Arbeit auf Abruf.

§ 12 Abs. 1 TzBfG regelt den Mindestinhalt entsprechender Absprachen. Danach muss eine entsprechende Vereinbarung eine bestimmte Dauer der wöchentlichen und täglichen Arbeitszeit festlegen. Ist die Dauer der wöchentlichen Arbeitszeit nicht festgelegt, gilt eine Dauer von zehn Stunden kraft Gesetzes als vereinbart. Fehlt es an einer Vereinbarung zur täglichen Arbeitszeit, hat der Arbeitgeber die Arbeitsleistung des Arbeitnehmers täglich für mindestens drei aufeinander folgende Stunden in Anspruch zu nehmen.

 ACHTUNG!

Kündigt der Arbeitgeber dem Arbeitnehmer bei Arbeit auf Abruf die Lage der Arbeitszeit nicht mindestens vier Tage im Voraus an, kann der Arbeitnehmer die Arbeitsleistung verweigern (§ 12 Abs. 2 TzBfG).

Die Tarifvertragsparteien können andere Vereinbarungen – auch zuungunsten des Arbeitnehmers – treffen, wenn der Tarifvertrag Regelungen über die tägliche und wöchentliche Arbeitszeit und die Vorankündigungsfrist vorsieht. Besteht ein entsprechender Tarifvertrag, können nicht tarifgebundene Arbeitnehmer und Arbeitgeber die Anwendung der tariflichen Regelungen über Abrufarbeit einzelvertraglich vereinbaren (§ 12 Abs. 3 TzBfG).

15. Teilzeitarbeitsvertrag für Jobsharing

15.1 Vertragsmuster

Zwischen der Firma ..., Anschrift

– nachstehend Arbeitgeber genannt –

und

Herrn/Frau ..., Anschrift

– nachstehend Mitarbeiter/Mitarbeiterin genannt –

wird folgender Arbeitsvertrag geschlossen:

§ 1 Arbeitsbeginn, Arbeitszeit, Tätigkeitsgebiet

(1) Mit Wirkung vom 00. 00. 00 wird der Mitarbeiter/die Mitarbeiterin als Teilzeitarbeitnehmer im Jobsharing-System als ... mit einem Zeitanteil von ... % der jeweiligen tariflichen Arbeitszeit eingestellt. Der Arbeitszeitanteil beträgt ... Stunden in der Woche/im Monat.

(2) Der Mitarbeiter/Die Mitarbeiterin ist verpflichtet, den zugewiesenen Arbeitsplatz in Abstimmung mit den übrigen in die Arbeitsplatzteilung einbezogenen Mitarbeitern und Mitarbeiterinnen während der üblichen betrieblichen Arbeitszeit zu besetzen. Eine gleichzeitige Beschäftigung aller in die Arbeitsplatzteilung einbezogenen Mitarbeiter und Mitarbeiterinnen am Arbeitsplatz erfolgt nicht.

§ 2 Tarifvertrag

Auf das Arbeitsverhältnis finden die Vorschriften des Tarifvertrages der ...-Industrie in ihrer jeweils geltenden Fassung Anwendung. Bei einem tariflosen Zustand gilt der zuletzt gültige Tarifvertrag.

§ 3 Vergütung

(1) Der Mitarbeiter/Die Mitarbeiterin wird entsprechend der ausgeübten Tätigkeit in die tarifliche Gehaltsgruppe ... eingestuft.

(2) Bei dem vereinbarten Zeitanteil errechnet sich nach dem derzeit gültigen Gehaltstarifvertrag ein monatliches anteiliges Arbeitsentgelt in Höhe von € ... brutto.

(3) Tarifliche oder betriebliche Zusatzleistungen werden anteilig entsprechend dem Arbeitszeitanteil ausgezahlt, soweit sich nicht aus dem Tarifvertrag etwas anderes ergibt.

(4) Übertarifliche Vergütungsbestandteile werden freiwillig gewährt und stehen unter dem Vorbehalt eines jederzeitigen Widerrufes unabhängig von den sonstigen Bedingungen dieses Arbeitsvertrages. Diese Leistungen, auf die auch bei wiederholter Gewährung kein Rechtsanspruch besteht, können ganz oder teilweise auf tarifliche Veränderungen angerechnet werden. Die Anrechnung kann auch rückwirkend erfolgen, wenn das Tarifgehalt rückwirkend erhöht wird.

§ 4 Arbeitsverteilungs- und Zeitplan

(1) Alle in die Arbeitsplatzteilung einbezogenen Mitarbeiter und Mitarbeiterinnen sind verpflichtet, die Aufteilung der betriebsüblichen Arbeitszeit untereinander abzustimmen und einen Arbeitsverteilungs- und Zeitplan für jeweils drei Monate dem Arbeitgeber vorzulegen. Der Arbeitgeber kann diesem Plan in begründeten Fällen die Zustimmung verweigern.

(2) Der Arbeitsverteilungs- und Zeitplan muss den mit den Mitarbeitern und Mitarbeiterinnen vereinbarten Arbeitszeitanteil berücksichtigen. Eine Übertragung von Arbeitszeitguthaben oder Arbeitszeitschulden bis zu einem Arbeitszeitanteil von ... Stunden in der Woche/im Monat in dem Planungszeitraum ist zulässig.

(3) Der Erholungsurlaub ist unter Berücksichtigung der betrieblichen Erfordernisse im aufzustellenden Arbeitsverteilungs- und Zeitplan zu regeln.

(4) Der Arbeitgeber ist berechtigt und verpflichtet, im Falle von Meinungsverschiedenheiten über die Aufstellung des Arbeitsverteilungs- und Zeitplanes eine für die in der Arbeitsplatzteilung einbezogenen Mitarbeiter und Mitarbeiterinnen verbindliche Regelung unter Beachtung der gesetzlichen Vorschriften zu treffen. Dies gilt auch für den Fall, dass der Arbeitsverteilungs- und Zeitplan nicht zwei Wochen vor Beginn des Planungszeitraumes vorgelegt wird.

§ 5 Veränderung in der Arbeitsplatzteilung

(1) Wird durch das Ausscheiden eines/einer in die Arbeitsplatzteilung einbezogenen Mitarbeiters/Mitarbeiterin die vereinbarte Arbeitsleistung an dem Arbeitsplatz in dem vorgesehenen Umfang unmöglich, so sorgt der Arbeitgeber bei Aufrechterhaltung der Arbeitsplatzteilung für Personalersatz.

(2) Stellt der Arbeitgeber als Ersatz für den/die ausgeschiedenen Mitarbeiter/Mitarbeiterin eine(n) neue(n) Arbeitnehmer/-in ein, so ist dafür das Einverständnis des/der anderen in die Arbeitsplatzteilung einbezogenen Mitarbeiters/Mitarbeiterin anzustreben. Kommt eine Einigung nicht zustande, so liegt die endgültige Entscheidung beim Arbeitgeber.

§ 6 Urlaubsanspruch

Der tarifliche Urlaubsanspruch beträgt für die Vollzeitbeschäftigten mit einer 5-Tage-Woche zzt. ... Arbeitstage. Aufgrund der vereinbarten Arbeitszeit von ... Stunden in der Woche besteht ein anteiliger Urlaubsanspruch von ... Arbeitstagen pro Jahr.

§ 7 Probezeit, Kündigung

(1) Der Arbeitsvertrag wird auf unbestimmte Zeit geschlossen.

(2) Die ersten sechs Monate gelten als Probezeit. Während der Probezeit kann dieser Vertrag beiderseits mit einer Frist von einem Monat zum Monatsende gekündigt werden.

(3) Nach Ablauf der Probezeit kann das Vertragsverhältnis von beiden Seiten unter Einhaltung der jeweils gültigen tariflichen Kündigungsfristen gekündigt werden.

(4) Eine Kündigung vor Arbeitsantritt ist ausgeschlossen.

§ 8 Schlussbestimmungen

(1) Weitere Vereinbarungen außerhalb dieses Vertrages sind nicht getroffen.

(2) Ergänzungen und Änderungen dieses Vertrages bedürfen der Schriftform.

(3) Auf das Arbeitsverhältnis finden die Bestimmungen des ... –Tarifvertrags, die Regelungen dieses Arbeitsvertrags sowie ergänzend die gesetzlichen Regelungen Anwendung.

(4) Sollte eine der Bestimmungen dieses Arbeitsvertrags unwirksam sein, wird die Wirksamkeit der übrigen Bestimmungen hierdurch nicht berührt. Die Parteien verpflichten sich, in diesem Fall eine der unwirksamen Bestimmung im wirtschaftlichen Ergebnis nahe kommende Regelung zu treffen.

(5) Jede Partei hat ein von beiden Seiten unterschriebenes Exemplar dieses Vertrags erhalten.

....
(Ort/Datum)

....
(Arbeitgeber)

....
(Ort/Datum)

....
(Mitarbeiter/Mitarbeiterin)

15.2 Erläuterungen/Vertragsbausteine

Die gesetzliche Grundlage der Arbeitsplatzteilung (Jobsharing) ist § 13 TzBfG. Nach dessen Abs. 1 können Arbeitgeber und Arbeitnehmer vereinbaren, dass mehrere Arbeitnehmer sich die Arbeitszeit an einem Arbeitsplatz teilen. Ist einer dieser Arbeitnehmer an der Arbeitsleistung verhindert, sind die anderen Arbeitnehmer nunmehr von Gesetzes wegen zur Vertretung verpflichtet, wenn sie der Vertretung im Einzelfall zugestimmt haben. Eine Vertretungspflicht besteht auch, wenn der Arbeitsvertrag bei Vorliegen dringender betrieblicher Gründe eine Vertretung vorsieht und diese im Einzelfall zumutbar ist.

§ 13 Abs. 2 TzBfG untersagt dem Arbeitgeber die Kündigung des Arbeitsverhältnisses für den Fall, dass einer der an der Arbeitsplatzteilung beteiligten Arbeitnehmer aus dem Arbeitsverhältnis ausscheidet – aus welchen Gründen ist gleichgültig. Der Arbeitgeber kann in diesen Fällen wirksam nur eine Änderungskündigung aussprechen. Eine Kündigung aus anderen Gründen bleibt unberührt.

 WICHTIG!

Diese Regelungen gelten auch für Arbeitnehmer, die sich in zeitlichen Blöcken auf bestimmten Arbeitsplätzen abwechseln, ohne dass eine Arbeitsplatzteilung im oben beschriebenen Sinn vorliegt (§ 13 Abs. 3 TzBfG).

Durch Tarifvertrag kann von den gesetzlichen Regelungen auch zuungunsten der Arbeitnehmer abgewichen werden, wenn der Tarifvertrag Regelungen über die Vertretung der Arbeitnehmer enthält. Im Geltungsbereich eines solchen Tarifvertrags können nicht tarifgebundene Arbeitgeber und Arbeitnehmer einzelvertraglich die Anwendung der tariflichen Regelungen über die Arbeitsplatzteilung vereinbaren.

16. Teilzeitarbeitsvertrag während der Elternzeit (beim selben Arbeitgeber)

16.1 Vertragsmuster

Zwischen der Firma ..., Anschrift

– nachstehend Arbeitgeber genannt –

und

Herrn/Frau ..., Anschrift

– nachstehend Mitarbeiter/Mitarbeiterin genannt –

wird in Ergänzung des bisherigen Arbeitsvertrags vom 00. 00. 00 folgende Vereinbarung über die Verringerung der Arbeitszeit geschlossen:

§ 1 Verringerung der Arbeitszeit

(1) Der Mitarbeiter/Die Mitarbeiterin hat mit Schreiben vom 00. 00. 00 fristgerecht Elternzeit für folgende Zeiträume beantragt:

00. 00. 00   bis   00. 00. 00

00. 00. 00   bis   00. 00. 00

(2) Der Mitarbeiter/Die Mitarbeiterin hat weiterhin beantragt, in den Zeiträumen der Elternzeit im Rahmen einer Teilzeitbeschäftigung tätig zu sein. Die Teilzeitbeschäftigung wird im Rahmen des § 15 Abs. 7 BErzGG verlangt.

(3) Auf ausdrücklichen Wunsch des Mitarbeiters/der Mitarbeiterin wird daher die bisherige wöchentliche Arbeitszeit von ... Stunden ab dem ... auf wöchentlich ... Stunden reduziert. Die reduzierte Arbeitszeit gilt für die Dauer der beantragten und genehmigten Elternzeit.

§ 2 Arbeitsvergütung

Die bisherige Arbeitsvergütung verringert sich entsprechend der Verringerung der Arbeitszeit. Der Mitarbeiter/Die Mitarbeiterin erhält daher ab dem ... folgende monatliche Vergütung: ... € (in Worten: ... €) für die in § 1 dieser Vereinbarung genannten Zeiträume der Elternzeit mit Teilzeitbeschäftigung.

§ 3 Hinweise

Der Mitarbeiter/Die Mitarbeiterin wurde darauf hingewiesen, dass er/sie eine erneute Verringerung der Arbeitszeit frühestens nach Ablauf von zwei Jahren verlangen kann (§ 8 Absatz 6 TzBfG).

§ 4 Sonstige Bestimmungen

Im Übrigen bleibt der Arbeitsvertrag vom ... unverändert bestehen.

....
(Ort/Datum)

....
(Arbeitgeber)

....
(Ort/Datum)

....
(Mitarbeiter/Mitarbeiterin)

16.2 Erläuterungen/Vertragsbausteine

Während der Elternzeit darf der Arbeitnehmer eine Teilzeitbeschäftigung mit einer wöchentlichen Arbeitszeit bis zu 30 Stunden beim derzeitigen oder einem anderen Arbeitgeber ausüben (§ 15 Abs. 4 BErzGG). Die Teilzeitbeschäftigung bei einem anderen Arbeitgeber ist aber nur mit Zustimmung des derzeitigen Arbeitgebers erlaubt. Die Zustimmung des derzeitigen Arbeitgebers muss der Arbeitnehmer auch einholen, wenn er während der Elternzeit eine selbständige Tätigkeit ausüben will.

Dabei besteht gegenüber dem bisherigen Arbeitgeber ein Rechtsanspruch auf Teilzeitarbeit, wenn der Arbeitnehmer seinen entsprechenden Wunsch dem Arbeitgeber acht Wochen vor der gewünschten Verringerung der Arbeitszeit mitteilt unter folgenden Voraussetzungen (§ 15 Abs. 7 BErzGG):

1. Der Arbeitgeber beschäftigt, mit Ausnahme der Auszubildenden, in der Regel mehr als 15 Arbeitnehmer,

2. das Arbeitsverhältnis des Arbeitnehmers in demselben Unternehmen besteht ohne Unterbrechung länger als 6 Monate,

3. die vertraglich vereinbarte regelmäßige Arbeitszeit soll für mindestens 3 Monate auf einen Umfang zwischen 15 und 30 Wochenstunden verringert werden,

4. dem Anspruch stehen keine dringenden betrieblichen Gründe entgegen und

5. der Anspruch wurde dem Arbeitgeber 8 Wochen vorher schriftlich mitgeteilt.

 WICHTIG!

In Betrieben mit weniger als 15 Arbeitnehmern besteht kein Rechtsanspruch auf Verringerung der Arbeitszeit. In diesen Betrieben kommt eine Teilzeitbeschäftigung während der Elternzeit immer nur mit Zustimmung des Arbeitgebers in Frage.

 ACHTUNG!

Neben § 15 Abs. 4 bis 7 BErzGG (Erwerbstätigkeit während der Elternzeit) finden die Vorschriften des TzBfG über Teilzeitarbeitsverhältnisse Anwendung, wenn der Arbeitnehmer auf die Teilzeitbeschäftigung einen Rechtsanspruch nach § 15 Abs. 6 und 7 BErzGG geltend macht.

Der Arbeitgeber kann den Antrag auf Teilzeitbeschäftigung in beiden Fällen innerhalb von vier Wochen ablehnen, wenn er die verlangte Teilzeit in dieser Form nicht wünscht oder der Teilzeitbeschäftigung dringende betriebliche Gründe entgegenstehen. Seine Ablehnung muss der Arbeitgeber begründen.

Der Arbeitnehmer muss in seiner schriftlichen Mitteilung an den Arbeitgeber nicht nur eine Teilzeitbeschäftigung verlangen, sondern konkret angeben, in welchem Umfang und wie ausgestaltet er die Teilzeitarbeit wünscht.

 WICHTIG!

Bei einer Reduzierung der Arbeitszeit beim bisherigen Arbeitgeber auf eine Teilzeitbeschäftigung besteht das bisherige Arbeitsverhältnis im Übrigen unverändert fort. Es muss daher lediglich eine Vereinbarung über die neue Arbeitszeit und darauf resultierende Folgen auf Vergütung, Urlaub u. Ä. getroffen werden.

17. Befristeter Arbeitsvertrag für die Dauer der Elternzeit (Ersatzmitarbeiter)

17.1 Vertragsmuster

Zwischen der Firma ..., Anschrift

– nachstehend Arbeitgeber genannt –

und

Herrn/Frau ..., Anschrift

– nachstehend Mitarbeiter/Mitarbeiterin genannt –

wird folgender befristeter Arbeitsvertrag geschlossen:

§ 1 Beginn, Dauer, Beendigung des Arbeitsverhältnisses

(1) Der Mitarbeiter/Die Mitarbeiterin nimmt am ... die Tätigkeit als ... im Bereich ... als Vertretung für Frau ... auf. Arbeitsort ist der Sitz des Arbeitgebers.

(2) Das Arbeitsverhältnis wird nach § 21 Bundeserziehungsgeldgesetz befristet für die Dauer der Abwesenheit von Frau ... infolge der Mutterschutzfrist und der sich anschließenden Elternzeit sowie für die Dauer der erforderlichen Einarbeitung. Es endet, ohne dass es einer Kündigung bedarf, am ... (Ende der von Frau ... bereits beantragten Elternzeit).

(3) Insbesondere im Hinblick auf ein etwaiges vorzeitiges Bedarfsende ist darüber hinaus beiderseits eine ordentliche Kündigung mit den gesetzlichen Kündigungsfristen zulässig.

(4) Auf das Sonderkündigungsrecht gemäß § 21 Abs. 4 BErzGG wird ausdrücklich hingewiesen. Danach kann der Arbeitgeber bei vorzeitiger Beendigung der Elternzeit ohne sein Einverständnis das mit der Vertretungskraft geschlossene Arbeitsverhältnis mit einer Frist von drei Wochen, frühestens zum Ende der Elternzeit, kündigen, wenn Frau ... die vorzeitige Beendigung ihrer Elternzeit mitgeteilt hat. Das Kündigungsschutzgesetz findet in diesem Fall keine Anwendung.

§ 2 Arbeitszeit

(1) Die vereinbarte Arbeitszeit beträgt ... Stunden wöchentlich.

(2) Die Arbeitszeit verteilt sich in der Regel auf die Tage Montag bis Freitag. Der Mitarbeiter/Die Mitarbeiterin arbeitet an diesen Tagen jeweils ... Stunden.

(3) Der Mitarbeiter/Die Mitarbeiterin erklärt sich bereit, im Bedarfsfall darüber hinaus nach Absprache auch länger zur Verfügung zu stehen.

§ 3 Vergütung

(1) Der Mitarbeiter/Die Mitarbeiterin erhält eine Vergütung in Höhe von ... € brutto pro Stunde.

(2) Über die vereinbarte regelmäßige Arbeitszeit hinausgehende Arbeitsstunden werden mit der vereinbarten Grundvergütung bezahlt.

(3) Auf Sonderzahlungen besteht kein vertraglicher Anspruch. Gratifikationen und andere Sonderzahlungen werden vom Arbeitgeber freiwillig gewährt. Auf diese Leistungen besteht auch nach wiederholter Gewährung kein Rechtsanspruch – weder der Höhe noch dem Grunde nach.

(4) Die Vergütung ist jeweils am Monatsende fällig und wird spätestens bis zum 5. des Folgemonats auf ein vom Mitarbeiter/von der Mitarbeiterin zu benennendes Konto überwiesen.

§ 4 Urlaub

(1) Der Urlaub des Mitarbeiters/der Mitarbeiterin richtet sich nach dem Bundesurlaubsgesetz.

(2) Im Jahr des Eintritts und der Beendigung des Arbeitsverhältnisses hat der Mitarbeiter/die Mitarbeiterin für jeden vollen Beschäftigungsmonat Anspruch auf ein Zwölftel des vereinbarten Jahresurlaubs.

§ 5 Schweigepflicht

Der Mitarbeiter/Die Mitarbeiterin verpflichtet sich, über alle ihm bekannt werdenden betrieblichen Angelegenheiten Stillschweigen zu bewahren. Diese Verpflichtung gilt auch nach Beendigung des Arbeitsverhältnisses.

§ 6 Anwendbares Recht

Es gelten die gesetzlichen Bestimmungen sowie die Arbeitsordnung des Betriebs, die dem Mitarbeiter/der Mitarbeiterin ausgehändigt worden ist.

§ 7 Schlussbestimmungen

(1) Mündliche Nebenabreden bestehen nicht.

(2) Abänderungen und Ergänzungen des Vertrags bedürfen zu ihrer Wirksamkeit der Schriftform.

(3) Die Unwirksamkeit einer Bestimmung dieses Vertrags soll die Wirksamkeit der übrigen Bestimmungen nicht berühren.

(4) Auf das Arbeitsverhältnis finden ausschließlich die Regelungen dieses Arbeitsvertrags und die gesetzlichen Bestimmungen Anwendung.

....
(Ort/Datum)   (Arbeitgeber)

....
(Ort/Datum)   (Mitarbeiter/Mitarbeiterin)

17.2 Erläuterungen/Vertragsbausteine

Für die

► Dauer eines Beschäftigungsverbots nach dem Mutterschutz – also beispielsweise für die Mutterschutzfristen –,

► notwendige Zeit der Einarbeitung und

► die Dauer der Elternzeit nach dem BErzGG

kann ein befristeter Arbeitsvertrag mit einem Arbeitnehmer zur Vertretung abgeschlossen werden (§ 21 Abs. 1 und 2 BErzGG). Die Dauer der Befristung muss dabei kalendermäßig bestimmt oder bestimmbar oder aus dem Vertretungszweck zu entnehmen sein (vgl. § 21 Abs. 3 BErzGG).

Lediglich für den Fall, dass die Elternzeit ohne Einverständnis des Arbeit-

TIPP!

Soweit möglich, sollte das Ende der Befristung zur Vermeidung von Streitigkeiten immer kalendermäßig bestimmt sein – also ein Enddatum genannt werden. Will der Arbeitgeber dies nicht, um sich zum Beispiel Spielraum für den Fall einer Frühgeburt und der damit verbundenen Verlängerung der Mutterschutzfristen zu lassen, ist empfehlenswert, den Zweck für den die Einstellung erfolgt, so genau wie möglich zu formulieren.

WICHTIG!

Für den befristet eingestellten Arbeitnehmer gelten alle arbeitsrechtlichen Regelungen. D. h., er kann sich bei Vorliegen der gesetzlichen Voraussetzungen beispielsweise auf das Kündigungsschutzgesetz oder das Bundesurlaubsgesetz berufen.

gebers vorzeitig beendet werden kann (beispielsweise: beim Tod des Kindes endet die Elternzeit spätestens drei Wochen später, § 16 Abs. 4 BErzGG), gelten Besonderheiten:

► Der Arbeitnehmer, der die Elternzeit vorzeitig beenden will, muss dies dem Arbeitgeber mitteilen (§ 16 BErzGG).

► Der Arbeitgeber kann dem zur Vertretung eingestellten Arbeitnehmer in diesem Fall mit einer Frist von drei Wochen kündigen, frühestens jedoch zu dem Zeitpunkt, zu dem die Elternzeit endet (§ 21 Abs. 4 BErzGG).

► Das Kündigungsschutzgesetz findet – auch bei Vorliegen der Voraussetzungen – in diesem Fall keine Anwendung (§ 21 Abs. 5 BErzGG).

ACHTUNG!

Dieses Sonderkündigungsrecht kann allerdings vertraglich ausgeschlossen werden (§ 21 Abs. 6 BErzGG). In diesem Fall berechtigt die vorzeitige Beendigung der Elternzeit nicht zur vorzeitigen Beendigung des befristeten Arbeitsvertrags zum Ende der Elternzeit.

18. Befristeter Arbeitsvertrag für (kurzfristige) Aushilfe

18.1 Vertragsmuster

Zwischen der Firma ..., Anschrift

– nachstehend Arbeitgeber genannt –

und

Herrn/Frau ..., Anschrift

– nachstehend Mitarbeiter/Mitarbeiterin genannt –

wird folgender befristeter Arbeitsvertrag nach § 14 Abs. 1 TzBfG geschlossen:

§ 1 Beginn des Arbeitsverhältnisses, Tätigkeit

(1) Der Mitarbeiter/Die Mitarbeiterin wird ab ... als ... eingestellt.

(2) Der Mitarbeiter/Die Mitarbeiterin hat seine/ihre ganze Arbeitskraft der Firma zu widmen.

(3) Ort, Art und zeitliche Lage der vom Mitarbeiter/von der Mitarbeiterin zu erledigenden Aufgaben richten sich nach den betrieblichen Bedürfnissen des Arbeitgebers, soweit dies dem Mitarbeiter/der Mitarbeiterin zumutbar ist.

§ 2 Beginn und Ende des Arbeitsverhältnisses

1. Das Arbeitsverhältnis beginnt am ...

2. Das Arbeitsverhältnis ist nach § 14 Abs. 1 TzBfG, § 8 Abs. 1 Ziffer 2 SGB IV für die Dauer von 2 Monaten *(alternativ: 50 Arbeitstagen)* befristet. Das Arbeitsverhältnis ist befristet, weil der betriebliche Bedarf an der Arbeitsleistung nur vorübergehend besteht.

3. Das Arbeitsverhältnis endet, ohne dass es hierzu einer Kündigung, bedarf mit dem Ablauf des 00. 00. 00.

§ 3 Vergütung

Der Mitarbeiter/Die Mitarbeiterin erhält eine monatliche Bruttovergütung in Höhe von ... € (in Worten ... Euro).

Die Vergütung ist jeweils am Monatsende fällig und wird auf ein Konto des Mitarbeiters/der Mitarbeiterin überwiesen.

§ 4 Arbeitszeit

(1) Die Arbeitszeit beträgt ... Stunden wöchentlich. Ihre Lage richtet sich nach den betrieblichen Regelungen.

(2) Der Mitarbeiter/Die Mitarbeiterin verpflichtet sich, Überstunden oder Mehrarbeit in der gesetzlich zulässigen Höhe zu leisten, wenn dies betrieblich erforderlich und vom Arbeitgeber angeordnet ist.

§ 5 Urlaub

Der Mitarbeiter/Die Mitarbeiterin hat Anspruch auf Erholungsurlaub von ... Arbeitstagen.

§ 6 Arbeitsverhinderung

Der Mitarbeiter/Die Mitarbeiterin ist verpflichtet, dem Arbeitgeber jede Dienstverhinderung sowie ihre voraussichtliche Dauer unverzüglich anzuzeigen. Im Falle einer krankheitsbedingten Arbeitsverhinderung ist der Mitarbeiter/die Mitarbeiterin verpflichtet, ab dem dritten Krankheitstag eine ärztliche Arbeitsunfähigkeitsbescheinigung vorzulegen. Dies gilt auch, falls die Arbeitsunfähigkeit länger als in der Bescheinigung angegeben andauert.

§ 7 Verpfändung von Gehaltsansprüchen

Eine Abtretung oder Verpfändung der Vergütung oder der Sonderzahlungen ist ausgeschlossen.

§ 8 Geheimhaltung

Der Mitarbeiter/Die Mitarbeiterin verpflichtet sich, über alle ihm/ihr im Rahmen seiner/ihrer Tätigkeit zur Kenntnis gelangten Vorgänge, insbesondere Betriebs- und Geschäftsgeheimnisse etc., sowohl während der Dauer des Anstellungsverhältnisses als auch nach dessen Beendigung Stillschweigen zu bewahren.

§ 9 Schlussbestimmungen

(1) Ergänzungen oder Änderungen dieses Vertrags bedürfen der Schriftform.

(2) Weitere Vereinbarungen außerhalb dieses Arbeitsvertrags sind nicht getroffen.

(3) Auf das Arbeitsverhältnis finden dieser Arbeitsvertrag und ergänzend die gesetzlichen Vorschriften Anwendung.

(4) Sollte eine der Bestimmungen dieses Arbeitsvertrags unwirksam sein, wird die Wirksamkeit der übrigen Bestimmungen hierdurch nicht berührt. Die Parteien verpflichten sich, in diesem Fall eine der unwirksamen Bestimmung im wirtschaftlichen Ergebnis nahe kommende Regelung zu treffen.

....
(Ort/Datum)

....
(Arbeitgeber)

....
(Ort/Datum)

....
(Mitarbeiter/Mitarbeiterin)

18.2 Erläuterungen/Vertragsbausteine

Nach § 14 Abs. 1 TzBfG ist die Befristung eines Arbeitsverhältnisses – außer bei Neueinstellungen für die Dauer von 2 Jahren oder bei Arbeitnehmern über 52 Jahren – nur noch erlaubt, wenn sie durch einen sachlichen Grund gerechtfertigt ist. Nach § 14 Abs. 1 Ziffer 1 TzBfG gilt als sachlicher Grund insbesondere ein nur vorübergehender betrieblicher Bedarf an der Arbeitsleistung. Diese Voraussetzung ist erfüllt, wenn der Arbeitgeber einen Arbeitsvertrag über eine kurzzeitige Beschäftigung schließen will.

Eine geringfügige Beschäftigung im Sinne einer kurzzeitigen Beschäftigung ist ein befristetes Arbeitsverhältnis mit sozialversicherungsrechtlichen Besonderheiten. Es liegt nach § 8 Abs. 1 Ziffer 2 SGB IV vor, wenn

► die Beschäftigung innerhalb eines Jahres seit ihrem Beginn auf längstens zwei Monate oder fünfzig Arbeitstage nach ihrer Eigenart begrenzt zu sein pflegt oder im Voraus vertraglich begrenzt ist, es sei denn, dass die Beschäftigung berufsmäßig ausgeübt wird und ihr Entgelt 400 € im Monat übersteigt.

Berufsmäßigkeit liegt grundsätzlich vor bei:

► kurzfristigen Beschäftigungen zwischen abgeschlossenem Studium und Eintritt ins Berufsleben

► kurzfristigen Beschäftigungen nach Schulentlassung bis zur ersten Aufnahme einer Dauerbeschäftigung oder eines Ausbildungsverhältnisses

► bei unentgeltlich beurlaubten Arbeitnehmern, die eine kurzfristige Beschäftigung ausüben

► bei Personen während der Elternzeit, die eine mehr als geringfügig entlohnte Beschäftigung ausüben

► Arbeitslosen, die eine kurzfristige Beschäftigung ausüben

► kurzfristigen Beschäftigungen, die während der gesetzlichen Wehrpflicht ausgeübt werden

► kurzfristigen Beschäftigungen und Ableistung eines freiwilligen sozialen oder ökologischen Jahres

Berufsmäßigkeit liegt grundsätzlich nicht vor bei:

► Personen, die aus dem Erwerbsleben ausgeschieden sind und eine kurzfristige Beschäftigung ausüben

- ▶ kurzfristigen Beschäftigungen zwischen Abitur und Studium
- ▶ kurzfristigen Beschäftigungen zwischen Abitur und Wehrpflicht, wenn die Aufnahme eines Studiums beabsichtigt ist.

Grundsätzlich sind geringfügige Beschäftigungen nicht sozialversicherungspflichtig (z. B. § 7 SGB V; § 5 SGB IV), wenn die in § 8 SGB III normierten Voraussetzungen vorliegen.

 ACHTUNG!

Geringfügige Beschäftigungen und Hauptbeschäftigungen werden zusammengerechnet. Wer neben seinem Hauptarbeitsverhältnis noch eine geringfügige Beschäftigung ausübt, muss Sozialversicherungsbeiträge aus der Summe der Vergütungen aus beiden Beschäftigungen zahlen. In der Arbeitslosenversicherung erfolgt keine Zusammenrechnung von geringfügigen Beschäftigungen mit nicht geringfügigen Beschäftigungen.

 WICHTIG!

Die sozialversicherungsrechtlichen Besonderheiten haben keine Auswirkungen auf die arbeitsrechtliche Beurteilung der geringfügig Beschäftigten. Alle arbeitsrechtlichen Regelungen finden in vollem Umfang auf die geringfügig Beschäftigten Anwendung. D. h. für den Arbeitgeber z. B.:

- ▶ Bei einer unverschuldeten krankheitsbedingten Arbeitsunfähigkeit des geringfügig Beschäftigten muss der Arbeitgeber Entgeltfortzahlung im Krankheitsfall zahlen.
- ▶ Der geringfügig Beschäftigte hat Anspruch auf Urlaub – bei einer Dauerbeschäftigung mindestens in Höhe des gesetzlichen Mindesturlaubs in Höhe von 24 Werktagen (= 20 Arbeitstagen).
- ▶ Bei einer Kündigung sind die gesetzlichen, arbeits- oder tarifvertraglichen Kündigungsfristen zu beachten. Findet das Kündigungsschutzgesetz Anwendung, kann auch ein geringfügig Beschäftigter Kündigungsschutzklage erheben.
- ▶ Auf eine geringfügig beschäftigte Arbeitnehmerin findet bei einer Schwangerschaft das Mutterschutzgesetz Anwendung, sie ist also z. B. nur noch mit Genehmigung des zuständigen Gewerbeaufsichtsamtes kündbar.

 ACHTUNG!

Wird eine kurzfristige Beschäftigung während ihres Verlaufs entgegen der ursprünglichen Absicht verlängert, so dass der Zeitraum von 2 Monaten bzw. 50 Arbeitstagen überschritten wird, liegt vom Tag der Verlängerung an keine versicherungsfreie Beschäftigung mehr vor. Für die zurückliegende Zeit verbleibt es bei der Versicherungsfreiheit.

19. Unbefristeter Arbeitsvertrag für geringfügig entlohnte Beschäftigung

19.1 Vertragsmuster

Teilzeitarbeitsvertrag (ohne Tarifbindung)

Zwischen der Firma ..., Anschrift

– nachstehend Arbeitgeber genannt –

und

Herrn/Frau ..., Anschrift

– nachstehend Mitarbeiter/Mitarbeiterin genannt –

wird folgender Arbeitsvertrag über eine geringfügig entlohnte Beschäftigung geschlossen:

§ 1 Beginn des Arbeitsverhältnisses, Tätigkeit

1. Der Mitarbeiter/Die Mitarbeiterin nimmt seine/ihre Tätigkeit als ... am ... auf.

   Zu den Tätigkeiten des Mitarbeiters/der Mitarbeiterin zählen insbesondere:

   ...

   ...

2. Der Mitarbeiter/Die Mitarbeiterin erklärt sich ausdrücklich bereit, im Bedarfsfalle auch andere zumutbare Arbeiten unter Beibehaltung der vereinbarten Bezüge zu erledigen.

§ 2 Dauer und Kündbarkeit des Arbeitsverhältnisses

1. Das Arbeitsverhältnis wird auf unbestimmte Zeit geschlossen. Die ersten sechs Monate gelten als Probezeit. Innerhalb der Probezeit kann das Arbeitsverhältnis mit der gesetzlichen Kündigungsfrist für Probezeiten (zzt. zwei Wochen zu jedem Termin) gekündigt werden.

2. Nach Ablauf der Probezeit gelten die gesetzlichen Kündigungsfristen.

3. Im Übrigen endet das Arbeitsverhältnis spätestens mit Ablauf des Monats, in dem der Mitarbeiter/die Mitarbeiterin das 65. Lebensjahr vollendet, ohne dass es hierzu einer Kündigung bedarf.

4. Die Kündigung muss nach § 623 BGB schriftlich erfolgen, um wirksam zu sein.
5. Eine Kündigung vor Vertragsbeginn ist ausgeschlossen.

§ 3 Arbeitszeit

1. Das Arbeitsverhältnis ist ein Teilzeitarbeitsverhältnis. Die regelmäßige wöchentliche Arbeitszeit für den Mitarbeiter/die Mitarbeiterin beträgt *(z. B.)* 15 Stunden.
2. Der Mitarbeiter/Die Mitarbeiterin arbeitet in der Regel von Montag bis Mittwoch jeweils fünf Stunden in der Zeit von 8.30 Uhr bis 13.30 Uhr.

§ 4 Vergütung

1. Mitarbeiter/Mitarbeiterin und Arbeitgeber sind sich einig, dass es sich um eine geringfügig entlohnte Beschäftigung im Sinne von § 8 Abs. 1 Ziffer 1 SGB IV handelt und die hierzu jeweils geltenden gesetzlichen Grenzen zu beachten sind.
2. Der Mitarbeiter/Die Mitarbeiterin erhält eine monatliche Vergütung von brutto 400 €.

   Die Vergütung wird monatlich nachträglich auf ein Konto des Mitarbeiters/der Mitarbeiterin überwiesen.
3. Die Vergütung ist beitragspflichtig zur Kranken- und Rentenversicherung. Die anfallenden Beiträge trägt der Arbeitgeber.
4. Der Mitarbeiter/Die Mitarbeiterin ist verpflichtet, dem Arbeitgeber eine Lohnsteuerkarte des zuständigen Finanzamtes vorzulegen

   oder alternativ:

   Die auf die Vergütung anfallende pauschale Lohnsteuer in Höhe von 2 % trägt der Arbeitgeber.
5. Der Mitarbeiter/Die Mitarbeiterin versichert, dass er/sie kein weiteres Beschäftigungsverhältnis ausübt.
6. Sonderzahlungen werden nicht gewährt

§ 5 Arbeitsverhinderung

1. Der Mitarbeiter/Die Mitarbeiterin verpflichtet sich, jede Arbeitsverhinderung unter der Angabe des Grunds und der voraussichtlichen Dauer dem Arbeitgeber unverzüglich mitzuteilen.

2. Der Mitarbeiter/Die Mitarbeiterin verpflichtet sich, im Falle der Erkrankung vor Ablauf des dritten Kalendertages dem Arbeitgeber *(Variante: Personalabteilung)* eine ärztliche Bescheinigung über die Arbeitsunfähigkeit und ihre voraussichtliche Dauer vorzulegen. Dauert die Arbeitsunfähigkeit über den letzten bescheinigten Tag hinaus fort, ist der Mitarbeiter/die Mitarbeiterin unabhängig von der Gesamtdauer der Arbeits- unfähigkeit verpflichtet, jeweils innerhalb von drei Tagen eine neue ärztliche Bescheinigung einzureichen. In diesem Falle ist die fortdauernde Arbeitsunfähigkeit erneut anzuzeigen.

3. Für den Fall, dass die Arbeitsunfähigkeit schuldhaft durch einen Dritten herbeigeführt worden ist, tritt der Mitarbeiter/die Mitarbeiterin schon jetzt seine/ihre Schadenersatzansprüche in Höhe der vom Arbeitgeber zu leistenden Gehaltsfortzahlung ab.

4. Ausfallzeiten aus sonstigen persönlichen Gründen werden in Abänderung von § 616 Abs. 1 BGB nicht vergütet.

§ 6 Urlaub

1. Der Mitarbeiter/Die Mitarbeiterin hat in jedem Kalenderjahr Anspruch auf bezahlten Erholungsurlaub nach Maßgabe der gesetzlichen Bestimmungen. Die Höhe der Urlaubsvergütung bemisst sich nach der reduzierten Arbeitszeit des Mitarbeiters/der Mitarbeiterin.

2. Der Urlaub ist grundsätzlich zusammenhängend zu nehmen. Den Zeitpunkt des Urlaubs bestimmt der Arbeitgeber im Einvernehmen mit dem Mitarbeiter/der Mitarbeiterin.

3. Erholungsurlaub kann im Übrigen erstmals nach der sechsmonatigen ununterbrochenen Firmenzugehörigkeit beansprucht werden und ist mindestens 14 Tage vorher bei der Personalabteilung schriftlich zu beantragen.

4. Im Übrigen findet das Bundesurlaubsgesetz Anwendung.

§ 7 Weiteres Arbeitsverhältnis

1. Der Mitarbeiter/Die Mitarbeiterin versichert, keiner weiteren geringfügigen Beschäftigung und auch keiner (sozialversicherungspflichtigen) Hauptbeschäftigung nachzugehen.

2. Der Mitarbeiter/Die Mitarbeiterin verpflichtet sich, jede Aufnahme einer weiteren Beschäftigung dem Arbeitgeber unverzüglich mitzuteilen. Der

Mitarbeiter/Die Mitarbeiterin wurde ausdrücklich darauf hingewiesen, dass die Aufnahme einer weiteren Beschäftigung zur vollen Sozialversicherungspflicht sowie zur Lohnsteuerpflicht dieses Arbeitsverhältnisses führen kann.

3. Der Mitarbeiter/Die Mitarbeiterin verpflichtet sich, seinen/ihren Sozialversicherungsausweis für die Dauer des Beschäftigungsverhältnisses beim Arbeitgeber zu hinterlegen.

4. Der Mitarbeiter/Die Mitarbeiterin verpflichtet sich außerdem, dem Arbeitgeber die aktuelle Lohnsteuerkarte vorzulegen und immer rechtzeitig vor Jahresbeginn die Lohnsteuerkarte für das beginnende Kalenderjahr auszuhändigen.

5. Der Arbeitgeber ist berechtigt, die Aufnahme einer beabsichtigten Nebenbeschäftigung oder ihre Fortsetzung zu untersagen, wenn dadurch die ordnungsgemäße Erfüllung der Verpflichtungen aus diesem Arbeitsvertrag durch den Mitarbeiter/die Mitarbeiterin beeinträchtigt werden kann oder gegen gesetzliche Bestimmungen, insbesondere gegen Bestimmungen des Arbeitszeitgesetzes, verstoßen wird.

§ 8 Vertragsstrafe

1. Für den Fall, dass der Mitarbeiter/die Mitarbeiterin schuldhaft die vertragsgemäße Tätigkeit nicht oder verspätet aufnimmt oder das Vertragsverhältnis unberechtigt vorzeitig beendet, wird eine Vertragsstrafe in Höhe eines Gesamtmonatseinkommens vereinbart.

2. Das Gesamtmonatseinkommen bemisst sich gemäß Ziff. 4 dieses Vertrags, und zwar nach dem Durchschnitt der letzten zwölf Monate. Im Falle einer kürzeren Beschäftigungsdauer bemisst sich das Gesamtmonatseinkommen nach dem Durchschnitt während dieser Zeit, im Falle der Nichtaufnahme oder der verspäteten Aufnahme der Tätigkeit nach den durchschnittlichen Bezügen eines/r vergleichbaren Mitarbeiters/ Mitarbeiterin.

§ 9 Verschwiegenheitspflicht

Der Mitarbeiter/Die Mitarbeiterin verpflichtet sich, über alle vertraulichen Angelegenheiten und Vorgänge, die ihm/ihr im Rahmen seiner/ihrer Tätigkeit zur Kenntnis gelangen, sowie über den Inhalt dieses Vertrags Stillschweigen gegenüber jedermann zu bewahren. Dies gilt auch nach Beendigung des Arbeitsverhältnisses.

§ 10 Anwendbares Recht

Tarifliche Bestimmungen sind auf dieses Arbeitsverhältnis nicht anwendbar. Es gelten ausschließlich die Regelungen dieses Arbeitsvertrags und die gesetzlichen Bestimmungen sowie die Arbeitsordnung des Betriebs, die dem Mitarbeiter/der Mitarbeiterin ausgehändigt wurde/als Anlage diesem Arbeitsvertrag beiliegt und Bestandteil des Arbeitsvertrags wird.

§ 11 Schlussbestimmungen

1. Das Arbeitsverhältnis ist eine geringfügig entlohnte und daher sozialversicherungsfreie Beschäftigung. Der Mitarbeiter/Die Mitarbeiterin wird ausdrücklich darauf hingewiesen, dass er/sie auf die Rentenversicherungsfreiheit durch eine Erklärung gegenüber dem Arbeitgeber verzichten kann. Verzichtet der Mitarbeiter/die Mitarbeiterin auf die Rentenversicherungsfreiheit, ist er/sie verpflichtet die Differenz zwischen dem pauschalen Arbeitgeberbeitrag in Höhe von 12 % des Monatsentgelts und dem jeweils gültigen Rentenbeitragssatz aus dem Monatsverdienst an den zuständigen Rentenversicherungsträger zu zahlen.

2. Mündliche Nebenabreden zu diesem Vertrag bestehen nicht.

3. Änderungen oder Ergänzungen dieses Vertrags bedürfen zu ihrer Rechtswirksamkeit der Schriftform.

4. Alle Ansprüche aus dem Arbeitsverhältnis sind beiderseits binnen einer Frist von drei Monaten seit Fälligkeit schriftlich geltend zu machen und im Falle der Ablehnung innerhalb einer Frist von einem Monat einzuklagen.

5. Sollte eine der Bestimmungen dieses Arbeitsvertrags unwirksam sein, wird die Wirksamkeit der übrigen Bestimmungen hierdurch nicht berührt. Die Parteien verpflichten sich, in diesem Fall eine der unwirksamen Bestimmung im wirtschaftlichen Ergebnis nahe kommende Regelung zu treffen.

....
(Ort/Datum)   (Arbeitgeber)

....
(Ort/Datum)   (Mitarbeiter/Mitarbeiterin)

19.2 Erläuterungen/Vertragsbausteine

Eine geringfügige Beschäftigung im Sinne einer geringfügig entlohnten Beschäftigung ist eine Teilzeitbeschäftigung mit sozialversicherungsrechtlichen Besonderheiten. Eine geringfügige Beschäftigung im Sinne von § 8 Abs. 1 Ziffer 1 SGB IV – geringfügig entlohnte Beschäftigung/400-€-Job – liegt vor, wenn

▶ das Arbeitsentgelt regelmäßig im Monat 400 € nicht übersteigt.

 WICHTIG!

Geringfügig entlohnte Beschäftigungen und Hauptbeschäftigungen oder mehrere geringfügig entlohnte Beschäftigungen werden grundsätzlich zusammengerechnet. Nur in der Arbeitslosenversicherung erfolgt keine Zusammenrechnung von geringfügig entlohnten Beschäftigungen mit nicht geringfügigen Beschäftigungen. Für alle anderen Zweige der Sozialversicherung erfolgt eine Zusammenrechnung mit der Folge, dass Versicherungspflichtigkeit (und damit Beitragspflichtigkeit) eintreten kann.

 ACHTUNG!

Bei einer geringfügig entlohnten (Dauer-)Beschäftigung müssen

▶ keine Grenzen für die Wochenarbeitszeit mehr beachtet werden (ab 1. 4. 03)

▶ darf die monatliche Entlohnung höchstens 400 € betragen.

Für Arbeitnehmer, die eine geringfügig entlohnte Beschäftigung ausüben und in der gesetzlichen Krankenversicherung versichert sind, muss der Arbeitgeber einen Pauschalbetrag in Höhe von 11 % des Arbeitsentgelts zur Krankenversicherung zahlen. Zusätzliche Leistungsansprüche entstehen hierdurch jedoch nicht. Der Pauschalbetrag entfällt bei geringfügig Beschäftigten, die nicht in der gesetzlichen Krankenversicherung versichert sind.

Zur Rentenversicherung hat der Arbeitgeber für geringfügig entlohnte Beschäftigte einen Pauschalbetrag in Höhe von 12 % des Arbeitsentgelts zu zahlen. Hieraus erwachsen dem Arbeitnehmer entsprechend der Beitragszahlung Rentenvorteile in Form eines Zuschlags an Entgeltpunkten sowie in begrenztem Umfang bei der Erfüllung der Wartezeit. Der Arbeitnehmer kann allerdings auf die Rentenversicherungsfreiheit verzichten und den Pauschalbetrag mit einem eigenen Beitrag von derzeit 7,5 % (Differenz zwischen Rentenbeitragssatz und 12 %) des Arbeitsentgelts auf den vollen Rentenversicherungsbeitrag aufstocken. Damit erwirbt er volle Leistungsansprüche der Rentenversicherung.

WICHTIG!

Auf die Möglichkeit, sich von der Rentenversicherungspflicht befreien zu lassen, muss der Arbeitnehmer ausdrücklich hingewiesen werden. Der Verzicht auf die Rentenversicherungspflicht muss gegenüber dem Arbeitgeber erklärt werden. Er kann nicht zurückgenommen werden und wirkt immer nur für die Zukunft.

Der Hinweis auf die Möglichkeit der Befreiung von der Rentenversicherungspflicht kann entfallen, wenn die Beschäftigung nicht länger als einen Kalendermonat dauert.

Die Einkommen aus einer geringfügigen Beschäftigung sind grundsätzlich steuerfrei für den Arbeitnehmer, der Arbeitgeber muss aber ab 1. 4. 03 pauschal 2 % Lohnsteuer abführen. Will der Arbeitgeber dies nicht, kann er sich die Lohnsteuerkarte vom Arbeitnehmer vorlegen lassen. Ob dann Lohnsteuer anfällt, hängt von den Eintragungen auf der LSt-karte ab.

Die sozialversicherungsrechtlichen Änderungen haben keine Auswirkungen auf die arbeitsrechtliche Beurteilung der geringfügig Beschäftigten: Alle arbeitsrechtlichen Regelungen finden in vollem Umfang auf die geringfügig Beschäftigten Anwendung.

20. Honorarvertrag für freie Mitarbeiter

20.1 Vertragsmuster

Zwischen der Firma ..., Anschrift

– nachstehend Auftraggeber genannt –

und

Herrn/Frau ..., Anschrift

– nachstehend Mitarbeiter/Mitarbeiterin genannt –

wird folgender Vertrag über freie Mitarbeit geschlossen:

§ 1 Tätigkeit

(1) Dem Mitarbeiter/Der Mitarbeiterin werden ab 00. 00. 00 die Aufgaben eines ... übertragen. Im Einzelnen ergeben sich Art und Umfang der übertragenen Aufgaben aus der diesem Vertrag beigefügten Anlage, die insoweit Bestandteil des Vertrages wird.

(2) Soweit dem Mitarbeiter/der Mitarbeiterin weitere Aufgaben im Einzelfall zugewiesen werden, so geschieht dies im Rahmen dieses Vertrages.

§ 2 Weisungsfreiheit

(1) Bei der Durchführung der übertragenen Aufgaben unterliegt der Mitarbeiter/die Mitarbeiterin keinen Weisungen seitens der Auftraggeber.

(2) Gegenüber den anderen Mitarbeitern und Mitarbeiterinnen des Auftraggebers hat der Mitarbeiter/die Mitarbeiterin keinerlei Weisungsbefugnis.

§ 3 Betriebliche Anwesenheit

(1) Art und Umfang der dem Mitarbeiter/der Mitarbeiterin übertragenen Arbeiten machen es erforderlich, dass der Mitarbeiter/die Mitarbeiterin im Betrieb des Auftraggebers wöchentlich ca. 00 Stunden anwesend ist. In der Einteilung dieser Anwesenheitszeiten ist der Mitarbeiter/die Mitarbeiterin frei.

(2) Zur Durchführung seiner Aufgaben wird dem Mitarbeiter/der Mitarbeiterin ein Arbeitsplatz in der ...-Abteilung zur Verfügung gestellt. Der Arbeitsplatz kann während der Öffnungszeiten des Betriebs des Auftraggebers uneingeschränkt genutzt werden.

(3) Der Mitarbeiter/Die Mitarbeiterin kann alle Sozialeinrichtungen der Auftraggeber nutzen.

§ 4 Arbeitszeit

Im Übrigen ist der Mitarbeiter/die Mitarbeiterin bei seiner/ihrer Tätigkeit für den Auftraggeber in der Ausgestaltung seiner/ihrer Arbeitszeit völlig frei.

§ 5 Tätigkeit für andere Firmen

(1) Der Mitarbeiter/Die Mitarbeiterin darf auch für andere Auftraggeber tätig werden, mit Ausnahme der unmittelbaren Konkurrenz des Auftraggebers.

(2) Der Mitarbeiter/Die Mitarbeiterin verpflichtet sich, mindestens ein Sechstel seines/ihres Gesamtumsatzes durch Aufträge anderer Auftraggeber zu erwirtschaften.

§ 6 Verschwiegenheit

Der Mitarbeiter/Die Mitarbeiterin verpflichtet sich, über alle ihm/ihr im Rahmen seiner/ihrer Tätigkeit zur Kenntnis gelangenden geschäftlichen Angelegenheiten und Vorgänge, insbesondere Geschäfts- und Betriebsgeheimnisse, Stillschweigen zu bewahren. Das gilt auch für die Zeit nach Beendigung des Vertragsverhältnisses.

§ 7 Vergütung, Auslagenersatz

(1) Der Mitarbeiter/Die Mitarbeiterin erhält eine Vergütung je Zeitstunde in Höhe von ... € (zuzüglich Mehrwertsteuer).

(2) Es besteht Einigkeit darüber, dass der Mitarbeiter/die Mitarbeiterin selbständiger Unternehmer/selbständige Unternehmerin ist. Vor diesem Hintergrund wurde der Mitarbeiter/die Mitarbeiterin darauf hingewiesen, dass die Vergütung der Einkommensteuer unterliegt und alle Steuern von dem Mitarbeiter/der Mitarbeiterin selbst zu entrichten sind.

(3) Für die Erstattung von Reisekosten gelten die pauschalen Höchstsätze der Lohnsteuerrichtlinien (zuzüglich Mehrwertsteuer). Bei Bahnfahrten wird das Fahrgeld für die ... Klasse erstattet.

(4) Das vereinbarte Honorar sowie angeforderter Reisekostenersatz wird jeweils einen Monat nach Stellung der Rechnung durch den Mitarbeiter fällig. Die Auszahlung erfolgt unbar.

§ 9 Kündigung

Für die Kündigung dieses Vertrages gelten §§ 620, 621 und 624 ff. BGB.

§ 10 Status als freier Mitarbeiter/freie Mitarbeiterin

(1) Der vorstehende Vertragsinhalt, insbesondere die Vergütungsabrede unter Ziffer 7 Abs. 1, ist unter der Voraussetzung vereinbart worden, dass es sich bei dem Vertragsverhältnis um freie Mitarbeit handelt, auf die Arbeits-, Lohnsteuer- und Sozialversicherungsrecht keine Anwendung finden. Sollte in einem arbeits- oder sozialgerichtlichen Statusverfahren, rechtskräftig festgestellt werden, dass der Status als freier Mitarbeiter/ freie Mitarbeiterin nicht vorliegt, ist der Mitarbeiter/die Mitarbeiterin verpflichtet, dem Auftraggeber die von ihm zunächst zu übernehmenden oder bereits übernommenen Sozialversicherungsbeiträge zu erstatten.

(2) Der Mitarbeiter/Die Mitarbeiterin versichert ausdrücklich, dass er/sie noch für andere Auftraggeber tätig ist und mindestens ein Sechstel seines/ihres Gesamtumsatzes durch Aufträge anderer Auftraggeber erwirtschaftet.

(3) Der Mitarbeiter/Die Mitarbeiterin versichert weiter, dass er/sie unternehmerisch am Markt auftritt.

§ 11 Schlussbestimmungen

(1) Mündliche Nebenabreden bestehen nicht.

(2) Alle Ergänzungen dieses Vertrages bedürfen der Schriftform.

(3) Gerichtsstand ist der Sitz des Auftraggebers.

(4) Sollte eine der Bestimmungen dieses Arbeitsvertrags unwirksam sein, wird die Wirksamkeit der übrigen Bestimmungen hierdurch nicht berührt. Die Parteien verpflichten sich, in diesem Fall eine der unwirksamen Bestimmung im wirtschaftlichen Ergebnis nahe kommende Regelung zu treffen.

....
(Ort/Datum)   (Arbeitgeber)

....
(Ort/Datum)   (Mitarbeiter/Mitarbeiterin)

20.2 Erläuterungen/Vertragsbausteine

Freie Mitarbeiter sind Personen, die nicht im Rahmen eines festen, dauernden Beschäftigungsverhältnisses, sondern aufgrund einzelner Aufträge tätig werden. Die Übernahme der Aufträge ist freigestellt. Dies bedeutet aber auch, dass freie Mitarbeiter keinen Anspruch auf Erteilung eines Auftrags haben.

Die freien Mitarbeiter unterliegen den Bestimmungen des BGB. Sämtliche arbeitsrechtlichen Sondervorschriften, z. B.

▶ Kündigungsschutzgesetz,

▶ Arbeitszeitrecht,

▶ Urlaubsgesetz,

▶ Entgeltfortzahlungsgesetz etc.,

sind auf die freien Mitarbeiter nicht anwendbar.

Die Ausgestaltung eines Dienstverhältnisses als freies Mitarbeiterverhältnis ist im Rahmen der allgemeinen Vertragsfreiheit zulässig. Wenn die Vereinbarung allerdings dazu dienen soll, die arbeits- und sozialrechtlichen Schutzvorschriften zu umgehen, ist ein solcher Vertrag unzulässig. In diesem Fall werden die Parteien so behandelt, als hätten sie einen normalen Arbeitsvertrag geschlossen.

In den meisten Fällen ist die Abgrenzung zu einem Arbeitnehmer schwierig, da es keine festen Kriterien für die Abgrenzung gibt. Jeder Fall ist einzeln zu beurteilen. Von wesentlicher Bedeutung ist der Grad der persönlichen Abhängigkeit des Mitarbeiters vom Dienstherrn. Als freier Mitarbeiter wird angesehen, wer seine Tätigkeit im Wesentlichen frei gestalten, seine Arbeitszeit frei bestimmen und dabei seine persönliche Selbständigkeit wahren kann.

Eine hohe zeitliche Inanspruchnahme, die Pflicht des Nachweises von Arbeitsunfähigkeitszeiten, die Pflicht zum Besuch von Schulungen und die Verpflichtung zu regelmäßigen Berichten über durchgeführte Besuche und deren Ergebnisse sprechen eher für die Einordnung eines Beschäftigungsverhältnisses als Arbeitsverhältnis.

Folgende – von der Rechtsprechung entwickelte – Kriterien sprechen in der Regel für ein reguläres Arbeitsverhältnis und gegen eine freie Mitarbeitertätigkeit:

▶ persönliche und fachliche Weisungsgebundenheit

▶ zeitliche und örtliche Bindung in einem Betrieb

▶ ausgeübte Kontrolle durch den Dienstherrn

▶ ständige Dienstbereitschaft

▶ vollständige Eingliederung in den Betriebsablauf

▶ Unterordnung unter einen fremden Plan

▶ fehlende Möglichkeit zur Ablehnung einzelner Aufträge

Sind weder vom Aufgabenbereich noch von der Tätigkeitsführung wesentliche Unterschiede zwischen angestellten und freien Mitarbeitern erkennbar, genügt bereits dieser objektive Umstand für eine einheitliche arbeitsrechtliche Einordnung aller Mitarbeiter und zur Widerlegung eines gegenteiligen Parteiwillens.

 WICHTIG!

Haben sich beide Parteien bei Abschluss der Vereinbarung über die Zulässigkeit geirrt, ist der freie Mitarbeitervertrag nach den Grundsätzen über den Wegfall der Geschäftsgrundlage für die Zukunft als Arbeitsvertrag zu behandeln.

20.3 Tipps für die Vertragsgestaltung mit einem Alleinunternehmer

Ein Vertrag mit einem Selbständigen als Alleinunternehmer (also ohne eigene Arbeitnehmer), dessen Tätigkeit üblicherweise auch im Rahmen eines Arbeitsverhältnisses erbracht werden kann, sollte sorgfältig formuliert werden. Seine Regelungen sollten sich an den Kriterien orientieren, die das Bundesarbeitsgericht für das Vorliegen einer Arbeitnehmereigenschaft entwickelt hat und gerade zu diesen Punkten Regelungen treffen, die die Arbeitnehmereigenschaft ausschließen. Allerdings muss der Vertrag dann auch entsprechend den Regelungen durchgeführt werden, da für die Beurteilung, ob Selbständigkeit oder Arbeitnehmereigenschaft vorliegt, allein die Durchführung des Vertrags maßgebend ist.

Ein Vertrag mit seinem Selbständigen sollte zur Vermeidung von unerwünschten arbeits- und sozialversicherungsrechtlichen Folgen Regelungen zu folgenden Punkten enthalten:

► **Weisungsfreiheit**

Der Vertragspartner gestaltet seine Tätigkeit im Wesentlichen frei. Er ist gegenüber dem Auftraggeber weisungsungebunden und unabhängig. Wann und wie der Auftrag erfüllt wird, entscheidet der Vertragspartner selbst. Er vereinbart mit dem Auftraggeber lediglich Ziel und Endtermin.

► **Fehlende Eingliederung**

Der Vertragspartner ist nicht in die betriebliche Organisation eingegliedert. Im Idealfall erbringt er seine Leistung völlig unabhängig vom Betrieb und den Betriebsabläufen des Auftraggebers. Benötigt der Vertragspartner den Betrieb oder den Betriebsablauf des Auftraggebers, sollte darauf geachtet werden, dass der Vertragspartner entscheiden kann, wann und wie er die Betriebsabläufe des Auftraggebers ausnutzt.

► **Keine festen Arbeitszeiten**

Der Vertragspartner bestimmt Zeit und Ort seiner Tätigkeit selbst. Feste Arbeitszeiten sprechen eher für ein Arbeitsverhältnis als für einen Vertrag mit einem Selbständigen.

▶ **Keine Urlaubsregelung**

Ein Selbständiger bestimmt grundsätzlich selbst, ob und wann er Urlaub macht. Enthält der Vertrag mit dem Auftraggeber Ausführungen zum bezahlten Urlaub oder zur Zahlung von Urlaubsgeld, sind dies Merkmale eines Arbeitsverhältnisses.

▶ **Keine Entgeltfortzahlung im Krankheitsfall**

Das Risiko einer krankheitsbedingten Arbeitsunfähigkeit trägt ein Selbständiger allein. Er muss selbst Vorsorge treffen, mit welchen finanziellen Mitteln er Zeiten der krankheitsbedingten Arbeitsunfähigkeit überbrückt. Vertragliche Regelungen, die die Entgeltfortzahlung im Krankheitsfall vorsehen, sprechen daher immer für das Vorliegen eines festen Arbeitsverhältnisses. Sie sollten besser vermieden werden. Im Übrigen wird der Selbständige die Kosten seiner Krankheit und seines dadurch bedingten Ausfalles in sein Honorar einkalkulieren, so dass er für Zeiten der krankheitsbedingten Arbeitsunfähigkeit wirtschaftlich gesichert ist.

▶ **Möglichkeiten mehrerer Auftraggeber**

Ist ein Selbständiger nur für einen Auftraggeber tätig, kann dies für ein festes Arbeitsverhältnis sprechen. Grundsätzlich müssen Selbständige die Erlaubnis und die tatsächliche Möglichkeit haben, nach freier Wahl für mehrere Auftraggeber tätig sein zu können. Der Selbständige muss auch die Möglichkeit haben, neue Aufträge vom bisherigen Auftraggeber abzulehnen. Zur Vermeidung einer Sozialversicherungspflicht sollte der Selbständige, der in größerem Umfang für nur einen Auftraggeber tätig wird, sogar verpflichtet werden, einen bestimmten Anteil seines Gesamtumsatzes – z. B. mindestens 20 % – durch andere Auftraggeber zu erwirtschaften.

▶ **Keine Kontrollen durch den Auftraggeber**

Ein Selbständiger ist in der Organisation und Durchführung seiner Tätigkeit frei. Der Auftraggeber darf daher weder die Anwesenheit des Selbständigen kontrollieren, noch ihn zur regelmäßigen persönlichen Berichterstattung auffordern. Dagegen ist es durchaus üblich, in zeitlich gestreckten Abständen Zwischenberichte über den Fortgang der Arbeit zu fordern und zu erhalten.

▶ **Unternehmerisches Risiko**

Der Selbständige trägt das Unternehmerrisiko für seine berufliche Tätigkeit und seine Entwicklung selbst. Er ist daher nicht nur für eine pünktliche Fertigstellung des Auftrags verantwortlich, sondern hat auch eine verzögerte Herstellung oder Lieferung zu vertreten. Ein Selbständiger trägt das persönliche Risiko für seinen wirtschaftlichen Erfolg oder Misserfolg.

► **Unternehmerisches Auftreten am Markt**

Der Selbständige, der in größerem Umfang nur für einen Auftraggeber tätig wird, sollte – zur Vermeidung einer Sozialversicherungspflicht – verpflichtet werden, unternehmerisch am Markt aufzutreten. Das unternehmerische Auftreten kann z. B. durch Werbung geschehen.

► **Einsatz von Hilfskräften**

Kennzeichnend für einen Selbständigen ist es auch, dass er die vereinbarte Leistung nicht unbedingt selbst erbringen muss. Er kann sich zur Erfüllung des erteilten Auftrags auch Hilfspersonen bedienen.

► **Eigene Arbeitsmittel**

Ein Selbständiger benutzt sein eigenes Arbeitsgerät und beschafft die benötigten Arbeitsmittel selbst. Im Einzelfall kann es aber durchaus erforderlich sein, dass er vom Auftraggeber unbedingt notwendiges Arbeitsmittel erhält. Nimmt dies jedoch überhand, wird damit schon wieder der Anschein eines Arbeitsverhältnisses erweckt.

► **Vergütung**

Die Art der Vergütungsregelung sagt für sich allein nichts über den Status eines Selbständigen aus. Eine Fixvergütung kommt sowohl bei einem Selbständigen als auch in einem Arbeitsverhältnis vor. In den meisten Fällen wird die Vergütung für einen Selbständigen jedoch erfolgsabhängig ausgestaltet sein. Für das Vorliegen eines Vertrags mit einem Selbständigen sprechen z. B. folgende Vergütungsregelungen:

► Das Honorar bestimmt sich nach der tatsächlich erbrachten Leistung.

► Das Honorar bestimmt sich nach den tatsächlich geleisteten Arbeitsstunden.

► Das Honorar wird nach festen Gebührenvorschriften berechnet.

► Verbrauchtes Material wird in Rechnung gestellt.

► In den Rechnungen wird die Umsatzsteuer gesondert in Rechnung gestellt.

Außer den hier behandelten Punkten, die bei der Gestaltung eines Vertrags mit einem Alleinunternehmer auf jeden Fall beachtet werden sollten, können noch folgende Punkte ausdrücklich geregelt werden:

- Dauer des Vertrages
- Gegenstand des Vertrages (Beschreibungen des Auftrags)
- bei unbefristeter Zusammenarbeit:
  Möglichkeiten der Kündigung und Kündigungsfristen
- Ersatz von Aufwendungen (z. B. für Reisetätigkeiten und Übernachtungen)
- Verpflichtung zur Verschwiegenheit
- Folgen bei verspäteter Erfüllung des Auftrags

Kommt es zwischen dem Auftragnehmer und dem Auftraggeber zum Streit darüber, ob ein Arbeitsverhältnis oder Vertrag mit einem Selbständigen vorliegt, kann der Selbständige beim zuständigen Arbeitsgericht Statusklage erheben. Bei der Statusklage handelt es sich um eine Feststellungsklage, mit der festgestellt werden soll, ob die Arbeitnehmereigenschaft vorliegt. Kommt das Arbeitsgericht zum Ergebnis, dass ein Arbeitsverhältnis vorliegt, drohen dem Auftraggeber – der damit zum Arbeitgeber wird – folgende Konsequenzen:

- Das Vertragsverhältnis mit dem „Selbständigen" wird rückwirkend als Arbeitsverhältnis angesehen.

- Der Mitarbeiter fällt unter das Kündigungsschutzgesetz, sofern dieses auf den Betrieb – bei mehr als 5 Arbeitnehmern – Anwendung findet. Er kann also gegen eine Arbeitgeberkündigung mit einer Kündigungsschutzklage vorgehen.

- Der Mitarbeiter kann sich auch auf alle übrigen arbeitsrechtlichen Vorschriften (Bundesurlaubsgesetz, Entgeltfortzahlungsgesetz, Schwerbehindertengesetz usw.) berufen.

- Der Mitarbeiter kann verlangen, dass ihm alle Gratifikationen und sonstigen Leistungen, die die übrigen Mitarbeiter während der bisherigen Dauer des Vertrages erhalten haben, nachgezahlt werden.

- Der Arbeitgeber muss für die Vergangenheit Sozialversicherungsbeiträge an die Sozialversicherungsträger entrichten. Eine Erstattung der Arbeitnehmeranteile kommt nur in Betracht, wenn der Mitarbeiter noch beim nachzahlenden Auftraggeber beschäftigt ist. Ist dies nicht der Fall, muss das Unternehmen die Sozialversicherungsbeiträge in voller Höhe aus eigener Tasche bezahlen.

Teil C
Essentials des Arbeitsvertrags – von A–Z
lexikalisch aufbereitet
mit Musterformulierungen

Hinweis:

Die folgenden Ausführungen beschränken sich weitgehend auf die Auswirkungen des Stichwortes auf den Abschluss und Inhalt eines Arbeitsvertrags. Darüber hinausgehende Rechtsfolgen sind lediglich angedeutet, ihre ausführliche Darlegung würde aber den Umfang des Buches übersteigen.

Inhaltsverzeichnis

Essentials des Arbeitsvertrags – von A–Z

400-Euro-Job

Siehe: geringfügige Beschäftigung

Abrechnung

In dem zum 1. 1. 2003 neu eingeführten § 108 GewO, der den bis dahin gültigen § 134 Abs. 1 GewO a. F. ersetzt, werden die Pflichten des Arbeitgebers zur Erteilung einer ordnungsgemäßen Abrechnung festgeschrieben. Danach kann der Arbeitnehmer vom Arbeitgeber verlangen, dass ihm eine Abrechnung in Textform erteilt wird.

Nach § 126 b BGB bedeutet dies, dass die Abrechnung in einer Urkunde oder auf andere zur dauerhaften Wiedergabe in Schriftzeichen geeigneter Weise abgegeben werden muss. Außerdem muss die Person des Erklärenden genannt und der Abschluss der Erklärung durch Nachbildung der Namensunterschrift oder anders erkennbar gemacht werden.

 TIPP!

Die Abrechnung muss nicht eigenhändig unterzeichnet werden. Es genügt eine elektronisch erstellte Abrechnung mit maschinell erstellter Unterschrift.

Außerdem muss eine ordnungsgemäße Abrechnung nach § 108 GewO folgende Angaben enthalten:

► Angaben über den Abrechnungszeitraum

► Angaben über die Zusammensetzung des Arbeitsentgelts, insbesondere

   ► Art und Höhe der Zuschläge

   ► Zulagen

   ► Sonstige Vergütungen

   ► Art und Höhe der Abzüge

   ► Abschlagszahlungen

   ► Vorschüsse.

 TIPP!

Die Verpflichtung zur Erteilung einer Abrechnung entfällt, wenn sich gegenüber der letzten ordnungsgemäßen Abrechnung die Angaben nicht geändert haben.

 WICHTIG!

Die Abrechnung muss nicht bei Fälligkeit des Arbeitsentgelts erteilt werden, sie kann auch zeitnah nach dem Fälligkeitstermin für die Vergütung erteilt werden. Die Fälligkeit der Arbeitsvergütung ergibt sich entweder aus den Regelungen im Arbeitsvertrag, aus einem anzuwendenden Tarifvertrag oder aus § 614 BGB. Grundsätzlich ist die Vergütung nach Ablauf der zu erbringenden Leistungen fällig.

Abrufarbeit

Siehe auch Teilzeit

Bei Abrufarbeit handelt es sich um eine besondere Form einer Teilzeitbeschäftigung. Ihre Voraussetzungen sind in § 12 TzBfG geregelt.

TIPP!

Abrufarbeit muss immer ausdrücklich vereinbart werden. Die Vereinbarung muss dabei nicht unbedingt in einem schriftlichen Vertrag, sondern kann grundsätzlich auch mündlich erfolgen. In diesem Fall muss der Arbeitgeber die Vereinbarung aber in dem von ihm zu erstellenden Nachweis der Arbeitsbedingungen aufnehmen, z. B. mit folgender Formulierung:

Formulierungsvorschlag:

Arbeitgeber und Arbeitnehmer sind sich einig, dass der Arbeitnehmer seine Arbeitsleistung entsprechend dem Arbeitsanfall zu erbringen hat. Die tägliche Arbeitszeit beträgt mindestens 3, die wöchentliche Arbeitszeit mindestens 10 Stunden.

Haben Arbeitgeber und Arbeitnehmer keine ausdrückliche Vereinbarung zur Arbeitszeit getroffen, schreibt § 12 Abs. 1 TzBfG vor, dass der Arbeitgeber die Arbeitsleistung täglich für mindestens 3 Stunden und wöchentlich für mindestens 10 Stunden in Anspruch nehmen muss.

WICHTIG!

Der Arbeitgeber muss dem Arbeitnehmer – unabhängig von der vereinbarten täglichen Arbeitszeit – mindestens vier Tage im Voraus mitteilen, dass und in welchem Umfang er ihn beschäftigen will. Hält der Arbeitgeber diese Frist nicht ein, kann – muss aber nicht – der Arbeitnehmer die Arbeitsleistung zum gewünschten Termin verweigern. Erscheint der Arbeitnehmer zur gewünschten Zeit ist die Unterschreitung der Frist ohne Folgen.

ACHTUNG!

Tarifverträge können zur Abrufarbeit Regelungen enthalten, die von den gesetzlichen Regelungen – auch zuungunsten des Arbeitnehmers – abweichen. Findet auf das Arbeitsverhältnis ein Tarifvertrag Anwendung, ist zu prüfen, ob dieser Vorschriften für Abrufarbeit enthält.

Änderungskündigung

Siehe auch Kündigung

Eine Änderungskündigung ist eine Beendigungskündigung, die mit dem Angebot auf Fortsetzung des Arbeitsverhältnisses zu geänderten Arbeitsbedingungen verbunden ist. Geändert werden kann beispielsweise der Einsatzbereich, die Vergütung oder die Arbeitszeit. Die Änderungskündigung ist in der betrieblichen Praxis häufig anzutreffen, da der Arbeitgeber vor dem Ausspruch einer Beendigungskündigung immer zu prüfen hat, ob und inwieweit dem Arbeitnehmer eine für beide Parteien zumutbare Weiterbeschäftigung auf einem anderen, freien Arbeitsplatz zu geänderten Bedingungen angeboten werden kann. Grundsätzlich kann die Änderungskündigung in Form einer ordentlichen oder einer außerordentlichen Kündigung ausgesprochen werden. Je nach der gewählten Form müssen die oben beschriebenen Voraussetzungen beachtet werden.

Gegenüber Arbeitnehmern, die unter den Geltungsbereich des Kündigungsschutzgesetzes fallen, ist der Ausspruch einer ordentlichen Änderungskündigung nur zulässig, wenn die angestrebte Änderung aus

► personenbedingten Gründen,

► verhaltensbedingten Gründen,

► betriebsbedingten Gründen,

zulässig ist (§§ 1,2 KSchG). Der Arbeitgeber kann eine Änderungskündigung aussprechen als

► sofortige und unbedingte Kündigung des bestehenden Arbeitsverhältnisses, verbunden mit dem Angebot zum Abschluss eines neuen Arbeitsvertrages,

► Kündigung unter der auflösenden Bedingung, dass der Arbeitnehmer das Angebot zum Abschluss eines neuen Arbeitsvertrages annimmt. In diesem Fall wird mit der Annahme des Angebotes zeitgleich die Kündigung unwirksam.

► Kündigung, die zu der Entscheidung des Arbeitnehmers über das Vertragsangebot zeitlich versetzt wird. Dem Arbeitnehmer steht dann eine Überlegungsfrist zu. Nimmt er das Änderungsangebot innerhalb der Frist nur unter dem Vorbehalt an, dass eine Änderungskündigung sozial gerechtfertigt ist, muss der Arbeitgeber eine Änderungskündigung aussprechen. Lehnt der Arbeitnehmer das erklärte Änderungsangebot endgültig und vorbehaltlos ab, kann der Arbeitgeber sofort eine Beendigungskündigung aussprechen.

Die Arbeitsbedingungen, die geändert werden sollen, sind im Kündigungsschreiben genau zu bezeichnen. Außerdem ist vor dem Ausspruch der Änderungskündigung der Betriebsrat nach § 102 BetrVG anzuhören. Der Betriebsrat ist auch über ein der Kündigung vorhergehendes Änderungsangebot zu unterrichten.

Der Arbeitnehmer kann

► das Angebot ohne Vorbehalt annehmen. Es kommt damit zu einer einvernehmlichen Abänderung des bisherigen Arbeitsvertrages.

 TIPP!

In diesem Fall kann ggf. ein neuer Arbeitsvertrag mit den neuen Arbeitsbedingungen abgefasst werden. Auf jeden Fall sollte der Arbeitnehmer die Annahme des Änderungsangebots schriftlich bestätigen.

► spätestens innerhalb von drei Wochen nach Zugang der Kündigung nach § 2 KSchG das Angebot unter dem Vorbehalt annehmen, dass die Änderung der Arbeitsbedingungen sozial gerechtfertigt ist. In diesem Fall muss er innerhalb von 3 Wochen eine Änderungsschutzklage zur Überprüfung der sozialen Rechtfertigung erheben (§ 4 KSchG). Bis zur rechtskräftigen Entscheidung über die Wirksamkeit der Änderungskündigung muss der Arbeitnehmer zu den neuen Arbeitsbedingungen tätig werden.

Erklärt der Arbeitnehmer den Vorbehalt nicht fristgerecht, wird das Arbeitsverhältnis zu den geänderten Bedingungen fortgesetzt. Dies gilt auch, wenn der Arbeitnehmer trotz rechtzeitiger Erklärung des Vorbehaltes nicht innerhalb von drei Wochen nach Zugang der Kündigung Änderungsschutzklage erhebt. Nach § 7 KSchG erlischt in diesen Fällen der ausgesprochene Vorbehalt. Der Arbeitnehmer wird dann so behandelt, als hätte er das Angebot vorbehaltlos angenommen.

► das gemachte Angebot vorbehaltlos und endgültig ablehnen. Das Arbeitsverhältnis endet dann mit dem Ablauf der Kündigungsfrist. Der Arbeitnehmer kann jedoch innerhalb von 3 Wochen nach Zugang der Änderungskündigung Kündigungsschutzklage beim Arbeitsgericht einreichen.

Altersklausel

Das Erreichen einer bestimmten Altersgrenze und der damit in der Regel verbundene Anspruch auf den Bezug einer Rente wegen Alters aus der gesetzlichen Rentenversicherung ist in vielen Arbeitsverträgen als Grund für eine automatische Beendigung des Arbeitsverhältnisses vorgesehen. Eine derartige Vereinbarung kann statt im Arbeitsvertrag auch in Form einer Regelung in einer Betriebsvereinbarung oder in einem Tarifvertrag getroffen worden sein. In den meisten Fällen werden die Arbeitsverträge mit entsprechenden Altersklauseln – ebenso wie die Tarifverträge oder Betriebsvereinbarungen – zeitlich sehr lange vor dem Erreichen der festgelegten Altersgrenze des Arbeitnehmers abgeschlossen. Derartige Regelungen sind nach § 41 Abs. 4 SGB VI auch bei Eintritt des Rentenalters noch gültig, wenn die Beendigung des Arbeitsverhältnisses für die

► Beantragung einer Altersrente ab dem 65. Lebensjahr oder

► Vollendung des 65. Lebensjahrs vorgesehen ist.

 Formulierungsvorschlag:

Das Arbeitsverhältnis endet automatisch, ohne dass es hierzu einer Kündigung bedarf, mit dem Ablauf des Monats, in dem der Arbeitnehmer das 65. Lebensjahr vollendet hat. Der Arbeitnehmer ist am 00.00.00 geboren. Wegen des Erreichens der Altersgrenze endet das Arbeitsverhältnis daher automatisch mit Ablauf des 00.00.00.

In allen anderen Fällen bedarf eine Altersklausel einer Bestätigung durch den Arbeitnehmer drei Jahre vor der geplanten Beendigung des Arbeitsverhältnisses.

 WICHTIG!

Der Rentenanspruch eines Arbeitnehmers ist kein Grund für eine Kündigung durch den Arbeitgeber (§ 41 Satz 1 SGB VI). Andererseits muss auch der Arbeitnehmer kündigen, wenn er mit Rentenbeginn nicht mehr arbeiten will. Eine automatische Beendigung des Arbeitsverhältnisses mit Eintritt des Rentenalters gibt es nur bei Vereinbarung einer Altersklausel.

Kommt eine Alterklausel als Beendigungsgrund für das Arbeitsverhältnis zur Anwendung, wird dieses aber nur dann automatisch mit dem Erreichen dieser Altersgrenze beendet,

► wenn die Vereinbarung für den Fall der Vollendung des 65. Lebensjahres geschlossen wurde oder

► wenn die Vereinbarung für den Fall einer Rentengewährung vor Erreichen des 65. Lebensjahrs gelten soll und sie in den letzten drei Jahren geschlossen worden ist oder der Arbeitnehmer sie in den letzten drei Jahren bestätigt hat.

Zur Wahrung der Dreijahresfrist genügt es, wenn entsprechende Klauseln am letzten Tag vor der geplanten Beendigung des Arbeitsverhältnisses vom Arbeitnehmer bestätigt oder mit dem Arbeitnehmer neu vereinbart werden. Ist dies nicht der Fall, so gilt die Vereinbarung als auf das Erreichen des 65. Lebensjahrs abgeschlossen. Spätestens dann endet das Arbeitsverhältnis automatisch.

Für die betriebliche Praxis bringt dies mit sich, dass der Arbeitsvertrag eines wegen Alters ausscheidewilligen Arbeitnehmers geprüft werden muss, welche „Altersklausel" im Arbeitsvertrag, Tarifvertrag oder in der Betriebsvereinbarung enthalten ist. Gilt die Klausel für Fälle, in denen der Arbeitnehmer vor dem Erreichen des 65. Lebensjahrs wegen des Bezugs einer Altersrente ausscheiden soll, gibt es folgende Möglichkeiten:

▶ Der Arbeitnehmer bestätigt die „Altersklausel" innerhalb von drei Jahren vor seinem tatsächlichen Ausscheiden.

▶ Arbeitnehmer und Arbeitgeber schließen einen Aufhebungsvertrag zu dem Zeitpunkt, zu dem der Arbeitnehmer ausscheiden soll.

Weigert sich der Arbeitnehmer, die Klausel zu bestätigen, so bleiben dem Arbeitgeber folgende Alternativen:

▶ Abwarten, bis der Arbeitnehmer das 65. Lebensjahr erreicht hat

Das Arbeitsverhältnis endet dann automatisch.

▶ Abschluss eines Aufhebungsvertrags

In diesem Fall wird der Mitarbeiter versuchen, für sein Ausscheiden mit dem Eintritt des Rentenalters eine Abfindung zu erhalten.

▶ Kündigung des Arbeitsverhältnisses

In diesem Fall müssen dem Arbeitgeber jedoch Kündigungsgründe vorliegen. Das Erreichen einer bestimmten Altersgrenze allein und das mit dem Alter verbundene Absinken des Leistungsniveaus werden von der Rechtsprechung nicht als Kündigungsgrund im Sinne des Kündigungsschutzgesetzes anerkannt. Der Arbeitgeber muss in derartigen Fällen also personenbezogene Kündigungsgründe, wie z.B. häufige krankheitsbedingte Fehlzeiten, oder betriebsbezogene Kündigungsgründe, wie z. B. Auflösung des Betriebsteils aus betrieblichen Gründen, finden, um die Kündigung zu rechtfertigen. Zu beachten ist, dass das Erreichen der Altersgrenze und das damit verbundene Absinken des Leistungsniveaus auch bei Sozialauswahl nicht zuungunsten des älteren Arbeitnehmers gewertet werden darf (§ 41 Satz 1 SGB VI).

 TIPP!

Arbeitsverträge älterer Mitarbeiter mit Altersklausel können anhand folgender Checkliste überprüft werden:

☐ Im Vertrag befindet sich eine Klausel, die die Beendigung des Arbeitsverhältnisses für das Erreichen des **65. Lebensjahres** vorsieht.

☐ Ja

Arbeitsverhältnis endet automatisch gemäß der vertraglichen Vereinbarung, wenn der Mitarbeiter das 65. Lebensjahr vollendet. Eine Bestätigung dieser Altersklausel ist nicht erforderlich.

☐ Nein

Das Arbeitsverhältnis muss entweder durch eine Kündigung des Mitarbeiters oder Abschluss eines Aufhebungsvertrags beendet werden.

☐ Im Vertrag befindet sich eine Klausel, die die Beendigung des Arbeitsverhältnisses für eine **Altersrente unter 65 Jahren** vorsieht.

☐ Ja

Bestätigung der Klausel innerhalb von drei Jahren vor dem Erreichen der Altersgrenze nötig (falls Vertrag nicht erst drei Jahre vor dem Erreichen der Altersgrenze geschlossen wurde), wenn der Mitarbeiter vor Erreichen des 65. Lebensjahres ausscheiden soll.

☐ Nein

Soll der Mitarbeiter vor Vollendung des 65. Lebensjahrs ausscheiden, muss eine entsprechende Vereinbarung innerhalb von drei Jahren vor dem geplanten Ausscheiden wegen Rentenbezugs getroffen werden. Die Frist wird auch durch eine Vereinbarung am letzten Tag vor dem Ausscheiden gewahrt.

Will der Mitarbeiter ausscheiden, kann er fristgerecht kündigen oder mit dem Arbeitgeber einen Aufhebungsvertrag schließen.

☐ Bestätigung der Altersklausel (nur bei Ausscheiden mit Altersrente vor Vollendung des 65. Lebensjahres) nötig

☐ Bestätigung unterschreiben lassen mit der Folge der Beendigung des Arbeitsverhältnisses zum vereinbarten Termin des Rentenbeginns

☐ Arbeitnehmer verweigert Unterzeichnung einer entsprechenden Bestätigung:

falls Weiterbeschäftigung erwünscht: kein Handlungsbedarf

falls Weiterbeschäftigung nicht erwünscht:

► abwarten, bis Arbeitnehmer das 65. Lebensjahr vollendet hat

► Aufhebungsvertrag

► Kündigung (aber: Alter oder Rentenbezug allein sind kein Kündigungsgrund!)

Arbeitgeberpflichten

Beim Abschluss des Arbeitsvertrags

Der Arbeitgeber hat die Wahl, ob er einen Arbeitsvertrag mündlich oder schriftlich abschließen will. Nur in folgenden Fällen ist er zum Abschluss eines schriftlichen Arbeitsvertrags verpflichtet:

▶ Befristete Arbeitsverträge (§ 14 Abs. 4 TzBfG)

▶ Berufsausbildungsvertrag (§§ 4, 5 BBiG).

Schließt der Arbeitgeber keinen schriftlichen Arbeitsvertrag ist er nach § 2 NachwG verpflichtet, innerhalb eines Monats nach Beginn des Arbeitsverhältnisse einen Nachweis über die vereinbarten Arbeitsbedingungen zu erstellen. Zu den Einzelheiten siehe unter Stichwort „Nachweisgesetz"

Bei der Durchführung des Arbeitsverhältnisses

Ist ein Arbeitsvertrag zustande gekommen, richten sich die Pflichten des Arbeitgebers zum einen nach den getroffenen Vereinbarungen, zum anderen nach den – ggf. anwendbaren – tariflichen und gesetzlichen Regelungen. In § 611 BGB ist als Hauptpflicht für den Arbeitgeber die Zahlung der vereinbarten Vergütung geregelt. Darüber hinaus gehende Pflichten für die Durchführung des Arbeitsverhältnisses ergeben sich z. B. aus

▶ Bundesurlaubsgesetz
Pflicht zur Gewährung bezahlten Erholungsurlaubs

▶ § 611 a BGB
Verbot einer geschlechterbezogenen Benachteiligung

▶ § 611 b BGB
Pflicht zur geschlechtsneutralen Arbeitsplatzausschreibung

▶ § 618 BGB
Pflicht, Schutzmaßnahmen für Leben und Gesundheit des Arbeitnehmers bei der Arbeitsleistung zu treffen

▶ Mutterschutzgesetz
Pflicht zu Schutzmaßnahmen für Schwangere sowie zur bezahlten Freistellung während der Mutterschutzfristen

▶ Entgeltfortzahlungsgesetz
Pflicht zur Entgeltfortzahlung bei unverschuldeter krankheitsbedingter Arbeitsunfähigkeit für die Dauer der Arbeitsunfähigkeit, längstens 6 Wochen.

Darüber hinaus hat der Arbeitgeber eine Reihe von – gesetzlich nicht normierten – Nebenpflichten, die allgemein unter dem Begriff Fürsorgepflichten zusammengefasst werden. Eine Fürsorgepflicht ist z. B. der Schutz der Persönlichkeitsrechte des Arbeitnehmers oder die generelle Pflicht, Leben und Gesundheit des Arbeitnehmers zu schützen.

Arbeitnehmererfindung

Patent- oder gebrauchmusterfähige Erfindungen oder technische Verbesserungen, die

▸ aus der dem Arbeitnehmer im Betrieb obliegenden Tätigkeit entstanden sind oder

▸ maßgeblich auf Erfahrungen oder Arbeiten des Betriebs beruhen

sind durch das Arbeitnehmererfindungsgesetz (ArbNErfG) erfasst. Dieses regelt neben Meldepflichten auch die Rechte der Inanspruchnahme durch den Arbeitgeber sowie den Vergütungsanspruch des Arbeitnehmers für eine unbeschränkte oder beschränkte Inanspruchnahme.

 WICHTIG!

Die Vorschriften des ArbNErfG können nicht im Voraus zu Ungunsten des Arbeitnehmers abbedungen werden (§ 22 ArbNErfG). Nach der Meldung bzw. Mitteilung von Erfindungen und Verbesserungsvorschlägen können nach § 22 Absatz 2 ArbNErfG jedoch von den gesetzlichen Regelungen abweichende Vereinbarungen getroffen werden.

Ein Arbeitnehmer, der eine Diensterfindung gemacht hat, ist verpflichtet, diese unverzüglich dem Arbeitgeber schriftlich zu melden. In der Meldung ist die technische Aufgabe, ihre Lösung sowie das Zustandekommen der Diensterfindung zu beschreiben, ggf. sind Aufzeichnungen beizufügen (§ 5 ArbNErfG). Nach der Meldung muss der Arbeitgeber schriftlich erklären, ob und in welchem Umfang er die Erfindung in Anspruch nehmen will. Mit der entsprechenden Äußerung erwirbt der Arbeitgeber die wirtschaftlichen Verwertungs- und Nutzungsrechte in beschränktem oder unbeschränktem Umfang (§ 7 ArbNErfG). Das Recht auf die Erfinderbenennung verbleibt beim Arbeitnehmer. Außerdem erwirbt er in beiden Fällen einen Vergütungsanspruch gegenüber dem Arbeitgeber (§§ 9, 10 ArbNErfG): Die zu zahlende Vergütung soll durch eine Vereinbarung zwischen Arbeitgeber und Arbeitnehmer festgelegt werden.

TIPP!

Die Höhe der Vergütung bestimmt sich u. a. nach der wirtschaftlichen Verwertbarkeit der Diensterfindung, den Aufgaben und der Stellung des Arbeitnehmers im Betrieb sowie dessen Anteil am Zustandekommen der Diensterfindung. Über den durch die Erfindung erzielten Umsatz muss der Arbeitgeber dem Arbeitnehmer Auskunft geben.

ACHTUNG!

Der Arbeitgeber hat die Erfindung nach §§ 13, 14 ArbNErfG bei den zuständigen Behörden grundsätzlich anzumelden. Nur unter besonderen Umständen kann eine Anmeldung unterbleiben.

TIPP!

Im Arbeitsvertrag kann bei Arbeitnehmern, deren Tätigkeit die Chance einer gebrauchsmuster- oder patentfähigen Diensterfindung mit sich bringt, ein Hinweis aufgenommen werden, dass in diesem Fall das ArbNErfG Anwendung findet. Gibt es eine Betriebsvereinbarung, die Einzelheiten zu Arbeitnehmererfindungen regelt, oder ein entsprechendes Merkblatt über die Rechte und Pflichten eines Arbeitnehmers nach dem ArbNErfG, so kann hierauf ebenfalls verwiesen werden. Weitere Vereinbarungen sollten später – zugeschnitten auf die konkrete Erfindung – getroffen werden.

Formulierungsvorschlag:

Für die Behandlung von Diensterfindungen gelten die Vorschriften des Gesetzes über Arbeitnehmererfindungen vom 30. 7. 1957 sowie die hierzu ergangenen „Richtlinien für die Vergütung von Arbeitnehmererfindungen im privaten Dienst" vom 20. 7. 1959, bezüglich etwaiger Verbesserungsvorschläge die Betriebsvereinbarungen vom 00. 00. 00 und die einschlägigen steuerrechtlichen Regelungen.

Arbeitnehmerpflichten

Vor Arbeitsvertragsschluss

Während des Einstellungsverfahrens ist der Bewerber verpflichtet, zulässige Fragen des Arbeitgebers wahrheitsgemäß zu beantworten. Wahrheitswidrig beantwortete Fragen berechtigen den Arbeitgeber, einen bereits geschlossenen Arbeitsvertrag wegen arglistiger Täuschung anzufechten.

Nach Arbeitsvertragsschluss

Die wichtigste Arbeitnehmerpflicht ist die Pflicht, die versprochenen Dienste zu leisten. Sie ist in § 611 BGB normiert. Darüber hinaus ergeben sich die Arbeitnehmerpflichten aus den vertraglichen Regelungen, einem anzuwendenden Tarifvertrag und den gesetzlichen Regelungen. Den meisten Arbeitgeberpflichten stehen auch entsprechende Arbeitnehmerpflichten gegenüber, die der Arbeitnehmer erfüllen muss, um seine Ansprüche berechtigterweise geltend machen zu können.

Neben den Hauptpflichten obliegen dem Arbeitnehmer Nebenpflichten, die unter dem Oberbegriff Treuepflichten zusammengefasst werden. Diese können teilweise arbeitsvertraglich geregelt werden, teilweise ergeben sie sich aus dem Gesetz. Eine der wichtigsten Treuepflichten des Arbeitnehmers besteht darin, sich während und außerhalb der Arbeitszeit so zu verhalten, dass dem Arbeitgeber kein Schaden zugefügt wird (Loyalitätspflicht).

Weitere gesetzliche Arbeitnehmerpflichten ergeben sich z. B. aus

► Entgeltfortzahlungsgesetz

Pflicht, eine krankheitsbedingte Arbeitsunfähigkeit unverzüglich anzuzeigen und auch nachzuweisen.

► Bundesurlaubsgesetz

Verbot, während des Urlaubs einer entgeltlichen Beschäftigung nachzugehen, die dem Erholungszweck schadet.

Arbeitsbeginn

Der Begriff kann im Arbeitsvertrag in zweierlei Hinsicht verwendet werden:

1. als Bezeichnung für den rechtlichen Beginn des Arbeitsverhältnisses

 Formulierungsbeispiel:

Das Arbeitsverhältnis beginnt am 00. 00. 00.

Der rechtliche und der tatsächliche Beginn eines Arbeitsverhältnisses könne dabei auseinander fallen. Dies geschieht bewusst, wenn z. B. als Arbeitsbeginn der Monatserste gewählt, an diesem Tag aber im Betrieb nicht gearbeitet wird. In diesem Fall ist der rechtliche Arbeitsbeginn der Monatserste, der tatsächliche Arbeitsbeginn der auf diesen folgende erste reguläre betriebsübliche Arbeitstag.

Unbeabsichtigt fallen rechtlicher und tatsächlicher Arbeitsbeginn auseinander, wenn der Arbeitnehmer wegen krankheitsbedingter Arbeitsunfähigkeit die Tätigkeit nicht zum vereinbarten Termin aufnehmen kann.

 WICHTIG!

Über diesen Punkt muss im Arbeitsvertrag unbedingt eine Vereinbarung getroffen werden (vgl. § 2 NachwG).

2. als Festlegung des Beginns der täglichen Arbeitszeit.

 Formulierungsbeispiel:

Der Mitarbeiter arbeitet täglich von 8:00 Uhr (Arbeitsbeginn) bis 13:00 Uhr (Arbeitsende) unter Berücksichtigung einer Pause von 30 Minuten.

Ist der Arbeitsbeginn für einzelne Arbeitstage im Arbeitsvertrag ausdrücklich festgelegt, kann hiervon nur durch eine einvernehmliche Arbeitsvertragsänderung oder durch eine Änderungskündigung abgewichen werden.

 WICHTIG!

Der tägliche Arbeitsbeginn muss im Arbeitsvertrag nicht geregelt werden. Es genügt eine Vereinbarung zur Arbeitszeit allgemein (siehe dort).

Arbeitsentgelt

Siehe Entgelt

Arbeitsentgelt/Fälligkeit

Siehe Entgelt

Arbeitsplatzteilung

Siehe Jobsharing

Arbeitsvertrag

Im Arbeitsrecht gilt der Grundsatz der Vertragsfreiheit. Dies ist in § 105 GewO n. F. für alle Arbeitsverhältnisse deutlich gemacht. Danach können Arbeitgeber und Arbeitnehmer Abschluss, Inhalt und Form des Arbeitsvertrags frei vereinbaren, soweit nicht zwingende gesetzliche Vorschriften, Bestimmungen eines anwendbaren Tarifvertrags oder einer Betriebsvereinbarung entgegenstehen. Die Verpflichtung des Arbeitgebers dem Arbeitnehmer nach § 2 NachwG einen Nachweis über die Arbeitsbedingungen ausstellen oder bei einem schriftlichen Arbeitsvertrag einen Mindestinhalt aufnehmen zu müssen, bleibt hiervon unberührt (§ 105 Satz 1 GewO).

WICHTIG!

Die Einzelheiten des Arbeitsvertrags müssen ausgehandelt werden. Beide Seiten sind nach unten durch tarifvertragliche oder gesetzliche Bestimmungen gebunden, nach oben aber in ihrer Entscheidungsfreiheit nicht beschränkt. D. h. über tarifliche oder gesetzliche Bestimmungen hinausgehende, für den Arbeitnehmer günstige Regelungen können jederzeit und völlig frei ausgehandelt werden.

Beispiel:

Tarifvertraglich steht dem Arbeitnehmer eine Vergütung von 3000 € brutto zu. In den Arbeitsvertragsverhandlungen kommen Arbeitgeber und Arbeitnehmer überein, dass zusätzlich eine Prämie von jährlich weiteren 3000 € gezahlt wird. Diese Vereinbarung ist gültig und zur Vermeidung von Streitigkeiten am besten in einem schriftlichen Arbeitsvertrag festzuhalten.

 ACHTUNG!

Wird der Arbeitsvertrag nur mündlich geschlossen, ist er rechtswirksam. Der Arbeitgeber muss dann allerdings einen Nachweis über die vereinbarten Arbeitsbedingungen ausstellen.

Arbeitszeit

Als Arbeitszeit wird die gesamte Zeitspanne bezeichnet, in der der Arbeitnehmer dem Arbeitgeber seine Arbeitskraft zur Verfügung stellen muss, auch wenn er nicht arbeitet. § 2 Abs. 1 ArbZG definiert Arbeitszeit als die Zeit vom Beginn bis zum Ende der Arbeit ohne die Ruhepausen.

 WICHTIG!

Arbeitszeiten bei mehreren Arbeitgebern sind nach § 2 Abs. 1 ArbZG zusammenzurechnen. Diese Vorschrift wird z. B. dann relevant, wenn der Arbeitnehmer eine weitere entgeltliche Nebenbeschäftigung oder mehrere Teilzeitbeschäftigungen nebeneinander ausübt.

Welche Arbeitszeit der Arbeitnehmer erbringen muss, wird im Arbeitsvertrag geregelt. Dort kann entweder der Umfang und die Verteilung der Arbeitszeit detailliert geregelt oder auf einen Tarifvertrag oder eine Betriebsvereinbarung verwiesen werden, aus denen sich die Arbeitszeit ergibt.

 Formulierungsbeispiel:

Die Arbeitszeit beträgt 00 Stunden wöchentlich. Ihre Lage richtet sich nach den betrieblichen Regelungen.

oder

Die Arbeitszeit beträgt 20 Stunden wöchentlich. Sie verteilt sich gleichmäßig auf die Arbeitstage Montag bis Donnerstag.

oder

Die regelmäßige wöchentliche Arbeitszeit ergibt sich aus dem Tarifvertrag der ...-Branche. Sie beträgt zur Zeit 00 Stunden wöchentlich. Im Rahmen der bestehenden betrieblichen Gleitzeitordnung, die in ihrer jeweils gültigen Fassung Bestandteil des Arbeitsvertrags wird, kann der Mitarbeiter Arbeitsbeginn und -ende selbst bestimmen.

ACHTUNG!

Sind Arbeitsbeginn und -ende im Arbeitsvertrag eindeutig festgelegt, kann hiervon nur durch eine einvernehmliche Änderung des Arbeitsvertrags oder eine Änderungskündigung des Arbeitgebers abgewichen werden. Eine einseitige Änderung der Arbeitszeiten durch den Arbeitgeber im Rahmen des Direktionsrechts ist dann nicht möglich.

TIPP!

Nach § 7 NachwG muss nur die vereinbarte Arbeitszeit, nicht jedoch deren Verteilung angegeben werden.

Die Grenzen der erlaubten Arbeitszeit ergeben sich aus § 3 ArbZG. Danach darf die werktägliche Arbeitszeit 8 Stunden nicht überschreiten. Wenn innerhalb von 6 Kalendermonaten oder innerhalb von 24 Wochen im Durchschnitt 8 Stunden werktäglich nicht überschritten werden, kann die tägliche Arbeitszeit auf bis zu 10 Stunden verlängert werden.

WICHTIG!

Das Arbeitszeitgesetz legt eine 6-Tage-Woche mit den Werktagen Montag bis Samstag zugrunde. Die zulässige wöchentliche Höchstarbeitszeit beträgt daher insgesamt 48 Stunden. Wird diese Grenze nicht überschritten, ist ein Freizeitausgleich nicht notwendig. D. h. in einer 5-Tage-Woche können in den Grenzen des ArbZG täglich bis zu 9,6 Stunden gearbeitet werden, ohne dass ausgleichspflichtige Mehrarbeit angefallen ist.

Beispiel:

Tatsächlich gearbeitete Zeit:		
4 Wochen mit 5 Arbeitstagen zu 9,6 Stunden	*=*	*192 Stunden*
Im Durchschnitt in diesem Zeitraum werktäglich gearbeitete Zeit:		
192 Stunden : (6 Werktage x 4 Wochen)	*=*	*8 Stunden täglich.*

Arbeitszeitreduzierung/-verkürzung

Hier ist zwischen einer individuellen und einer kollektiv-rechtlichen Arbeitszeitverkürzung zu unterscheiden. Bei einer kollektiv-rechtlichen Arbeitszeitverkürzung soll die betriebübliche Arbeitszeit für alle Arbeitnehmer verkürzt werden. Sie liegt z. B. vor bei der Einführung von Kurzarbeit. Besteht im Betrieb ein Betriebsrat, hat dieser bei kollektiv-rechtlichen Arbeitszeitverkürzungen ein Mitspracherecht nach § 87 Abs. 1 BetrVG.

Zu einer für alle Arbeitnehmer geltenden Arbeitszeitverkürzung kann es auch dann kommen, wenn die Arbeitszeit sich nach einem Tarifvertrag richtet und durch dessen Regelungen die Arbeitszeit reduziert wird. In diesen Fällen enthält der einzelne Arbeitsvertrag meist hinsichtlich der Arbeitszeit einen Verweis auf den anzuwendenden Tarifvertrag. Wird durch diesen die Arbeitszeit verkürzt, findet die Neuregelung auch ohne eine Änderung des Arbeitsvertrags Anwendung.

Eine individuelle Arbeitszeitverkürzung liegt vor, wenn ein bestimmter Mitarbeiter für sich allein eine Verringerung der vertraglich vereinbarten Arbeitszeit verlangt oder der Arbeitgeber eine solche erreichen will, z. B. weil die Arbeit für einen bestimmten Mitarbeiter nachgelassen hat. Bei einer individuellen Arbeitszeitverkürzung hat ein vorhandener Betriebsrat kein Mitspracherecht.

 WICHTIG!

Individualrechtliche Arbeitszeitverkürzungen müssen ausdrücklich vereinbart werden. Einseitig kann jede Vertragspartei eine Arbeitszeitverkürzung nur im Wege der Änderungskündigung durchsetzen.

Grundsätzlich muss der Arbeitgeber dem Wunsch eines Mitarbeiters zu einer Arbeitszeitverkürzung nur im Rahmen des TzBfG entsprechen. Nach § 8 TzBfG kann ein Arbeitnehmer, der länger als 6 Monate in einem Betrieb mit mehr als 15 Arbeitnehmern beschäftigt ist, eine Reduzierung seiner vertraglich vereinbarten Arbeitszeit verlangen. Liegen die Voraussetzungen des TzBfG nicht vor, kann der Arbeitgeber die Zustimmung zu einer Arbeitszeitverkürzung verweigern. Näheres hierzu siehe unter „Teilzeitanspruch".

 Formulierungsvorschlag für Arbeitsvertragsänderung:

Die im Arbeitsvertrag vom 00. 00. 00 vereinbarte Arbeitszeit wird auf Wunsch des Mitarbeiters/der Mitarbeiterin von 00 Stunden wöchentlich ab dem 00. 00. 00 auf 00 Stunden wöchentlich reduziert. Die vereinbarte Vergütung verringert sich entsprechend der Arbeitszeitverkürzung. Der Mitarbeiter/Die Mitarbeiterin erhält deswegen ab 00. 00. 00 eine monatliche Bruttovergütung in Höhe von 0000,00 €. Im Übrigen bleibt der Arbeitsvertrag vom 00. 00. 00 unverändert gültig.

Arbeitszeitverlängerung

Hier ist zu unterscheiden zwischen:

► tarifvertraglicher Verlängerung der Arbeitszeit

  Findet der Tarifvertrag kraft Tarifgebundenheit, Allgemeinverbindlichkeit oder einzelvertraglicher Inbezugnahme Anwendung, richtet sich die zu erbringende Arbeitszeit nach dessen Vorschriften. Verlängern die Tarifvertragsparteien die tarifliche Arbeitszeit, gilt die längere Arbeitszeit ab ihrem In-Kraft-Treten für alle Arbeitnehmer, ohne dass hierzu eine Änderung des Arbeitsvertrags erforderlich wäre.

► kollektiv-rechtlicher Arbeitszeitverlängerung

Soll die betriebsübliche Arbeitszeit auf Dauer oder vorübergehend – durch Überstunden – verlängert werden, hat der Betriebsrat nach § 87 Abs. 1 BetrVG ein Mitspracherecht. Mit Zustimmung des Betriebsrats kann die Arbeitszeit für alle Arbeitnehmer oder für Teile davon verlängert werden.

► individueller Arbeitszeitverlängerung

durch Anordnung von Überstunden oder die Ausschöpfung eines Gleitzeitrahmens zum Aufbau eines Zeitguthabens oder die Aufstockung von einer Teilzeit- auf eine Vollzeitbeschäftigung.

In den ersten beiden Fällen ist keine Änderung des Arbeitsvertrags notwendig. Soll jedoch die ursprünglich vereinbarte Arbeitszeit verlängert werden, muss dies ausdrücklich vereinbart oder im Wege einer Änderungskündigung durchgesetzt werden.

WICHTIG!

In jedem Fall sind die Höchstgrenzen des Arbeitszeitgesetzes zu beachten!

Formulierungsvorschlag für Arbeitsvertragsänderung:

Die im Arbeitsvertrag vom 00. 00. 00 vereinbarte Arbeitszeit wird auf Wunsch des Mitarbeiters/der Mitarbeiterin von 00 Stunden wöchentlich ab dem 00. 00. 00 auf 00 Stunden wöchentlich erhöht. Die vereinbarte Vergütung erhöht sich entsprechend der Arbeitszeitverlängerung. Der Mitarbeiter/Die Mitarbeiterin erhält deswegen ab 00. 00. 00 eine monatliche Bruttovergütung in Höhe von 0000,00 €. Im Übrigen bleibt der Arbeitsvertrag vom 00. 00. 00 unverändert gültig.

Aufgabenbereich

Siehe Tätigkeitsbeschreibung

Aushang

Der Arbeitgeber ist aufgrund zahlreicher gesetzlicher Vorschriften verpflichtet, die jeweils gültigen gesetzlichen und tarifvertraglichen Bestimmungen auszuhängen oder zur Einsichtnahme auszulegen.

Vor diesem Hintergrund kann in den Arbeitsvertrag ein Hinweis aufgenommen werden, an welchem Ort der Aushang erfolgt. Dadurch ist im Streitfall nicht argumentierbar, der Arbeitnehmer habe die anzuwendenden Vorschriften nicht einsehen können.

 Formulierungsvorschlag:

Die auf das Arbeitsverhältnis anzuwendenden tarifvertraglichen Regelungen in ihrer jeweils gültigen Fassung sind in der Personalabteilung zur Einsichtnahme ausgelegt. Dort befindet sich auch der Aushang der aushangpflichtigen Gesetze und Verordnungen.

Aushilfen

Aushilfen können beschäftigt werden im Rahmen

► einer dauerhaften Teilzeitbeschäftigung

Beispiel:

Der Arbeitnehmer arbeitet jeden Monat immer an den letzten beiden Arbeitstagen sowie an den ersten beiden Tagen des Folgemonats in der Personalabteilung, damit die Vergütungsabrechnung termingerecht fertig gestellt werden können.

► einer dauerhaften Teilzeitbeschäftigung als geringfügig entlohnte Beschäftigung nach § 8 SGB VI

Beispiel:

In einem Kaufhaus wird der Arbeitnehmer 8 Stunden wöchentlich am Tag der Warenanlieferung zum Auspacken beschäftigt. Die Entlohnung soll sich nach § 8 SGB VI richten.

► einer kurzfristigen Beschäftigung im Sinne von § 8 SGB VI

Beispiel:

Für die Dauer der Inventur sowie notwendiger Jahresabschlussarbeiten wird von Mitte Dezember bis Ende Januar ein Arbeitnehmer eingestellt. Die übrige Zeit des Jahres arbeitet der Arbeitnehmer nicht, weshalb bei der Sozialversicherungspflicht § 8 SGB VI angewendet werden kann.

► eines befristeten Arbeitsvertrags

Beispiel:

Für einen Großauftrag wird ein Arbeitnehmer für die Dauer von 12 Monaten eingestellt.

Allen Ausgestaltungsformen ist gemeinsam, dass die Aushilfe ihre Arbeitsleistung für einen vorübergehend erhöhten Arbeitsanfall im Unternehmen zur Verfügung stellt. Je nach vertraglicher Ausgestaltung ist ein Teilzeitarbeitsvertrag oder ein befristeter Arbeitsvertrag abzuschließen oder es sind die vereinbarten Arbeitsbedingungen nachzuweisen.

ACHTUNG!

Wird die Aushilfe weniger als einen Monat beschäftigt, muss kein Nachweis über die Arbeitsbedingungen ausgehändigt werden (§ 1 NachwG).

 WICHTIG!

Auch auf Aushilfsarbeitsverhältnisse finden grundsätzlich alle arbeitsrechtlichen Vorschriften
Anwendung.

Auslagenersatz

Hat der Arbeitnehmer Aufwendungen, um einen Auftrag des Arbeitgebers
zu erledigen, so steht ihm nach § 670 BGB ein Anspruch auf Auslagenersatz zu. Der häufigste Anwendungsfall hierfür sind im Auftrag des Arbeitgebers unternommene Dienstreisen (siehe dort). Aber auch wenn der
Arbeitnehmer im Auftrag oder mit Duldung des Arbeitgebers z. B. ein
Fachbuch kauft, kann er Ersatz seiner Aufwendungen verlangen.

Da sich der Anspruch auf Auslagenersatz unmittelbar aus dem Gesetz
herleiten lässt, kann auf ausführliche Regelungen im Arbeitsvertrag verzichtet werden, wenn nicht betriebliche Notwendigkeiten es erforderlich
machen, Einzelheiten im Arbeitsvertrag festzulegen. Eine derartige Not-
wendigkeit kann sich für Dienstreisen ergeben, sofern im Unternehmen
keine allgemein gültigen Regelungen hierfür abgefasst oder mit dem
Betriebsrat vereinbart wurden.

 Formulierungsvorschlag:

*Hat der Arbeitnehmer mit Einverständnis des Arbeitgebers zur Erfüllung seiner Tätigkeit Auf-
wendungen aus eigenen Mitteln bestritten, hat er Anspruch auf Auslagenersatz im Rahmen
des § 670 BGB.*

Ausschlussfristen

sind Fristen für die Geltendmachung von Rechten. Sie werden auch Ver-
fall- oder Verwirkungsfristen genannt.

Bei Nichteinhaltung der Ausschlussfristen erlischt der Rechtsanspruch
ohne Rücksicht darauf, ob Arbeitnehmer oder Arbeitgeber Kenntnis von
den Ausschlussfristen und ihren Folgen hatten. Macht der Anspruchsinha-
ber sein Recht nicht bis zum Ablauf der Ausschlussfrist – in der hierfür
durch vertragliche Vereinbarung vorgesehenen Form – geltend, kann sich
der Anspruchsgegner bei verspäteter Geltendmachung auf den Verfall des
Rechts berufen.

Für tarifvertragliche Rechte können Verfallfristen nur durch Tarifvertrag vereinbart werden. Für Rechte aus Betriebsvereinbarungen können Verfallfristen in den Betriebsvereinbarungen vorgesehen werden. Für alle anderen Rechte kann einzelvertraglich eine Verfallfrist/Ausschlussfrist vereinbart werden.

In Gerichtsverfahren sind Ausschlussfristen von Amts wegen zu berücksichtigen.

Befristete Arbeitsverhältnisse

Siehe Befristung

Befristung

Das „Gesetz über Teilzeitarbeit und befristete Arbeitsverträge" (TzBfG) bildet die alleinige Rechtsgrundlage zum Abschluss befristeter Arbeitsverträge (§ 620 Abs. 3 BGB). Nach § 14 Abs. 1 TzBfG ist die Befristung eines Arbeitsverhältnisses nur erlaubt, wenn sie durch einen sachlichen Grund gerechtfertigt ist. Danach gelten als sachliche Gründe insbesondere:

▶ vorübergehend erhöhter betrieblicher Bedarf an Arbeitsleistung

▶ Befristung im Anschluss an eine Ausbildung oder ein Studium, um den Übergang des Arbeitnehmers in eine Anschlussbeschäftigung zu erleichtern

▶ Vertretung eines anderen Arbeitnehmers

▶ Eigenart der Arbeitsleitung

▶ Erprobung

▶ Gründe in der Person des Arbeitnehmers

▶ Vergütung erfolgt aus Mitteln, die haushaltsrechtlich für eine befristete Beschäftigung bestimmt sind, und der Arbeitnehmer wird entsprechend beschäftigt

▶ gerichtlicher Vergleich über die Befristung.

Außerhalb dieser Zulässigkeitsvoraussetzungen ist der Abschluss eines befristeten Arbeitsvertrags nur zulässig, wenn:

▶ es sich um eine Neueinstellung handelt.

Nach § 14 Abs. 2 TzBfG darf ein befristeter Arbeitsvertrag ohne sachlichen Grund abgeschlossen werden, wenn vorher zu demselben Arbeitgeber kein befristetes oder unbefristetes Arbeitsverhältnis bestanden hat und die Befristung oder ihre höchstens dreimalige Verlängerung die Gesamtdauer von 2 Jahren nicht überschreitet.

oder

► der befristet eingestellte Arbeitnehmer bei Beginn des befristeten Arbeitsverhältnisses das 52. Lebensjahr vollendet hat. In diesem Fall darf die Dauer der Befristung auch mehr als 2 Jahre betragen. Weitere Voraussetzung ist aber, dass zu einem vorhergehenden unbefristeten Arbeitsvertrag mit demselben Arbeitgeber kein enger sachlicher Zusammenhang besteht. Ein solcher liegt vor, wenn zwischen dem unbefristeten Arbeitsvertrag und dem befristeten Arbeitsvertrag weniger als 6 Monate liegen.

 WICHTIG!

Liegt keine Neueinstellung oder Einstellung eines Arbeitnehmers über 52 Jahren vor, so können Arbeitgeber und Arbeitnehmer einen rechtsgültigen befristeten Arbeitsvertrag nur bei Vorliegen eines sachlichen Grundes abschließen. Welche sachlichen Gründe den Abschluss eines befristeten Arbeitsvertrags rechtfertigen können, wurde bereits oben dargelegt. Es handelt sich dabei in § 14 Abs. 1 TzBfG nicht um eine abschließende Aufzählung, d. h. andere sachlichen Gründe können – je nach den Umständen des konkreten Einzelfalles – auch eine Befristung rechtfertigen.

Ob ein sachlicher Grund für die Befristung vorliegt, kann gerichtlich überprüft werden und zwar dann, wenn der Arbeitnehmer sich – spätestens nach Ablauf der vereinbarten Befristung – darauf beruft, dass die Befristung unwirksam sei und eine entsprechende Klage beim Arbeitsgericht einreicht. Kommt das Gericht zum Ergebnis, ein sachlicher Grund liegt nicht vor, ist die vereinbarte Befristung unzulässig. Anstelle des unzulässigen befristeten Arbeitsverhältnisses tritt dann ein unbefristetes Arbeitsverhältnis (§ 16 TzBfG). Das Arbeitsverhältnis endet also nicht mehr mit Ablauf der eigentlich vereinbarten Befristung automatisch. Es kann nur durch eine Kündigung, die nach dem Kündigungsschutzgesetz sozial gerechtfertigt sein und unter Einhaltung der in §§ 15, 16 TzBfG geregelten Kündigungsfristen ausgesprochen sein muss, oder den Abschluss eines Aufhebungsvertrags beendet werden.

 ACHTUNG!

Die Befristung eines Arbeitsverhältnisses bedarf immer der Schriftform (§ 14 Absatz 4 TzBfG), um rechtswirksam zu sein. Eine unwirksame Befristung führt zu einem unbefristeten Arbeitsverhältnis (§ 16 TzBfG). Den Inhalt des schriftlichen befristeten Arbeitsvertrags können Arbeitgeber und Arbeitnehmer grundsätzlich frei aushandeln. Zwingend notwendige Vertragsbestandteile ergeben sich dabei jedoch aus den Vorschriften des Nachweisgesetzes.

Nach § 22 TzBfG kann die Regelung über die stillschweigende Verlängerung des Arbeitsverhältnisses nicht vertraglich ausgeschlossen werden, da eine entsprechende Ausschlussregelung eine Abweichung von der gesetzlichen Regelung zuungunsten des Arbeitnehmers wäre.

Bei der Durchführung des befristeten Arbeitsverhältnisses muss der Arbeitgeber Folgendes beachten:

► Diskriminierungsverbot

In § 4 Abs. 2 TzBfG ist ein gesetzliches Diskriminierungsverbot aufgenommen worden. Danach darf ein befristet beschäftigter Arbeitnehmer nicht schlechter behandelt werden als ein vergleichbarer unbefristet beschäftigter Arbeitnehmer, es sei denn, dass sachliche Gründe eine Ungleichbehandlung rechtfertigen. Das Gesetz stellt nunmehr klar, dass einem befristet beschäftigten Arbeitnehmer das Arbeitsentgelt oder eine andere teilbare geldwerte Leistung, die für einen bestimmten Bemessungszeitraum gewährt wird, mindestens in dem Umfang zu gewähren ist, der dem Anteil seiner Beschäftigungsdauer am Bemessungszeitraum entspricht.

Falls bestimmte Beschäftigungsbedingungen von der Dauer des Bestehens des Arbeitsverhältnisses in demselben Betrieb oder Unternehmen abhängig sind, so sind für befristet beschäftigte Arbeitnehmer dieselben Zeiten zu berücksichtigen wie für unbefristet eingestellte Arbeitnehmer, es sei denn, dass für eine unterschiedliche Behandlung sachliche Gründe bestehen.

► Benachteiligungsverbot

Beruft sich ein befristet eingestellter Mitarbeiter auf seine Rechte aus dem Gesetz über Teilzeitarbeit und befristete Arbeitsverträge, so darf er deswegen nicht benachteiligt werden (§ 5 TzBfG).

► Aus- und Weiterbildungspflichten

§ 19 TzBfG normiert besondere Aus- und Weiterbildungspflichten des Arbeitgebers für befristet eingestellte Arbeitnehmer. Danach hat der Arbeitgeber dafür Sorge zu tragen, dass auch befristet eingestellte Arbeitnehmer an angemessenen Aus- und Weiterbildungsmaßnahmen zur Förderung der beruflichen Entwicklung und Mobilität teilnehmen können. Die Teilnahme an entsprechenden Aus- und Weiterbildungsangeboten kann befristet eingestellten Arbeitnehmern insbesondere dann verwehrt werden, wenn dringende betriebliche Gründe oder Aus- und Weiterbildungswünsche anderer Arbeitnehmer entgegenstehen.

► Informationspflicht über Dauerarbeitsplätze

Nach § 18 TzBfG ist der Arbeitgeber verpflichtet, befristet eingestellte Arbeitnehmer über entsprechende unbefristete Arbeitsplätze zu informieren, die besetzt werden sollen. Die Information kann durch eine allgemeine Bekanntgabe an geeigneter, den Arbeitnehmern zugänglicher Stelle im Betrieb oder Unternehmen erfolgen, z. B. am schwarzen Brett des Betriebs oder in der Mitarbeiterzeitung.

 WICHTIG!

Auf befristete Arbeitsverhältnisse finden neben den Vorschriften des TzBfG grundsätzlich dieselben arbeitsrechtlichen Vorschriften Anwendung wie auf unbefristete Arbeitsverhältnisse.

Betriebliche Altersversorgung

Zu Direktversicherung und Entgeltumwandlung siehe dort

Die gesetzlichen Grundlagen für eine betriebliche Altersversorgung bildet das BetrAVG. Nach dessen § 1 umfasst eine betriebliche Altersversorgung alle Leistungen der Alters-, Invaliditäts- oder Hinterbliebenenversorgung, die einem Arbeitnehmer und bestimmten Nicht-Arbeitnehmern (vgl. § 17 Abs. 1 BetrAVG) aus Anlass eines Arbeitsverhältnisses oder einer Tätigkeit für das Unternehmen aufgrund einzelvertraglicher oder kollektivvertraglicher Vereinbarung oder gesetzlicher Regelung zugesagt wurden. Eine betriebliche Altersversorgung liegt auch dann vor, wenn

► der Arbeitgeber sich verpflichtet, bestimmte Beiträge in eine Anwartschaft auf Alters-, Invaliditäts- oder Hinterbliebenenversorgung umzuwandeln (beitragsorientierte Leistungszusage),

► der Arbeitgeber sich verpflichtet, Beiträge zur Finanzierung von Leistungen der betrieblichen Altersversorgung an einen Pensionsfonds, eine Pensionskasse oder eine Direktversicherung zu zahlen und für Leistungen zur Altersversorgung das planmäßig zuzurechnende Versorgungskapital auf der Grundlage der gezahlten Beträge (Beiträge und die daraus erzielten Erträge), mindestens die Summe der zugesagten Beiträge, soweit sie nicht rechnungsmäßig für einen biometrischen Risikoausgleich verbraucht wurden, hierfür zur Verfügung zu stellen (Beitragszusage mit Mindestleistung) oder

► künftige Entgeltansprüche in eine wertgleiche Anwartschaft auf Versorgungsleistungen umgewandelt werden (Entgeltumwandlung).

Der Versorgungsfall kann durch Eintritt in den Altersruhestand, Invalidität oder Tod ausgelöst werden.

WICHTIG!

Bei einer betrieblichen Altersversorgung handelt es sich um

▶ eine freiwillige, soziale Leistung des Arbeitgebers, auf die je nach Ausgestaltung im Arbeitsvertrag ein Rechtsanspruch bestehen kann oder nicht

oder

▶ eine freiwillige soziale Leistung des Arbeitgebers, zu deren Zahlung er aufgrund einer Betriebsvereinbarung mit dem Betriebsrat verpflichtet ist

oder

▶ einen Anspruch auf Grund eines auf das Arbeitsverhältnis anzuwendenden Tarifvertrags

oder

▶ einen Anspruch eines in der Rentenversicherung pflichtversicherten Arbeitnehmers auf Entgeltumwandlung im Sinne von § 1 a BetrAVG (ab 1. 1. 2001). Der Arbeitnehmer kann danach verlangen, dass von seinem Entgelt bis zu 4 % der jeweiligen Beitragsbemessungsgrenze in der Rentenversicherung für eine betriebliche Altersversorgung verwendet werden.

ACHTUNG!

Ein Rechtsanspruch auf eine betriebliche Altersversorgung kann auch durch eine betriebliche Übung entstehen, wenn der Arbeitgeber jahrelang durch ein gleichförmiges Verhalten ein schutzwürdiges Vertrauen beim Arbeitnehmer auf Zahlung einer Betriebsrente begründet hat. Beruft sich der Arbeitnehmer auf eine derartige betriebliche Übung, muss er das Vorliegen der entsprechenden Voraussetzungen beweisen.

Arbeitsrechtlich ist für die Zusage einer betrieblichen Altersversorgung keine Form zu beachten. Steuerrechtlich ist jedoch die Schriftform der Versorgungszusage für die Bildung von Pensionsrückstellungen vorgeschrieben (§ 6 a Abs. 3 EStG).

Besteht im Betrieb eine betriebliche Altersversorgung und sind deren Voraussetzungen z. B. in einer Versorgungsordnung geregelt, kann im Arbeitsvertrag auf diese verwiesen werden.

Formulierungsvorschlag:

Die betriebliche Altersversorgung sowie deren Durchführung sind in der Versorgungsordnung vom 00. 00. 00 geregelt. Bei Vorliegen der in dieser Versorgungsordnung genannten Voraussetzungen kann der Mitarbeiter/die Mitarbeiterin eine betriebliche Altersversorgung beanspruchen.

Soll der Anspruch auf eine betriebliche Altersversorgung einzelvertraglich geregelt werden, empfiehlt es sich dies in einer gesonderten Vereinbarung und nicht im Arbeitsvertrag selbst zu tun – zumal in vielen Fällen die betriebliche Altersversorgung erst nach einer bestimmten Dauer der Betriebszugehörigkeit gewährt werden soll. Im Arbeitsvertrag kann in diesen Fällen z. B. eine Absichtserklärung aufgenommen werden.

Formulierungsvorschlag:

Der Arbeitgeber und der Mitarbeiter/die Mitarbeiterin werden nach Ablauf der Probezeit über die Möglichkeit einer betrieblichen Altersversorgung sprechen.

WICHTIG!

Bei der Gewährung einer betrieblichen Altersversorgung müssen der Gleichheitsgrundsatz und das Diskriminierungsverbot des § 4 TzBfG beachtet werden. D. h. befristet beschäftigte Mitarbeiter und Teilzeitkräfte können ohne einen sachlichen Grund nicht von der Teilnahme an einer betrieblichen Altersversorgung ausgeschlossen werden. Außerdem müssen die Arbeitnehmer gleich behandelt werden, dürfen also nur aus Sachgründen ungleich behandelt werden.

Dienstreise

Grundsätzlich kann der Arbeitgeber im Rahmen seines Direktionsrechts einen Arbeitnehmer einseitig anweisen, eine Dienstreise an einen anderen Ort zu unternehmen und dort seine Tätigkeit auszuüben. Solange bei der Anordnung die Grundsätze billigen Ermessens beachtet werden, hat der Arbeitnehmer der Weisung des Arbeitgebers Folge zu leisten.

ACHTUNG!

Soll ein Arbeitnehmer eine Reisetätigkeit ausüben, ist dies im Vertrag deutlich zum Ausdruck zu bringen (vgl. § 2 Abs. 1 Ziffer 4 NachwG). Denn in diesem Fall hat der betreffende Arbeitnehmer in der Regel keinen festen Arbeitsort, erbringt seine Arbeitsleistung vielmehr an ständig wechselnden Arbeitsorten.

Nach §§ 670, 675 BGB ist der Arbeitgeber verpflichtet, dem Arbeitnehmer diejenigen Reisekosten als Auslagenersatz zu erstatten, die der Arbeitnehmer bei Ausführung der ihm übertragenen Arbeit aufgewendet hat und den Umständen nach für erforderlich halten durfte. Dieser gesetzliche Auslagenersatzanspruch besteht auch bei einer Dienstreise. Eine solche liegt vor, wenn ein Arbeitnehmer im Auftrag seines Arbeitgebers eine Reise antritt, um an einem anderen Ort seine Arbeit zu erledigen. Eine Dienstreise hat in erster Linie steuerrechtliche Auswirkungen, da der Arbeitgeber dem Arbeitnehmer im Rahmen der Dienstreise anfallenden Kosten steuerfrei als Reisekosten erstatten kann.

TIPP!

Da aufgrund dieser gesetzlichen Vorschrift jeder Arbeitnehmer auch ohne vertragliche Regelung seinen Auslagenersatz für eine Dienstreise geltend machen kann, ist im Arbeitsvertrag nicht unbedingt eine Regelung hierzu erforderlich. Dienstreisen können, müssen aber nicht geregelt werden.

WICHTIG!

Neben §§ 670, 675 BGB für den Anspruch des Arbeitnehmers auf Auslagenersatz können im Einzelarbeitsvertrag, in Tarifverträgen, Betriebsvereinbarungen oder einseitigen Dienstreiserichtlinien des Arbeitgebers vertragliche Ansprüche des Arbeitnehmers geregelt werden. Dies geschieht häufig im Rahmen von Dienstreiseordnungen oder Richtlinien zur Reisekostenerstattung. Dort können auch Einzelheiten zum Genehmigungsverfahren für Dienstreisen geregelt sein.

Zu den erstattungsfähigen Reisekosten im Sinne des Arbeitsrechts zählen

► Fahrtkosten

► Verpflegungsmehraufwendungen

► Übernachtungskosten

► Reisenebenkosten, zum Beispiel: Telefonkosten, Schreibauslagen.

 ACHTUNG! Steuerrechtliche Begriffsdefinitionen

Nach § 3 Nr. 16 EStG sind Reisekostenvergütungen insoweit steuerfrei, soweit sie dem Ersatz von Mehraufwendungen dienen, die durch eine Dienstreise, Fahrtätigkeit oder Einsatzwechseltätigkeit unmittelbar verursacht werden. Die Unterscheidung nach einzelnen Reisekostenarten spielt heute nur noch eine Rolle bei der Höhe der Verpflegungssätze und bei Arbeitnehmern mit Dienstwagen bzgl. des Lohnsteuerabzugs für Fahrten zwischen Wohnung und Arbeitsstätte. Die steuerrechtlichen Reisekostenvorschriften verlangen deswegen eine Unterscheidung der Reisekostenarten. Sie richtet sich im Wesentlichen danach, ob der Arbeitnehmer eine regelmäßige Arbeitsstätte im Betrieb hat.

Steuerfrei können Reisekostenvergütungen nur dann gezahlt werden, wenn die Dienstreise ausschließlich zu dienstlichen Zwecken unternommen wird. Dient die Reise auch privaten Zwecken, so darf der Arbeitgeber nur die Kosten steuerfrei ersetzen, die aus dienstlichen Gründen entstanden sind. Können die dienstlichen und die privaten Aufwendungen nicht leicht und einwandfrei getrennt werden, so gehört der Gesamtbetrag des Reisekostenersatzes zum steuerpflichtigen Arbeitslohn.

 ACHTUNG!

Die entstehenden Reisekosten dürfen dann steuerfrei ersetzt werden, wenn durch eine Reisekostenabrechnung

► Anlass der beruflichen Reise

► Datum und Dauer der Reise

► Reiseziel und ggf. Reiseweg

► Höhe der entstandenen Aufwendung

nachgewiesen werden. Auf den Nachweis der Höhe der entstandenen Aufwendungen kann verzichtet werden, wenn diese pauschal abgerechnet werden dürfen. Können die Reisekosten nicht pauschal abgerechnet werden, müssen die Aufwendungen durch Belege – bspw. Hotelrechnung, Taxiquittung, Tankrechnung, Fahrkarte usw. – nachgewiesen werden.

Über die steuerrechtlich zulässigen Sätze hinausgehende Reisekostenerstattungen sind grundsätzlich steuerpflichtiger Arbeitslohn. Besteht keine

Möglichkeit zur Pauschalversteuerung, unterliegt der die Pauschbeträge übersteigende Teil der Reisekostenerstattung dem individuellen Steuersatz des Arbeitnehmers. Außerdem ist dieser Teil sozialversicherungspflichtig.

Soweit der Arbeitgeber im Rahmen von Dienstreise oder Dienstgang entstehende Aufwendungen des Arbeitnehmers steuerfrei ersetzen kann, fällt hierfür auch keine Sozialversicherung an (§ 1 Arbeitsentgeltverordnung). Über die steuerrechtlich zulässige steuerfreie Erstattung hinausgehende Beträge sind ein sonstiger Bezug und somit grundsätzlich auch sozialversicherungspflichtig.

 TIPP!

Damit nicht bei jeder Änderung des Steuerrechts eine Änderung des Arbeitsvertrags erforderlich wird, ist ein neutraler Hinweis auf Auslagenersatz bei Dienstreisen im Arbeitsvertrag praktikabel. Einzelheiten können dann in einer Dienstreiseordnung für eine Vielzahl von Arbeitnehmern oder im Einzelfall vor Antritt der Dienstreise mit dem Arbeitnehmer geregelt werden.

 Formulierungsvorschlag:

Bei Dienstreisen im Auftrag des Arbeitgebers erhält der Arbeitnehmer notwendige Auslagen im Rahmen der jeweils gültigen steuerrechtlichen Vorschriften ersetzt.

oder

Bei Dienstreisen im Auftrag des Arbeitgebers hat der Arbeitnehmer die Dienstreiseordnung des Arbeitgebers vom 00. 00. 00 zu beachten. Auslagen werden nur im Rahmen der Dienstreiseordnung in ihrer zum Zeitpunkt der Dienstreise geltenden Fassung erstattet.

Dienstwagen

Dienstwagen sind Fahrzeuge, die im Eigentum des Arbeitgebers stehen, aber vom Arbeitnehmer für die Erbringung seiner Arbeitsleistung benötigt oder ihm zur Verfügung gestellt werden. Ob das Fahrzeug vom Arbeitgeber gekauft oder geleast wurde, spielt dabei keine Rolle.

Beispiele:

Der angestellte Taxifahrer benutzt das dem Arbeitgeber gehörende Taxi.
Der Busfahrer erhält als Dienstfahrzeug einen Reiseomnibus.
Der Hausmeister erhält einen Kastenwagen, damit er notwendige Materialien selbst besorgen kann.

Im Zusammenhang mit Dienstwagenregelungen im Arbeitsvertrag ist in den meisten Fällen die Überlassung eines PKW – meist verbunden mit der Möglichkeit zur privaten Nutzung – gemeint. Die Fälle, in denen der Arbeitgeber aufgrund der auszuübenden Tätigkeit ein Fahrzeug stellen muss, werden in der Regel nicht im Arbeitsvertrag geregelt, da hier der Anspruch des Arbeitnehmers auf ein zur Tätigkeitsausübung notwendiges Fahrzeug auf der Tätigkeit selbst beruht.

Die Überlassung von firmeneigenen Fahrzeugen oder geleasten Fahrzeugen erfolgt am häufigsten an Außendienstmitarbeiter oder leitende Angestellte. Bei der Überlassung an Außendienstmitarbeiter erfolgt die Überlassung meistens in Anbetracht des hohen Anteils der Reisetätigkeit. Bei der Überlassung an leitende Angestellte stehen häufig steuerliche Überlegungen im Vordergrund, da die Überlassung eines Dienstwagens in der Regel steuerlich günstiger kommt als eine entsprechende Erhöhung der Bezüge.

In der Regel wird dem Mitarbeiter das Recht eingeräumt, den PKW auch privat zu nutzen. Die steuerliche Behandlung dieser Privatnutzung belastet den Mitarbeiter weniger als das Halten eines gleichwertigen Fahrzeuges auf eigene Kosten. Wird dem Arbeitnehmer ein Dienstfahrzeug mit der Möglichkeit der Privatnutzung zugesagt, hat er hierauf einen Rechtsanspruch. Der Dienstwagen wird wegen des mit der Privatnutzung verbundenen geldwerten Vorteils außerdem Vergütungsbestandteil. Beides hat zur Folge, dass dem Mitarbeiter der Dienstwagen nicht durch eine Weisung des Arbeitgebers entzogen werden kann und der Arbeitgeber den Dienstwagen dem Arbeitnehmer so lange zur Verfügung stellen muss, wie der Arbeitnehmer gegen den Arbeitgeber Vergütungsansprüche hat.

 TIPP!

Die Überlassung eines Dienstwagens sollte schriftlich vereinbart werden. Die Vereinbarung in einem Nachtrag zum Arbeitsvertrag oder in einer gesonderten Vereinbarung hat den Vorteil, dass bei einem Austausch des Fahrzeuges oder einer Änderung steuerrechtlicher Vorschriften nicht der gesamte Arbeitsvertrag, sondern nur die Vereinbarung oder der Nachtrag geändert werden muss.

 Formulierungsvorschlag:

Der Arbeitgeber stellt dem Arbeitnehmer einen Dienstwagen mit der Möglichkeit der Privatnutzung zur Verfügung. Die Einzelheiten sind im Kfz-Überlassungsvertrag vom 00. 00. 00 geregelt. Die Privatnutzung ist gemäß den jeweils geltenden steuerrechtlichen Vorschriften vom Arbeitnehmer zu versteuern.

Direktionsrecht

Unter dem Begriff Direktionsrecht wird das Recht des Arbeitgebers verstanden, die im Arbeitsvertrag nur in groben Zügen umschriebenen verschiedenen Leistungspflichten des Arbeitnehmers durch einseitige Weisungen hinsichtlich Art, Ort und Zeit näher zu bestimmen. Man unterscheidet

► arbeitsbezogene Weisungen:

Dies sind Weisungen, die Art und Methode der Arbeitsausführung oder Art und Umfang der Beschäftigung (Tätigkeitsbereich) betreffen.

► arbeitsbegleitende Weisungen:

Dies sind Weisungen hinsichtlich des Verhaltens des Arbeitnehmers bei der Arbeit.

► organisatorische Weisungen:

Hierunter versteht man Weisungen hinsichtlich der Stellung des Arbeitnehmers innerhalb der Betriebsorganisation.

Das Direktionsrecht ist nun für alle Arbeitnehmer in § 106 GewO n. F. geregelt. Er stellt klar, dass der Arbeitgeber Inhalt, Ort und Zeit der Arbeitsleistung nach billigem Ermessen näher bestimmen kann, soweit diese Arbeitsbedingungen nicht durch den Arbeitsvertrag, Bestimmungen einer Betriebsvereinbarung, eines anwendbaren Tarifvertrags oder gesetzlicher Vorschriften festgelegt sind. Dies gilt auch hinsichtlich der Ordnung und des Verhaltens der Arbeitnehmer im Betrieb. Bei der Ausübung des Ermessens hat der Arbeitgeber auch auf Behinderungen des Arbeitnehmers Rücksicht zu nehmen.

 TIPP!

Je detaillierter im Arbeitsvertrag Inhalt, Ort und Zeit der Arbeitsleistung geregelt sind, umso weniger Spielraum bleibt für einseitige Weisungen im Rahmen des Direktionsrechts.

Soweit die vom Arbeitgeber erteilten Weisungen sich im Rahmen des Direktionsrechts halten, besteht für den Arbeitnehmer die vertragliche Verpflichtung, den Weisungen Folge zu leisten. Er kann sich nicht darauf berufen, dass die erteilten Weisungen sozial nicht gerechtfertigt seien oder ihm aus sonstigen Gründen eine Befolgung der Weisung nicht zumutbar sei.

Ist eine Weisung nicht mehr vom Direktionsrecht gedeckt, muss der Arbeitgeber zur Durchsetzung der Weisung eine Änderungskündigung aussprechen. Diese kommt z. B. in Betracht, wenn dem Mitarbeiter eine andere Arbeit zugewiesen werden soll als die vertraglich vereinbarte. Dies ist ohne Änderungskündigung nur dann möglich, wenn der Arbeitsvertrag eine entsprechende Klausel enthält.

Weigert sich der Arbeitnehmer zu Unrecht, einer vom Direktionsrecht gedeckten Weisung Folge zu leisten, liegt hierin eine Arbeitsverweigerung. Diese kann zum teilweisen oder völligen Verlust des Anspruchs auf Vergütung – je nach Umfang der Arbeitsverweigerung – führen. Im wiederholten Fall der Arbeitsverweigerung kann der Arbeitgeber abmahnen und ggf. kündigen.

Umfang und Grenzen des Direktionsrechts werden in erster Linie durch den abgeschlossenen Arbeitsvertrag bestimmt. Je genauer im Arbeitsvertrag die vom Arbeitnehmer zu erbringende Leistung oder der Leistungsort beschrieben sind, umso geringer ist der Umfang des verbleibenden Direktionsrechts. Das Weisungsrecht des Arbeitgebers reicht also grundsätzlich nur so weit, als die mit dem Arbeitnehmer bestehenden vertraglichen Vereinbarungen für eine einseitige Anordnung durch den Arbeitgeber Raum lassen.

Darüber hinaus ist das Direktionsrecht durch gesetzliche Schutzvorschriften zugunsten des Arbeitnehmers eingeschränkt. Zu derartigen Schutzvorschriften zählen beispielsweise

► Mutterschutzgesetz
► Jugendarbeitsschutzgesetz
► Schwerbehindertengesetz
► Arbeitszeitrechtsgesetz.

Zu Arbeiten, die nach derartigen Schutzvorschriften verboten sind, dürfen Arbeitnehmer nicht im Wege des Direktionsrechts verpflichtet werden. Ganz allgemein gilt, dass der Arbeitnehmer keine Arbeiten leisten muss, die verboten oder sittenwidrig sind. Der Arbeitgeber darf im Wege des Direktionsrechts auch nicht einen Verstoß gegen die Vorschriften des Arbeitszeitgesetzes anordnen. Allerdings darf er Beginn und Ende der Arbeitszeit oder der Ruhepausen innerhalb der Grenzen des Arbeitszeitgesetzes im Wege des Direktionsrechts festlegen.

Daneben kann das Direktionsrecht noch durch Tarifverträge, Betriebsvereinbarungen oder einzelvertragliche Regelungen eingeschränkt sein.

Beispiel:

► *Im Arbeitsvertrag ist als Einsatzort nur München festgelegt. Der Arbeitgeber kann in diesem Fall als Einsatzort nicht Augsburg bestimmen. Etwas anderes gilt nur, wenn der Arbeitnehmer mit einer Änderung des Einsatzortes einverstanden ist.*
► *Im anzuwendenden Tarifvertrag ist eine wöchentliche Arbeitszeit von 38 Stunden festgelegt. Der Arbeitgeber kann diese regelmäßige Arbeitszeit einseitig nicht auf 39 Stunden ausdehnen. (Allerdings kann er ggf. vom Arbeitnehmer Überstunden verlangen. Diese stellen aber keine regelmäßige Arbeitszeit dar.)*
► *In einer Betriebsvereinbarung wurde als Pausenzeit die Zeit zwischen 13:00 und 14:00 Uhr festgeschrieben. Der Arbeitgeber kann einseitig die Pausenzeit nicht auf 12:00 Uhr vorverlegen.*

Soweit das Direktionsrecht nicht durch Gesetz, tarifvertragliche Vorschriften oder einzelvertragliche Regelungen eingeschränkt ist, darf es vom Arbeitgeber in Art und Umfang nur nach „billigem Ermessen" ausgeübt werden, d. h. es darf nur innerhalb seiner Grenzen und unter Beachtung der Arbeitgeber- und Arbeitnehmerinteressen ausgeübt werden.

 TIPP!

Durch einzelvertragliche Vereinbarungen zwischen Arbeitnehmer und Arbeitgeber kann das Direktionsrecht erweitert werden. Z. B. wenn sich der Arbeitgeber das Recht vorbehalten hat, dem Arbeitnehmer

► auch andere zumutbare Arbeiten und Tätigkeiten zu übertragen oder

► verschieden hoch vergütete Tätigkeiten zu übertragen oder

► einen anderen seiner Qualifikation und seinen Fähigkeiten entsprechenden Arbeitsplatz zuzuweisen.

In Notfällen kann der Arbeitgeber dem Arbeitnehmer aufgrund des Direktionsrechts auch Arbeiten zuweisen, deren Ausführung er vertraglich nicht schuldet.

Beispiel:

Es bricht ein Schwelbrand aus. Der Arbeitgeber kann in diesem Fall dem Arbeitnehmer auch die Weisung erteilen, den Brand zu löschen oder die Spuren des Brandes durch Putzen und Aufräumen zu beseitigen, auch wenn diese Arbeiten ansonsten vom Arbeitnehmer nicht erbracht werden müssen.

Die Art der vom Arbeitnehmer zu leistenden Arbeit ergibt sich grundsätzlich aus dem Arbeitsvertrag, der bei Unklarheiten noch ausgelegt werden kann. Bei der Auslegung des Arbeitsvertrages sind

► tarifvertragliche Vorschriften,

► Treu und Glauben,

► Verkehrssitte und

► eine eventuell bestehende Betriebsübung

zu berücksichtigen. Im Einzelnen gilt Folgendes:

1. Wurde der Arbeitnehmer für eine ganz bestimmte Tätigkeit eingestellt, ist das Weisungsrecht des Arbeitgebers stark eingeschränkt, denn der Arbeitnehmer schuldet nur die beschriebene Tätigkeit. Wurde dagegen im Arbeitsvertrag die Tätigkeit des Arbeitnehmers nur fachlich umschrieben, kann der Arbeitgeber dem Arbeitnehmer aufgrund des Direktionsrechtes sämtliche Arbeiten zuweisen, die sich im Rahmen des vereinbarten Berufsbildes halten.

2. Wurde die Tätigkeit des Arbeitnehmers im Arbeitsvertrag nur allgemein umschrieben – also keine bestimmte Berufs- oder Tätigkeitsbeschreibung gewählt –, kann der Arbeitgeber dem Arbeitnehmer aufgrund des Direktionsrechtes jede Arbeit zuweisen, die bei Vertragsabschluss voraussehbar war und billigem Ermessen entspricht.

 WICHTIG!

Sofern im Arbeitsvertrag mit dem einzelnen Arbeitnehmer oder in einer Betriebsvereinbarung nichts Gegenteiliges vereinbart wurde, kann der Arbeitgeber dem Arbeitnehmer aufgrund des Direktionsrechtes folgende Tätigkeiten immer zuweisen:

► Vor- und Abschlussarbeiten

► Ausführung kleinerer Reparaturen am Handwerkszeug

► Sauberhaltung von Geräten

► Sauberhaltung des Arbeitsplatzes

► Arbeiten im Zusammenhang mit Inventur oder anderen Arbeiten, für die keine Arbeitnehmer eingestellt werden, weil die Arbeiten nicht ständig anfallen.

Die Übernahme der vorübergehenden Vertretung beurlaubter oder erkrankter Arbeitnehmer kann im Wege des Direktionsrechts verlangt werden, wenn damit keine Vergütungsminderung eintritt und die Vertretung sich im Rahmen des Üblichen und Zumutbaren hält. Die Arbeitsschutzvorschriften – z. B. Arbeitszeitgesetz – sind einzuhalten.

Den Umfang der vom Arbeitnehmer zu erbringenden Leistung, der durch den zeitlichen Rahmen der Tages- bzw. Wochenarbeitszeit und durch die Arbeitsintensität bestimmt wird, kann der Arbeitgeber durch die Ausübung des Direktionsrechtes näher ausgestalten. Er kann beispielsweise

► den Arbeitsbeginn oder das Arbeitsende oder die Lage der Pausen ändern.

► Überstunden in angemessenem Umfang anordnen.

Dies gilt insbesondere, wenn die Arbeit zur Behebung eines Notfalles erforderlich ist. Ein Notfall liegt auch dann vor, wenn beispielsweise Ma-schinen oder EDV-Anlagen ausfallen und die deswegen liegen gebliebenen Arbeiten nachgearbeitet werden müssen oder es notwendig ist, begonnene Programme zu beenden.

Eine Umsetzung des Arbeitnehmers ist – sofern vertraglich nichts Gegenteiliges vereinbart wurde –, im Wege Ihres Direktionsrechtes möglich, sofern damit keine Veränderung des Berufsbildes des Arbeitnehmers verbunden ist. Eine Umsetzung liegt vor, wenn der Tätigkeitsbereich und die Stellung des Arbeitnehmers in der betrieblichen Organisation nicht verändert wird. Eine Versetzung liegt dagegen dann vor, wenn der Arbeitnehmer den Arbeitsplatz (= Gesamtheit der dem Arbeitnehmer zugewiesenen Aufgaben innerhalb der betrieblichen Organisation an einem bestimmten Arbeitsort) auf Dauer wechselt. Der neu zugewiesene Arbeitsplatz muss der bisherigen Stellung des Arbeitnehmers im Betrieb entsprechen, damit er noch vom Direktionsrecht gedeckt ist.

 WICHTIG!

Grundsätzlich kann der Arbeitgeber zu allen Fragen der betrieblichen Ordnung Weisungen im Rahmen des Direktionsrechtes erteilen. Hierunter fällt zum Beispiel der Erlass eines Rauchverbotes, eines Alkoholverbotes oder einer Kleiderordnung. Einzelanweisungen und allgemeine Vorschriften, die der Sicherheit des Betriebes und seiner Einrichtung dienen, kann der Arbeitgeber im Rahmen einer notwendigen Gestaltung des Arbeitsablaufes erteilen.

Direktversicherung

Nach § 1 b Absatz 2 BetrAVG liegt eine Direktversicherung vor, wenn für die betriebliche Altersversorgung eine Lebensversicherung auf das Leben des Arbeitnehmers durch den Arbeitgeber abgeschlossen ist und der Arbeitnehmer oder seine Hinterbliebenen hinsichtlich der Leistungen des Versicherers ganz oder teilweise bezugsberechtigt sind. Dabei kann der Arbeitnehmer an der Beitragszahlung beteiligt werden.

 TIPP!

Direktversicherungen sind auch Gehaltsverwendungsversicherungen, bei denen die Prämien der Versicherung vereinbarungsgemäß durch den Arbeitgeber anstelle eines Teils der Vergütung gezahlt werden. Der Arbeitnehmer kann also auf einen Teil seiner Vergütung verzichten mit der Maßgabe, dass der Arbeitgeber hierfür einen Versicherungsvertrag abschließt (vgl. § 1 Abs. 2 Ziffer 4 BetrAVG).

 Formulierungsvorschlag:

Der Arbeitnehmer beauftragt den Arbeitgeber, von der monatlichen Vergütung einen Betrag in Höhe von 000,00 € einzubehalten und diesen Betrag auf eine zu seinen Gunsten abgeschlossenes Direktversicherung bei der .... einzuzahlen. Der Arbeitgeber verpflichtet sich, dem Arbeitnehmer eine Kopie des Versicherungsscheines auszuhändigen.

Diskriminierungsverbot

Siehe auch „Gleichbehandlungsgrundsatz" sowie „Lohngleichheit"

Für Teilzeitbeschäftigte und Arbeitnehmer in befristeten Arbeitsverhältnissen enthält § 4 TzBfG ein ausdrückliches Diskriminierungsverbot. Dieses verbietet dem Arbeitgeber,

► teilzeitbeschäftigte Arbeitnehmer schlechter zu behandeln als Vollzeitbeschäftigte,

► befristetet Beschäftigte schlechter zu behandeln als unbefristet beschäftigte Arbeitnehmer.

Dieses allgemeines Diskriminierungsverbot wird im Hinblick auf Arbeitsentgelt oder andere teilbare geldwerte Leistungen durch ein spezielles Diskriminierungsverbot ergänzt. Arbeitsentgelt und andere teilbare geldwerte Leistungen müssen grundsätzlich anteilig gewährt werden.

 WICHTIG!

Das Diskriminierungsverbot lässt eine ungleiche Behandlung zu, sofern diese durch sachliche Gründe gerechtfertigt ist.

Beim Abschluss eines Arbeitsvertrags muss der Arbeitgeber das Diskriminierungsverbot beachten bei der Vereinbarung von

► Arbeitsentgelt

► Sonderzahlungen

► anderen teilbaren geldwerten Leistungen, z. B. Essenszuschüssen, vermögenswirksamen Leistungen, betrieblicher Altersversorgung

► Urlaubsanspruch (Höhe).

 ACHTUNG!

Verstößt eine Regelung des Arbeitsvertrags gegen das Diskriminierungsverbot, kann der Arbeitnehmer – ggf. gerichtlich – die Leistungen beanspruchen, die ihm unter Beachtung des Diskriminierungsverbots zustehen.

Beispiel:

Der Tarifvertrag sieht für einen Vollzeitbeschäftigten eine Vergütung von 2500 € brutto vor. Arbeitet Arbeitnehmer A genau die Hälfte der tarifvertraglichen Arbeitszeit, hat er Anspruch auf eine Bruttovergütung von 1250 €. Ist im Arbeitsvertrag eine Vergütung von 1100 € vereinbart, ist dies ein Verstoß gegen das Diskriminierungsverbot des § 4 Abs. 1 TzBfG mit der Folge, dass der Arbeitnehmer die Differenz in Höhe von 150 € monatlich einfordern und ggf. einklagen kann.

 TIPP!

Sachliche Gründe können eine Ungleichbehandlung rechtfertigen, aber nur dann, wenn auch ein objektiver Dritter die Gründe des Arbeitgebers für eine Ungleichbehandlung nachvollziehen kann. Es ist daher ratsam, sachliche Gründe für die vorgenommene Ungleichbehandlung festzuhalten und ggf. sogar in den Arbeitsvertrag aufzunehmen.

Elternzeit

Der Anspruch auf Elternzeit ist im BErzGG geregelt.

 WICHTIG!

Der Anspruch auf Elternzeit kann vertraglich nicht ausgeschlossen oder verkürzt werden. Bei Vorliegen der gesetzlichen Voraussetzungen kann der Arbeitnehmer Elternzeit – auch gegen den Willen des Arbeitgebers – beanspruchen.

Während der Elternzeit ist der Arbeitnehmer berechtigt, beim bisherigen Arbeitgeber, bei einem anderen Arbeitgeber oder als Selbständiger eine Erwerbstätigkeit bis zu einem Umfang von 30 Stunden wöchentlich auszuüben. In Betrieben mit mehr als 15 Arbeitnehmern hat der Arbeitnehmer grundsätzlich einen Rechtsanspruch auf eine Teilzeitbeschäftigung.

Die Inanspruchnahme von Elterzeit stellt nach § 21 BErzGG einen sachlichen Grund für den Abschluss eines befristeten Arbeitsvertrags dar, wenn eine Ersatzkraft eingestellt werden soll. Die Befristungsdauer darf dabei folgende Zeiträume umfassen:

► notwendige Zeit der Einarbeitung

► die Dauer eines Beschäftigungsverbots nach dem Mutterschutzgesetz

Beispiele:

Mutterschutzfristen, Dauer eines ärztlichen Beschäftigungsverbotes

► die Dauer der Elternzeit

► die Dauer einer auf Tarifvertrag, Betriebsvereinbarung oder einzelvertraglicher Vereinbarung beruhenden Arbeitsfreistellung zur Betreuung eines Kindes.

Die Dauer des befristet eingestellten Mitarbeiters kann daher von der beantragten Dauer der Elternzeit abweichen, der Vertrag entspricht dann aber trotzdem § 21 BErzGG.

 WICHTIG!

Die Befristung muss kalendermäßig bestimmt, kalendermäßig bestimmbar oder dem Vertretungszweck zu entnehmen sein.

 Formulierungsvorschlag:

1. Kalendermäßig bestimmt

Der Mitarbeiter/Die Mitarbeiterin wird für die Zeit vom 00. 00. 00 bis 00. 00. 00 als Vertretung von Frau ... für die Dauer der Elternzeit nach § 21 BErzGG eingestellt.

2. Kalendermäßig bestimmbar

Der Mitarbeiter/Die Mitarbeiterin wird ab 00. 00. 00 als Vertretung von Frau ... für die Dauer der Mutterschutzfrist im Rahmen eines befristeten Arbeitsvertrags nach § 21 BErzGG eingestellt. Das Arbeitsverhältnis endet 2 Wochen nach Beendigung der nachgeburtlichen Mutterschutzfrist von Frau ...

3. Dem Vertretungszweck entnehmbar

Der Mitarbeiter/Die Mitarbeiterin wird als Vertretung von Frau ... im Rahmen eines befristeten Arbeitsverhältnisses nach § 21 BErzGG eingestellt Die Vertretung umfasst die Dauer des zurzeit bestehenden ärztlichen Beschäftigungsverbots für Frau ..., die Dauer der gesetzlichen Mutterschutzfristen sowie die Dauer der noch von Frau ... zu beantragenden Elternzeit.

Entgelt

Siehe auch Währung/Inlands- und Auslandsarbeit

Nach § 611 BGB ist der Arbeitgeber zur Zahlung der vereinbarten Vergütung verpflichtet. Grundsätzlich können Arbeitgeber und Arbeitnehmer die Vergütung frei aushandeln und vereinbaren. Dabei sind aber folgende Grundsätze zu beachten:

► Maßstab: billiges Ermessen und übliche Vergütung.

Der Arbeitgeber hat eine angemessene Vergütung, die den Maßstäben des § 612 BGB standhalten kann, zu vereinbaren.

► Diskriminierungsverbot

Gleiche Leistung muss grundsätzlich gleich bezahlt werden. Für eine Ungleichbehandlung müssen sachliche Gründe vorhanden sein.

Beispiel:

Bei gleicher Tätigkeit kann eine unterschiedliche Vergütung durch eine unterschiedliche Betriebszugehörigkeit gerechtfertigt sein.

► Keine geschlechtsbezogene unterschiedliche Vergütung

Nach § 612 Abs. 3 BGB darf die Vergütung für gleiche oder gleichwertige Arbeit nicht wegen des Geschlechts unterschiedlich sein.

Beispiel:

Frauen und Männer müssen für die gleiche Arbeit und bei sonst gleichen Voraussetzungen (z. B. Betriebszugehörigkeit, Fähigkeiten usw.) eine gleich hohe Vergütung erhalten.

► Tarifvertrag anwendbar

Ist ein Tarifvertrag auf das Arbeitsverhältnis anwendbar, kann die dort festgelegte Vergütung nicht zum Nachteil des Arbeitnehmers unterschritten werden.

► Nur teilweise Sachbezüge erlaubt.

Nach § 107 GewO n. F. können Arbeitgeber und Arbeitnehmer ausdrücklich Sachbezüge als Teil des Arbeitsentgelts vereinbaren. Voraussetzung ist allerdings, dass dies dem Interesse des Arbeitnehmers oder der Eigenart des Arbeitsverhältnisses entspricht. Allerdings darf nicht die gesamte vereinbarte Vergütung als Sachbezug gewährt werden.

Entgelt

ACHTUNG!

Fehlt es an einer Vereinbarung über die Vergütung, kommt § 612 Abs. 1 BGB zur Anwendung. Der Arbeitnehmer hat dann Anspruch auf die übliche Vergütung. Üblich ist diejenige Vergütung, die im Betrieb für eine vergleichbare Tätigkeit oder, sofern eine solche nicht gegeben ist, im gleichen Gewerbe am gleichen Ort gewährt wird. Besteht für den betroffenen räumlichen und fachlichen Bereich ein Tarifvertrag, ist die tarifliche Vergütung auch die übliche Vergütung.

TIPP!

Die Vergütung sollte immer ausdrücklich in ihrer Zusammensetzung im Vertrag aufgeführt werden. Dabei sind freiwillige Leistungen, die der Arbeitgeber gewähren will ohne Rechtsansprüche der Arbeitnehmer zu begründen, gesondert zu erwähnen.

Formulierungsvorschlag:

Der Mitarbeiter erhält eine monatliche Bruttovergütung in Höhe von 0000,00 €.
Diese Vergütung setzt sich wie folgt zusammen:

Vergütung nach Tarifgruppe ... , Berufsjahre ...	*0000,00 €*
vermögenswirksame Leistungen	*00,00 €*
Tätigkeitszulage gem. § ... des Tarifvertrags	*00,00 €*
Freiwillige Leistung des Arbeitgebers	*00,00 €*
Gesamt	*0000,00 €*

Die freiwillige Leistung des Arbeitgebers und andere Sonderzahlungen werden vom Arbeitgeber freiwillig gewährt. Auf diese Leistungen besteht auch nach wiederholter Gewährung kein Rechtsanspruch – weder der Höhe noch dem Grunde nach.

WICHTIG!

Die Vergütung ist nach § 614 BGB erst nach Erbringung der Arbeitsleistung zu entrichten. Der Arbeitnehmer hat keinen Anspruch auf Vorschüsse. Ist die Vergütung nach Zeitabschnitten bemessen, ist sie nach Ablauf der einzelnen Zeitabschnitte zu entrichten. Dies bedeutet z. B., dass eine Monatsvergütung nach Ablauf des Monats zu bezahlen ist.

Grundsätzlich ist deswegen eine Monatsvergütung am ersten Tag des Folgemonates fällig. Falls aus abrechnungstechnischen Gründen eine Zahlung zu diesem Termin durch den Arbeitgeber nicht möglich ist, kann er im Arbeitsvertrag einen Hinweis auf den normalerweise einhaltbaren Zahlungstermin geben.

Formulierungsvorschlag:

Die Vergütung ist nach Ablauf des Monats, in dem die Arbeitsleistung erbracht wurde, fällig. Sie wird vom Arbeitgeber bis zum 5. des auf die Arbeitsleistung folgenden Monats auf das Konto des Mitarbeiters bei der ... Bank überwiesen.

TIPP!

Da sich die Fälligkeit aus dem Gesetz ergibt, ist ein entsprechender Hinweis im Arbeitsvertrag grundsätzlich entbehrlich. Er kann bei Mitarbeitern sinnvoll sein, die bisher eine Bezahlung in kürzeren Zeitabschnitten erhalten haben oder die weniger als einen vollen Kalendermonat beschäftigt sind. Er ist auch sinnvoll für alle Fälle, in denen eine Beendigung des Arbeitsverhältnisses durch Kündigung mitten im Monat erfolgen kann.

In der betrieblichen Praxis ist die unbare Zahlung des Entgelts die Regel. Da hierzu eine gesetzliche Regelung fehlt, die den Arbeitgeber in jedem Fall berechtigt, das Geld auf das Konto eines Mitarbeiters zu überweisen, ist eine entsprechende vertragliche Vereinbarung zu empfehlen.

 Formulierungsvorschlag:

Die Vergütung wird auf ein vom Mitarbeiter/von der Mitarbeiterin zu benennendes Konto überwiesen. Änderungen in der Bankverbindung hat der Mitarbeiter/die Mitarbeiterin unverzüglich mitzuteilen. Eine Barzahlung der Vergütung wird ausgeschlossen.

Entgeltfortzahlung im Krankheitsfall

In § 626 BGB wird geregelt, dass ein Arbeitnehmer seinen Anspruch auf Vergütung nicht verliert, wenn er ohne Verschulden für eine kurze Zeit seine Arbeitsleistung nicht erbringen kann. Dieser Grundsatz wurde für Arbeitsverhinderung infolge Krankheit und/oder wegen eines Feiertags durch das Entgeltfortzahlungsgesetz für alle Arbeitnehmer näher und abschließend konkretisiert.

 TIPP!

Bei dem Anspruch auf Entgeltfortzahlung im Krankheitsfall handelt es sich um einen gesetzlichen Anspruch des Arbeitnehmers. Grundsätzlich kann daher im Arbeitsvertrag auf Hinweise zur Entgeltfortzahlung verzichtet werden. Da den Arbeitnehmer aber Anzeige- und Nachweispflichten treffen, kann er durch eine Regelung im Arbeitsvertrag hierauf deutlich hingewiesen werden.

 Formulierungsvorschlag:

1. Die Entgeltfortzahlung im Krankheitsfall richtet sich nach den zum Zeitpunkt der krankheitsbedingten Arbeitsunfähigkeit geltenden gesetzlichen Regelungen.

2. Der Mitarbeiter ist verpflichtet, der Firma jede Dienstverhinderung sowie ihre voraussichtliche Dauer unverzüglich anzuzeigen, und sofern die krankheitsbedingte Arbeitsverhinderung länger als 3 Kalendertage dauert, am dritten Kalendertag eine ärztliche Arbeitsunfähigkeitsbescheinigung vorzulegen. Dies gilt auch, falls die Arbeitsunfähigkeit länger als in der Bescheinigung angegeben andauert.

Der Anspruch auf Entgeltfortzahlung im Krankheitsfall entsteht erstmals nach einer **ununterbrochenen Beschäftigungsdauer von vier Wochen** (§ 3 Abs. 3 EFZG). Erkrankt der Arbeitnehmer in den ersten vier Wochen des Arbeitsverhältnisses (= Wartezeit) und dauert die Erkrankung über die Wartezeit hinaus fort, hat der Arbeitnehmer nach der Rechtsprechung des Bundesarbeitsgerichts Anspruch auf Entgeltfortzahlung für die Dauer von sechs Wochen nach Ablauf der Wartezeit, da in die Wartezeit fallende

Krankheitstage nicht mitgerechnet werden (BAG, Urteil vom 26. 5. 1999 – Aktenzeichen 5 AZR 476/98).

Nach § 3 Abs. 1 EFZG hat ein Arbeitnehmer gegenüber dem Arbeitgeber für die **Dauer der Arbeitsunfähigkeit – längstens für sechs Wochen –** Anspruch auf Entgeltfortzahlung in Höhe von 100 % des regelmäßigen Arbeitsentgelts (ohne Einbeziehung der Überstunden), wenn er infolge einer unverschuldeten Krankheit arbeitsunfähig wird. Ist der Arbeitnehmer länger als sechs Wochen arbeitsunfähig erkrankt, hat er Anspruch auf Krankengeld, wenn er in der gesetzlichen Krankenversicherung versichert ist oder als privat Versicherter einen entsprechenden Anspruch abgesichert hat. Der Anspruch gegenüber dem Arbeitgeber auf Entgeltfortzahlung ist immer auf die Dauer der Krankheit, maximal auf sechs Wochen beschränkt, auch dann, wenn die Krankheit länger als sechs Wochen andauert.

Erkrankt der Arbeitnehmer an derselben Krankheit nochmals arbeitsunfähig, so liegt eine so genannte **Fortsetzungserkrankung** vor. In diesem Fall hat der Arbeitnehmer Anspruch auf Entgeltfortzahlung nur noch so lange, bis die Entgeltfortzahlung für diese Krankheit sechs Wochen Dauer erreicht hat. Die einzelnen Krankheitszeiten werden deswegen grundsätzlich zusammengezählt. Ein Zusammenzählen der Krankheitszeiten darf nur unterbleiben, wenn

► der Arbeitnehmer vor der erneuten Arbeitsunfähigkeit mindestens sechs Monate nicht infolge derselben Krankheit arbeitsunfähig war (§ 3 Abs. 1 Satz 2 Nr. 1 EFZG) oder

► seit Beginn der ersten Arbeitsunfähigkeit infolge derselben Krankheit mindestens zwölf Monate vergangen sind (§ 3 Abs. 1 Satz 2 Nr. 2 EFZG). Diese Vorschrift kommt zur Anwendung, wenn der Arbeitnehmer innerhalb von zwölf Monaten mehrmals an derselben Krankheit erkrankt.

Liegen diese Voraussetzungen vor, entsteht für den Arbeitnehmer ein neuer Anspruch auf Entgeltfortzahlung für **weitere sechs Wochen.**

WICHTIG!

Der Anspruch auf Entgeltfortzahlung besteht grundsätzlich nur bis zur **Beendigung des Arbeitsverhältnisses.** Endet das Arbeitsverhältnis während der Arbeitsunfähigkeit des Arbeitnehmers, so endet der Anspruch auf Entgeltfortzahlung mit dem Ende des Arbeitsverhältnisses (§ 8 Abs. 2 EFZG). Etwas anderes gilt nach § 8 Abs. 1 EFZG nur, wenn dem Arbeitnehmer wegen der Erkrankung gekündigt wird oder der Arbeitnehmer selbst aus einem vom Arbeitgeber zu vertretenden Grund fristlos kündigt. In diesem Fall besteht der Entgeltfortzahlungsanspruch für die Dauer der Arbeitsunfähigkeit, längstens für sechs Wochen weiter.

ACHTUNG!

Der Anspruch auf Entgeltfortzahlung entsteht für den Arbeitnehmer nur, wenn die krankheitsbedingte Arbeitsunfähigkeit **unverschuldet** ist. Gemeint ist damit ein **Verschulden sich
selbst gegenüber.** Verschuldet ist deswegen die Arbeitsunfähigkeit, wenn sie durch einen
gröblichen Verstoß gegen das von einem verständigen Menschen im eigenen Interesse zu
erwartende Verhalten verursacht worden ist. In Bezug auf eine Krankheit liegt ein solches Verhalten vor, wenn der Arbeitnehmer sie

▶ durch unverständiges, leichtfertiges, mutwilliges oder gegen die guten Sitten verstoßen-
des Verhalten herbeigeführt oder

▶ deren Heilung erheblich verzögert hat und

▶ es danach unbillig wäre, die Folgen eines solchen Verhaltens auf den Arbeitgeber abzu-
wälzen.

Ein Verschulden in diesem beschriebenen Sinn kann eine Krankheit her-
beiführen, eine bestehende Erkrankung verschlimmern oder die Heilung
verzögern. Hat der Arbeitnehmer seine Arbeitsunfähigkeit in diesem Sinne
selbst verschuldet, so hat er keinen Entgeltfortzahlungsanspruch gegenüber dem Arbeitgeber. Ein Teilverschulden gibt es nicht. Der Entgeltfortzahlungsanspruch besteht entweder in voller Höhe oder gar nicht.

Ein Drittverschulden beeinflusst den Anspruch auf Entgeltfortzahlung
nicht. Der Arbeitnehmer **behält** seinen **Anspruch auf Entgeltfortzahlung**
gegenüber dem Arbeitgeber in voller Höhe für die Dauer der Arbeitsunfähigkeit. Kann der Arbeitnehmer nach gesetzlichen Bestimmungen von
dem Dritten **Schadensersatz** wegen des ihm entstehenden Verdienstaus-
fallschadens verlangen, so geht dieser Anspruch nach § 6 Abs. 1 EFZG
auf den Arbeitgeber über. Der Arbeitgeber kann dann von dem Dritten Ersatz der Leistungen verlangen, die er wegen der Arbeitsunfähigkeit an den
Arbeitnehmer erbracht und aufgewendet hat. Zu diesen Leistungen zählen
auch die Arbeitgeberanteile zur Sozialversicherung, anteiliges Urlaubs-
oder Weihnachtsgeld. Der Arbeitnehmer ist nach § 6 Abs. 2 EFZG verpflichtet, dem Arbeitgeber unverzüglich die erforderlichen Angaben zu
machen, die dieser benötigt, um den übergegangenen Schadensersatz-
anspruch geltend machen zu können. Zu diesen Angaben zählen beispielsweise Name und Anschrift des schädigenden Dritten, Datum des
Schadenseintritts und Hergang des Schadensereignisses.

 ACHTUNG!

Verhindert der Arbeitnehmer schuldhaft den Forderungsübergang, kann der Arbeitgeber nach
§ 7 Abs. 1 Nr. 2 EFZG die Entgeltfortzahlung verweigern.

Entgeltfortzahlung im Krankheitsfall

 WICHTIG!

Ist der Arbeitnehmer arbeitsunfähig erkrankt, ist er nach § 5 EFZG verpflichtet, dem Arbeitgeber die **Arbeitsunfähigkeit und deren voraussichtliche Dauer unverzüglich** anzuzeigen. Hierzu genügt beispielsweise die telefonische Mitteilung an die Personalabteilung, den unmittelbaren Vorgesetzten oder an die vom Arbeitgeber hierfür festgelegte Abteilung oder Person.

Dauert die Arbeitsunfähigkeit **länger als drei Kalendertage,** ist der Arbeitnehmer verpflichtet, eine **ärztliche Bescheinigung** über das Bestehen der Arbeitsunfähigkeit sowie deren voraussichtliche Dauer vorzulegen. Die Arbeitsunfähigkeitsbescheinigung muss **spätestens** an dem auf den dritten Kalendertag folgenden Arbeitstag beim Arbeitgeber vorliegen. Bei einer Fünftagewoche, in der montags bis freitags gearbeitet wird, muss die Arbeitsunfähigkeitsbescheinigung spätestens dem Arbeitgeber vorgelegt werden:

Dritter Kalendertag:	darauf folgender Arbeitstag:
Montag	Dienstag
Dienstag	Mittwoch
Mittwoch	Donnerstag
Donnerstag	Freitag
Freitag	Montag
Samstag	Montag
Sonntag	Montag

 TIPP!

Der Arbeitgeber ist berechtigt, **die Vorlage der ärztlichen Bescheinigung bereits vom ersten Tag** der Arbeitsunfähigkeit **zu verlangen,** z. B., wenn er konkrete Anhaltspunkte hat, dass die Arbeitsunfähigkeit nicht oder nicht in dem angegebenen Umfang besteht. Der Arbeitgeber kann aber auch grundsätzlich von allen Mitarbeitern durch eine einzelvertragliche Vereinbarung die Vorlage eines ärztlichen Attestes ab dem ersten Krankheitstag verlangen.

 Formulierungsvorschlag:

Der Mitarbeiter ist verpflichtet, der Firma jede Dienstverhinderung sowie ihre voraussichtliche Dauer unverzüglich anzuzeigen, und ab dem ersten Krankheitstage eine ärztliche Arbeitsunfähigkeitsbescheinigung vorzulegen. Dies gilt auch, falls die Arbeitsunfähigkeit länger als in der Bescheinigung angegeben andauert.

Dauert die **Arbeitsunfähigkeit länger** als in der Bescheinigung angegeben, ist der Arbeitnehmer verpflichtet, eine neue Arbeitsunfähigkeitsbescheinigung vorzulegen. Hält sich der Arbeitnehmer bei Beginn der

Arbeitsunfähigkeit im **Ausland** auf, ist er verpflichtet, dem Arbeitgeber die Arbeitsunfähigkeit, deren voraussichtliche Dauer und seine Adresse am Aufenthaltsort **unverzüglich** mitzuteilen. Die Mitteilung muss in der schnellstmöglichen Art erfolgen – also beispielsweise durch Telefon, Telefax oder Telegramm. Die Kosten für diese Mitteilung muss der Arbeitgeber übernehmen. Diese Anzeigepflicht trifft den Arbeitnehmer auch, wenn er sich aufgrund seines **Urlaubs** im Ausland aufhält. Außerdem ist der Arbeitnehmer verpflichtet, wenn er Mitglied einer gesetzlichen Krankenkasse ist, auch dieser die Arbeitsunfähigkeit und deren voraussichtliche Dauer unverzüglich anzuzeigen. Dauert die Arbeitsunfähigkeit länger als angezeigt, ist der Arbeitnehmer verpflichtet, der gesetzlichen Krankenkasse die voraussichtliche Fortdauer der Arbeitsunfähigkeit mitzuteilen. Kehrt der arbeitsunfähig erkrankte Arbeitnehmer ins Inland zurück, muss er seine Rückkehr dem Arbeitgeber und der Krankenkasse anzeigen.

 ACHTUNG!

Der Arbeitgeber kann die Entgeltfortzahlung **verweigern,** solange der Arbeitnehmer
▶ ihm die Arbeitsunfähigkeitsbescheinigung nicht vorlegt (§ 7 Abs. 1 Nr. 1 EFZG) oder
▶ seinen Anzeigepflichten bei einer Erkrankung im Ausland nicht nachkommt (§ 7 Abs. 1 Nr. 1 EFZG) oder
▶ ihm den verlangten Sozialversicherungsausweis nicht aushändigt.

Der Arbeitgeber ist berechtigt, während der Entgeltfortzahlung im Krankheitsfall die Hinterlegung des Sozialversicherungsausweises zu verlangen (§ 100 Abs. 2 SGB IV). Bei Beendigung der Entgeltfortzahlung im Krankheitsfall ist der Sozialversicherungsausweis unverzüglich zurückzugeben.

Entgeltumwandlung

Nach § 1 Abs. 2 Nr. 3 BetrAVG können Arbeitgeber und Arbeitnehmer in einer einzelvertraglichen Abrede vereinbaren, dass Teile des laufenden und zukünftigen Entgelts in wertgleiche Anwartschaften auf Versorgungsleistungen umgewandelt werden. Die Höhe des umzuwandelnden Entgeltbetrags wird von Arbeitgeber und Arbeitnehmer festgelegt. Bis zu einer Höhe von 4 % der jeweiligen Beitragsbemessungsgrenze zur Rentenversicherung kann ein versicherungspflichtiger Arbeitnehmer die Entgeltumwandlung verlangen (§ 1 a Abs. 1 BetrAVG).

 WICHTIG!

Rechtsgrundlage der Entgeltumwandlung kann nur eine einzelvertragliche Vereinbarung sein. Eine Umwandlung durch tarifvertragliche Regelungen oder eine Betriebsvereinbarung ist nicht möglich. Es empfiehlt sich, eine derartige Vereinbarung außerhalb des Arbeitsvertrags zu treffen und dort nur auf die entsprechende Vereinbarung zu verweisen.

Formulierungsvorschlag:

Arbeitgeber und Arbeitnehmer werden in einer gesonderten einzelvertraglichen Vereinbarung eine Entgeltumwandlung im Sinne von § 1 Abs. 2 Ziffer 3 BetrAVG regeln.

Erziehungsurlaub

Siehe Elternzeit

Freie Mitarbeit/Freie Mitarbeiter

Siehe auch Scheinselbständigkeit

Freie Mitarbeiter sind Personen, die aufgrund einzelner Aufträge eines Unternehmens oder Unternehmers tätig werden. Zwischen dem Unternehmen oder Unternehmer und dem freien Mitarbeiter besteht kein befristetes oder unbefristetes Arbeitsverhältnis. Der freie Mitarbeiter kann frei entscheiden, ob er den Auftrag annimmt oder nicht. Dies bedeutet aber auch, dass ein freier Mitarbeiter keinen Anspruch auf Erteilung eines Auftrages hat.

WICHTIG!

Der Abschluss und die Durchführung des Vertrages mit dem freien Mitarbeiter unterliegen ausschließlich den Bestimmungen des Bürgerlichen Gesetzbuches (BGB). Alle arbeitsrechtlichen Vorschriften, z.B. Kündigungsschutzgesetz, Arbeitszeitrecht etc., sind auf die freien Mitarbeiter nicht anwendbar. Dies bedeutet zum Beispiel,

► dass der freie Mitarbeiter sich seine Arbeitszeit grundsätzlich frei einteilen kann,

► der Unternehmer bei der Kündigung des Vertrages mit dem freien Mitarbeiter keine Rücksicht auf das Kündigungsschutzgesetz nehmen muss oder

► der Unternehmer bei der Kündigung des Vertrages mit dem freien Mitarbeiter nur die im Vertrag vereinbarte Kündigungsfrist berücksichtigen muss. Auch wenn der Vertrag viele Jahre besteht, muss der Unternehmer die aufgrund einer längeren „Betriebszugehörigkeit" verlängerten Kündigungsfristen, die bei Arbeitnehmern anzuwenden wären, nicht beachten.

In den meisten Fällen ist die Abgrenzung freier Mitarbeiter und Arbeitnehmer schwierig. Denn es gibt keine festen Kriterien für die Abgrenzung. Jeder Fall ist einzeln zu beurteilen. Von Wesentlicher Bedeutung ist der Grad der persönlichen Abhängigkeit des Mitarbeiters vom Auftraggeber. Als freier Mitarbeiter wird grundsätzlich angesehen, wer

► seine Tätigkeit im Wesentlichen frei gestalten,

► seine Arbeitszeit frei bestimmen und

► seine persönliche Selbständigkeit wahren kann.

Folgende Kriterien sprechen in der Regel für ein reguläres Arbeitsverhältnis und gegen eine freie Mitarbeitertätigkeit:

► persönliche und fachliche Weisungsgebundenheit
► zeitliche und örtliche Bindung in einem Betrieb
► ausgeübte Kontrolle durch den Unternehmer
► ständige Dienstbereitschaft auf Abruf des Unternehmers
► vollständige Eingliederung in den Betriebsablauf
► Unterordnung unter einen fremden Plan
► fehlende Möglichkeit zur Ablehnung einzelner Aufträge
► die Pflicht des Nachweises von Arbeitsunfähigkeitszeiten
► die Pflicht zum Besuch von Schulungen und
► die Verpflichtung zu regelmäßigen Berichten über durchgeführte Besuche und deren Ergebnisse.

 ACHTUNG!

Die Ausgestaltung eines Dienstverhältnisses als freies Mitarbeiterverhältnis ist im Rahmen der allgemeinen Vertragsfreiheit grundsätzlich immer zulässig. Wenn die Vereinbarung allerdings dazu dienen soll, die arbeits- und sozialrechtlichen Schutzvorschriften zu umgehen, ist ein solcher Vertrag unzulässig. In diesem Fall werden der Unternehmer und der freie Mitarbeiter so behandelt, als hätten sie einen normalen Arbeitsvertrag geschlossen.

Geheimhaltung

Siehe Schweigepflicht

Geringfügige Beschäftigung

Siehe auch geringfügig entlohnte Beschäftigung und kurzfristige Beschäftigung

Bei einer geringfügigen Beschäftigung kann es sich um eine geringfügig entlohnte oder eine kurzfristige Beschäftigung handeln. Bei beiden Beschäftigungsverhältnissen gilt das Arbeitsrecht in vollem Umfang, es sind lediglich sozialversicherungsrechtliche Besonderheiten zu beachten, die zu einer Versicherungsfreiheit der Beschäftigung führen sollen.

 TIPP!

Die Voraussetzungen für eine geringfügige Beschäftigung sind in § 8 SGB IV abschließend geregelt. Um die Versicherungsfreiheit nicht zu gefährden, sind die Voraussetzungen immer einzuhalten. Eine – auch nur kurzfristige – Überschreitung kann schon die Versicherungspflicht auslösen.

Eine geringfügige Beschäftigung ist arbeitsrechtlich gesehen ein „normales" Arbeitsverhältnis mit vom Sozial- und Steuerrecht vorgegebenen Eckdaten hinsichtlich Beschäftigungsdauer und Entlohnung. Alle arbeitsrechtlichen Regelungen finden daher in vollem Umfang auf die geringfügig Beschäftigten Anwendung.

Dies bedeutet für den Arbeitgeber z. B.:

1. Bei einer unverschuldeten krankheitsbedingten Arbeitsunfähigkeit des geringfügig Beschäftigten muss Entgeltfortzahlung im Krankheitsfall gezahlt werden.

2. Der geringfügig Beschäftigte hat Anspruch auf Urlaub – bei einer Dauerbeschäftigung mindestens in Höhe des gesetzlichen Mindesturlaubs in Höhe von 24 Werktagen (= 20 Arbeitstagen).

3. Bei einer Kündigung sind die gesetzlichen, arbeits- oder tarifvertraglichen Kündigungsfristen zu beachten. Findet das Kündigungsschutzgesetz Anwendung, kann auch ein geringfügig Beschäftigter Kündigungsschutzklage erheben.

4. Auf eine geringfügig beschäftigte Arbeitnehmerin findet bei einer Schwangerschaft das Mutterschutzgesetz Anwendung, sie ist also z. B. nur noch mit Genehmigung des zuständigen Gewerbeaufsichtsamtes kündbar.

Geringfügig entlohnte Beschäftigung

Eine geringfügig entlohnte Beschäftigung im Sinne von § 8 Abs. 1 SGB IV ist grundsätzlich eine Teilzeitbeschäftigung (§ 2 Abs. 2 TzBfG). Die geringfügig Beschäftigten haben die gleichen Rechte wie Vollzeitbeschäftigte. Besonderheiten gelten allerdings für das Sozialversicherungs- und Lohnsteuerrecht.

Eine geringfügig entlohnte Beschäftigung im Sinne von § 8 Abs. 1 SGB IV liegt – egal ob es sich um ein unbefristetes oder befristetes Arbeitsverhältnis handelt – nur vor, wenn das regelmäßige Arbeitsentgelt monatlich nicht mehr als 400 EUR beträgt. Wird die Arbeitsentgeltgrenze überschritten, endet grundsätzlich die Versicherungsfreiheit der geringfügig entlohnten Beschäftigung.

 TIPP!

Die bisher geltende Arbeitszeitgrenze von 15 Stunden wöchentlich ist mit Wirkung vom 1. 4. 2003 ersatzlos entfallen. Geringfügig entlohnte Beschäftigte dürfen daher auch mehr als 15 Stunden beschäftigt werden, ohne dass Sozialversicherungspflicht eintritt.

ACHTUNG!

Folgendes ist zu beachten:

▶ Werden mehrere Minijobs nebeneinander ausgeübt, werden diese zusammengerechnet. Solange die Verdienstgrenze von 400,– € nicht überschritten wird, sind die Jobs für den Arbeitnehmer in der Sozialversicherung beitragsfrei, der Arbeitgeber hat pauschale Beiträge aber abzuführen. Wird die Entgeltgrenze überschritten, fallen für Arbeitgeber und Arbeitnehmer Beiträge zur Sozialversicherung an.

▶ Wird eine geringfügige Beschäftigung neben einer versicherungspflichtigen nicht geringfügigen Beschäftigung ausgeübt, werden die beiden Beschäftigungen nicht mehr zusammengerechnet. Der Minijob bleibt für den Arbeitnehmer beitragsfrei in der Sozialversicherung, der Arbeitgeber hat pauschale Beiträge abzuführen.

Achtung: Diese Regel gilt nicht, wenn mehrere Minijobs neben einer Hauptbeschäftigung ausgeübt werden. In diesem Fall bleibt ein Minijob beitragsfrei für den Arbeitnehmer, für weitere hat er jedoch Beiträge zur Sozialversicherung zu zahlen, da diese mit der Hauptbeschäftigung zusammengezählt werden.

▶ Werden mehrere Minijobs ausgeübt, werden diese grundsätzlich addiert. Übersteigt der Gesamtverdienst 400,– €, tritt grundsätzlich für den Arbeitnehmer in allen Zweigen der Sozialversicherung Versicherungspflicht ein. Bei einem Gesamtverdienst zwischen 400,01 € und 800,– € (= Gleitzone, § 20 Abs. 2 SGB IV n.F.) werden die Beiträge für den Arbeitnehmer aber gestaffelt aufgrund einer besonderen Berechnungsgrundlage errechnet. Die Beiträge für den Arbeitnehmer steigen linear bis zum vollen Arbeitnehmeranteil. Der Arbeitgeber zahlt in diesen Fällen die Beiträge zur Kranken-, Pflege-, Arbeitslosen- und Rentenversicherung aus dem tatsächlichen Arbeitsentgelt. Die Besteuerung innerhalb der Gleitzone erfolgt individuell aufgrund der persönlichen Verhältnisse des Arbeitnehmers.

▶ Für die geringfügige Beschäftigung mit einem Verdienst bis zu 400,– € hat der Arbeitgeber pauschale Beiträge zur Kranken- und Rentenversicherung sowie eine pauschale Lohnsteuer abzuführen. Der Beitrag zur Krankenversicherung beträgt ab 1. 4. 2003 für den Arbeitgeber 11 % vom jeweiligen Entgelt. Der Beitrag zur Rentenversicherung beträgt pauschal 12 % vom jeweiligen Entgelt. Darüber hinaus hat der Arbeitgeber eine pauschale Lohnsteuer in Höhe von 2 % abzuführen. Der Arbeitgeber führt die Pauschalabgabe in Höhe von nunmehr insgesamt 25 % an eine gemeinsame Stelle ab, deren Aufgabe die Verteilung der Teilbeträge an die Finanzverwaltung und die Kranken- und Rentenversicherung ist.

Mehrere Minijobs: Versicherungspflicht muss amtlich festgestellt sein

Übt ein Arbeitnehmer mehrere geringfügige Beschäftigungen bei verschiedenen Arbeitgebern nebeneinander aus, so werden diese hinsichtlich des Arbeitsentgelts zusammengerechnet. Wird nach der Addition die Arbeitsentgeltgrenze überschritten, entfällt die Versicherungsfreiheit (§ 8 Abs. 2 SGB IV) mit der Folge, dass jedes geringfügige Beschäftigungsverhältnis in allen Versicherungszweigen versicherungspflichtig wird. Allerdings tritt nach dem neu eingeführten § 8 Abs. 2 Satz 3 SGB IV die Versicherungspflicht erst mit dem Tag ein, an dem der Rentenversicherungsträger oder die Einzugsstelle die Feststellung der Versicherungspflicht bekannt gibt.

Minijob neben Hauptjob

Arbeitsentgelte aus einer geringfügig entlohnten und einer versicherungspflichtigen Hauptbeschäftigung werden nur noch dann addiert, wenn der Arbeitnehmer neben dem Hauptjob mehr als eine geringfügige Beschäftigung ausübt. Mit anderen Worten: Nur der zweite und jeder weitere Minijob müssen zur Hauptbeschäftigung hinzugerechnet werden, mit der Folge, dass sie in Kranken-, Pflege- und Rentenversicherung versicherungspflichtig werden.

Nur für die Arbeitslosenversicherung erfolgt die Addition nicht, hier bleiben geringfügige Beschäftigungen versicherungsfrei (§ 27 Abs. 2 SGB III). Hier werden nur Arbeitszeiten und Arbeitsentgelte aus mehreren geringfügigen Beschäftigungen addiert, nicht jedoch aus einer geringfügigen und einer sozialversicherungspflichtigen Beschäftigung. Der geringfügig entlohnte Nebenjob neben dem sozialversicherungspflichtigen Hauptjob bleibt deswegen immer arbeitslosenversicherungsfrei.

Der Beitrag zur Krankenversicherung beträgt 11 % vom jeweiligen Entgelt. Die pauschalen Beiträge zur Krankenversicherung sind nur dann zu zahlen, wenn die geringfügige Beschäftigung versicherungsfrei bleibt und der Arbeitnehmer bereits gesetzlich krankenversichert ist. Auf die Art des Versicherungsverhältnisses kommt es dabei nicht an. In der gesetzlichen Krankenversicherung versichert sind daher

► Pflichtversicherte

► freiwillig Versicherte

► Familienversicherte.

Der Beitrag zur Rentenversicherung beträgt pauschal 12 % vom jeweiligen Entgelt. Die Pflicht zur Entrichtung des pauschalen Beitrags ist nicht davon abhängig, dass der geringfügig Beschäftigte bereits Versicherter der Rentenversicherung ist. Die pauschalen Beiträge sind also in jedem Fall abzuführen, auch dann wenn der geringfügig entlohnte Beschäftigte z. B.

► wegen des Bezugs einer Altersrente

► wegen einer Mitgliedschaft in einem berufständischen Versorgungswerk rentenversicherungsfrei ist.

 TIPP!

Im Arbeitsvertrag sollte bei einer geringfügig entlohnten Beschäftigung immer darauf hingewiesen werden, dass

1. bestimmte gesetzlichen Voraussetzungen unbedingt einzuhalten sind, um die Versicherungsfreiheit zu erhalten.

2. eine Zusammenrechnung mehrerer Arbeitsverhältnisse mit der Folge der Versicherungspflicht erfolgt.

Formulierungsvorschlag:

Die Parteien sind sich einig, dass das Beschäftigungsverhältnis im Rahmen einer geringfügig entlohnten Beschäftigung im Sinne von § 8 Abs. 1 SGB IV ausgeübt wird. Zur Wahrung der Versicherungsfreiheit darf ein Verdienst von monatlich 400 € nicht überschritten werden. Der Mitarbeiter/Die Mitarbeiterin wurde ausdrücklich darauf hingewiesen, dass die Aufnahme eines weiteren Arbeitsverhältnisses unverzüglich zu melden ist und damit eine Überschreitung der in § 8 Abs. 1 SGB IV festgelegten Grenzen mit der Folge der Sozialversicherungspflicht droht.

Durch eine schriftliche Verzichtserklärung gegenüber dem Arbeitgeber kann der Arbeitnehmer Rentenanwartschaften erwerben, muss allerdings den pauschalen Arbeitgeberbeitrag von 12 % aus eigener Tasche auf den aktuellen Rentenbeitragssatz aufstocken. Ein Widerruf der Verzichtserklärung ist nicht möglich. Die Verzichtserklärung verliert ihre Wirkung nur durch das Ende der geringfügig entlohnten Beschäftigung. Übt der Arbeitnehmer mehrere geringfügig entlohnten Beschäftigungen nebeneinander aus ohne die Geringfügigkeitsgrenzen zu überschreiten, kann der Verzicht nur einheitlich für alle geringfügig entlohnten Beschäftigungen erklärt werden.

 Formulierungsvorschlag:

Der Arbeitnehmer verzichtet auf die Versicherungsfreiheit in der gesetzlichen Rentenversicherung, um eigene Rentenanwartschaften zu erwerben. Der Arbeitnehmer ist aufgrund dieses Verzichtes verpflichtet, die Differenz zwischen dem vom Arbeitgeber gezahlten pauschalen Beitrag zur Rentenversicherung (zzt. 12 %) und dem jeweils aktuellen Rentenbeitragssatz aus eigenen Mitteln zu bezahlen. Der Arbeitnehmer ermächtigt den Arbeitgeber, den Differenzbetrag von der monatlichen Vergütung einzubehalten und an die zuständige Einzugsstelle abzuführen.

Übt ein Arbeitnehmer mehrere geringfügige Beschäftigungen bei verschiedenen Arbeitgebern nebeneinander aus, so werden diese hinsichtlich des Arbeitsentgelts zusammengerechnet. Werden nach der Addition die Arbeitsentgeltgrenzen überschritten, entfällt die Versicherungsfreiheit (§ 8 Abs. 2 SGB IV) mit der Folge, dass jedes geringfügige Beschäftigungsverhältnis in allen Versicherungszweigen versicherungspflichtig wird. Die Beiträge sind von jedem Arbeitgeber nach seinem Arbeitsentgelt zu berechnen und jeweils von Arbeitgeber und Arbeitnehmer zur Hälfte zu tragen.

 TIPP!

Bis zu einem Verdienst von 800,– € zahlt der Arbeitnehmer geringere Sozialversicherungsbeiträge.

Arbeitsentgelte aus einer geringfügig entlohnten und einer versicherungspflichtigen Hauptbeschäftigung werden addiert, sofern der Arbeitnehmer neben der Hauptbeschäftigung mehr als eine geringfügig entlohnte Beschäftigung ausübt. Dies hat zur Folge, dass die geringfügig entlohnte Beschäftigung in der Kranken-, Pflege- und Rentenversicherung versicherungspflichtig wird.

Ist die Hauptbeschäftigung des Arbeitnehmers nicht in allen Zweigen der Sozialversicherung versicherungspflichtig, z. B. wegen Überschreitens der jeweils geltenden Versicherungspflichtgrenzen (Beitragsbemessungsgrenzen), so wird die Nebenbeschäftigung nur in den Bereichen addiert, in denen noch Sozialversicherungspflicht besteht (Ausnahme: Arbeitslosenversicherung: hier erfolgt grundsätzlich keine Addition der geringfügig entlohnten Beschäftigung mit der Hauptbeschäftigung).

 TIPP!

Nicht addiert werden eine geringfügig entlohnte Beschäftigung und eine kurzfristige Beschäftigung im Sinne von § 8 SGB IV.

 ACHTUNG!

Eine Zusammenrechnung erfolgt auch, wenn der Arbeitnehmer neben der geringfügig entlohnten Beschäftigung eine selbständige Tätigkeit ausübt.

Arbeitslose

Ein Arbeitsloser, der Leistungen vom Arbeitsamt bezieht oder dort arbeitssuchend gemeldet ist, kann daneben eine geringfügig entlohnte Beschäftigung ausüben. Diese bleibt versicherungsfrei, obwohl der Arbeitslose als Arbeitslosengeldbezieher kranken- und rentenversicherungspflichtig ist.

Übersteigt die Entlohnung ausnahmsweise die Geringfügigkeitsgrenze, tritt bei einem Bezieher von Arbeitslosengeld oder Arbeitslosenhilfe Kranken-, Pflege- und Rentenversicherungspflicht für die geringfügig entlohnte Beschäftigung ein. Liegt die wöchentliche Arbeitszeit unter 15 Wochenstunden, bleibt es bei der Versicherungsfreiheit in der Arbeitslosenversicherung.

Ausnahme: Bezieht der Arbeitslose nur ein Teilarbeitslosengeld, gilt dies nicht.

Elternzeit

Wird eine geringfügig entlohnte Beschäftigung während der Elternzeit ausgeübt, so bleibt diese versicherungsfrei, auch dann, wenn sie bei einem anderen Arbeitgeber ausgeübt wird. Das ruhende Beschäftigungsverhältnis bleibt unberücksichtigt.

WICHTIG! Steuerrechtliche Voraussetzungen

Geringfügig entlohnte Beschäftigungen, für die der Arbeitgeber pauschale Beiträge zur Rentenversicherung zahlt, sind vom Arbeitgeber pauschal mit 2 % zu versteuern, wenn der Arbeitgeber auf die Vorlage der Lohnsteuerkarte durch den Arbeitnehmer verzichtet. Mit Zahlung der pauschalen Lohnsteuer sind alle Steueransprüche des Staates hinsichtlich der gezahlten Vergütung befriedigt.

Will der Arbeitgeber keine pauschale Lohnsteuer abführen, kann er das Arbeitsentgelt entweder pauschal mit 20 % oder nach der vom Arbeitnehmer vorgelegten Lohnsteuerkarte versteuern. Das pauschal besteuerte Arbeitsentgelt und die pauschale Lohnsteuer bleiben bei einem Lohnsteuerjahresausgleich oder bei einer Veranlagung zur Einkommensteuer beim Arbeitnehmer außer Betracht. Bei einer pauschalen Besteuerung ist der Arbeitgeber der Lohnsteuerschuldner.

Im Gegensatz zur Sozialversicherung erfolgt im Steuerrecht keine Zusammenrechnung von mehreren geringfügig entlohnten Beschäftigungen. Der Arbeitgeber kann das Arbeitsentgelt daher auch dann noch pauschal besteuern, wenn der Arbeitnehmer mehrere geringfügige Beschäftigungen nebeneinander oder den Minijob neben einer sozialversicherungspflichtigen Hauptbeschäftigung ausübt.

Wenn der Arbeitgeber das Arbeitsentgelt nicht pauschal versteuern will, muss er

► sich vom Arbeitnehmer eine Lohnsteuerkarte vorlegen lassen und das Arbeitsentgelt auf der Basis der dortigen Eintragungen versteuern.

► das Arbeitsentgelt bei Nichtvorlage einer Lohnsteuerkarte nach Steuerklasse VI versteuern.

Geschäftsreise

Siehe Dienstreise

Geschäftswagen

Siehe Dienstwagen

Gleichbehandlungsgrundsatz

Der in Artikel 3 GG verankerte Gleichheitssatz verpflichtet nicht nur den Gesetzgeber, sondern auch die Tarifvertragsparteien, Betriebsrat und Arbeitgeber sowie den Arbeitgeber selbst, bei Vereinbarungen Gleiches gleich zu behandeln, Ungleiches seiner Eigenart nach verschieden, aber doch in verhältnismäßiger Gleichheit zu behandeln. Der Gleichheitssatz verbietet insbesondere eine Differenzierung nach Geschlechtern. Insoweit wurde für Arbeitsverhältnisse in § 613a BGB eine Sonderregelung geschaffen (siehe auch Lohngleichheit).

Vom Gleichheitssatz ist der Gleichbehandlungsgrundsatz zu unterscheiden. Hierbei handelt es sich um einen privatrechtlichen, insbesondere von der Rechtsprechung entwickelten Grundsatz, der es Arbeitgebern verbietet, einzelne Arbeitnehmer oder Gruppen von Arbeitnehmern aus willkürlichen und damit sachfremden Gründen schlechter zu behandeln als andere, sich in vergleichbarer Lage befindliche Arbeitnehmer.

 ACHTUNG!

Der Gleichbehandlungsgrundsatz kann Rechtsansprüche eines Arbeitnehmers begründen, wenn der Ausschluss eines Arbeitnehmers oder einer Gruppe von Arbeitnehmern von einer Leistung des Arbeitgebers nicht mit sachlichen Gründen zu rechtfertigen und damit unwirksam ist.

Bei Arbeitsvertragsverhandlungen spielt der Gleichbehandlungsgrundsatz insoweit eine Rolle, als der Arbeitgeber bei Zusagen von Leistungen einen Arbeitnehmer im Vergleich zu den im übrigen Beschäftigten aus sachfremden Gründen weder begünstigen noch benachteiligen darf.

Gratifikationen

Siehe Sonderzahlungen

Honorarvertrag

Siehe freie Mitarbeit

Jobsharing

Siehe auch Teilzeit

Die gesetzliche Grundlage des Jobsharings ist § 13 TzBfG. Nach dessen Abs. 1 können Arbeitgeber und Arbeitnehmer vereinbaren, dass mehrere Arbeitnehmer sich die Arbeitszeit an einem Arbeitsplatz teilen. Ist einer dieser Arbeitnehmer an der Arbeitsleistung verhindert, sind die anderen Arbeitnehmer nunmehr von Gesetzes wegen zur Vertretung verpflichtet, wenn sie der Vertretung im Einzelfall zugestimmt haben. Eine Vertretungspflicht besteht auch, wenn der Arbeitsvertrag bei Vorliegen dringender

Kündigung, allgemein

betrieblicher Gründe eine Vertretung vorsieht und diese im Einzelfall zumutbar ist.

§ 13 Abs. 2 TzBfG untersagt dem Arbeitgeber die Kündigung des Arbeitsverhältnisses für den Fall, dass einer der am Jobsharing beteiligten Arbeitnehmer aus dem Arbeitsverhältnis ausscheidet – aus welchen Gründen ist gleichgültig. Der Arbeitgeber kann in diesen Fällen wirksam nur eine Änderungskündigung aussprechen. Eine Kündigung aus anderen Gründen bleibt unberührt.

Diese Regelungen gelten auch für Arbeitnehmer, die sich in zeitlichen Blöcken auf bestimmten Arbeitsplätzen abwechseln, ohne dass eine Arbeitsplatzteilung im oben beschriebenen Sinn vorliegt (§ 13 Abs. 3 TzBfG).

Durch Tarifvertrag kann von den gesetzlichen Regelungen auch zuungunsten der Arbeitnehmer abgewichen werden, wenn der Tarifvertrag Regelungen über die Vertretung der Arbeitnehmer enthält. Im Geltungsbereich eines solchen Tarifvertrags können nicht tarifgebundene Arbeitgeber und Arbeitnehmer einzelvertraglich die Anwendung der tariflichen Regelungen über die Arbeitsplatzteilung vereinbaren.

Kündigung, allgemein

Siehe auch Kündigung, außerordentliche/Kündigung, ordentliche/Änderungskündigung/Kündigungsfristen

Das Recht zur Kündigung steht Arbeitgeber und Arbeitnehmer gleichermaßen zu. Für den Arbeitnehmer gibt es keine Einschränkungen seines Kündigungsrechtes. Für den Arbeitgeber ist das Kündigungsrecht eingeschränkt durch den

► allgemeinen Kündigungsschutz des Kündigungsschutzgesetzes (KSchG).

► sowie den besonderen Kündigungsschutz für bestimmte, besonders schutzwürdige Arbeitnehmergruppen. Der besondere Kündigungsschutz besteht entweder in einem Kündigungsverbot, einem Kündigungsausschluss oder darin, dass der Arbeitgeber vor Ausspruch der Kündigung die Zustimmung einer Behörde einholen muss.

Der Kündigungsschutz soll den Arbeitnehmer gegen willkürliche Kündigungen durch den Arbeitgeber schützen. Der Kündigungsschutz greift ein bei ordentlichen und außerordentlichen Kündigungen sowie bei Änderungskündigungen.

Eine Kündigung ist die einseitige Erklärung einer Vertragspartei, mit der das Arbeitsverhältnis für die Zukunft aufgelöst werden soll. Die Kündigungserklärung muss der anderen Vertragspartei zugehen, aber nicht von ihr angenommen werden. Die Kündigung wird mit ihrem Zugang wirksam, wenn dem Kündigungsempfänger nicht vorher oder gleichzeitig ein Widerruf zugeht (§ 130 Abs. 1 Satz 2 BGB).

Die Kündigung muss klar und deutlich erkennen lassen, dass das Arbeitsverhältnis zu einem bestimmten Zeitpunkt beendet werden soll. Ist die Kündigungserklärung nicht eindeutig zu verstehen, so gehen auftretende Zweifel zu Lasten dessen, der die Kündigung erklärt hat. Der Kündigungsgrund muss in der Kündigungserklärung nicht angegeben werden. Der Arbeitgeber ist allerdings verpflichtet, dem Arbeitgeber auf Verlangen den Kündigungsgrund zu nennen.

 WICHTIG!

Die Kündigung muss nach § 623 BGB schriftlich erfolgen. Schriftform setzt nach § 126 BGB voraus, dass die Urkunde vom Aussteller eigenhändig oder mittels notariell beglaubigten Handzeichens unterzeichnet ist. Eine Kündigung per E-mail genügt diesen Anforderungen nicht, eine Kündigung per Fax dagegen schon.

Kündigung, außerordentliche (fristlose)

Siehe auch Kündigung, allgemein

Arbeitgeber und Arbeitnehmer haben das Recht zur außerordentlichen fristlosen Kündigung bei Vorliegen eines wichtigen Grundes. Das Recht besteht in unbefristeten Arbeitsverhältnissen genauso wie in befristeten Arbeitsverhältnissen. Eine außerordentliche Kündigung oder fristlose Kündigung beendet ein befristetes oder unbefristetes Arbeitsverhältnis mit sofortiger Wirkung. Die bei einer ordentlichen Kündigung geltenden Kündigungsfristen müssen nicht beachtet werden. Der Kündigende muss aber unmissverständlich zu erkennen geben, dass er fristlos kündigen will. Die Angabe des Kündigungsgrundes ist – außer im Berufsbildungsgesetz (§ 15 Abs. 3) keine Wirksamkeitsvoraussetzung. Auf Verlangen muss der Kündigende dem anderen Vertragspartner den Grund für die Kündigung jedoch unverzüglich mitteilen, damit dieser die Berechtigung der außerordentlichen Kündigung nachprüfen kann.

 WICHTIG!

Die Möglichkeit zur außerordentlichen Kündigung kann im Arbeitsvertrag oder einem Tarifvertrag nicht ausgeschlossen oder beschränkt werden. Die außerordentliche Kündigung ist das letzte arbeitsrechtliche Mittel. Auch bei einer außerordentlichen Kündigung muss der Arbeitgeber den Betriebsrat nach § 102 BetrVG anhören. Wird das Arbeitsverhältnis außerordentlich gekündigt, so hat der Arbeitnehmer grundsätzlich Anspruch auf anteilige Vergütung bis zum Tag der Beendigung des Arbeitsverhältnisses.

ACHTUNG!

Nach § 626 Abs. 2 BGB muss eine außerordentliche Kündigung immer innerhalb von zwei Wochen nach Bekanntwerden der Kündigungsgründe zugehen. Diese Frist kann weder durch Betriebsvereinbarung noch durch tarifvertragliche Regelungen verlängert werden.

Die Frist beginnt in dem Zeitpunkt, in dem der Kündigungsberechtigte von den für die Kündigung maßgebenden Tatsachen sichere Kenntnis erlangt. Es handelt sich um eine so genannte Ausschlussfrist. Nach Ablauf dieser Frist ist eine außerordentliche Kündigung aufgrund dieser Tatsachen nicht mehr möglich. Nach § 626 Abs. 2 BGB wird nach Ablauf der Zweiwochenfrist unwiderlegbar vermutet, dass ein gegebener wichtiger Grund zur außerordentlichen Kündigung nicht mehr herangezogen werden kann. Etwas anderes gilt nur, wenn mehrere Gründe in ihrer Gesamtheit die Fortsetzung des Arbeitsverhältnisses unzumutbar machen. In diesem Fall können auch frühere Verfehlungen herangezogen werden, wenn der letzte Vorfall, der zur Kündigung führte, das letzte Glied in einer Kette gleichartiger Verfehlungen ist.

 TIPP!

Der Arbeitgeber darf auch die zur Entlastung des Arbeitnehmers sprechenden Argumente ermitteln. Solange der Arbeitgeber noch ermittelt, ist der Lauf der Zweiwochenfrist gehemmt. Der Fristablauf ist aber nicht mehr gehemmt, wenn alle Umstände aufgeklärt sind. Das Gesetz will damit lange Zeiten der Unsicherheit vermeiden.

 WICHTIG!

Bei Ausspruch einer außerordentlichen Kündigung nach § 626 Abs. 1 BGB benötigen sowohl Arbeitgeber als auch Arbeitnehmer einen wichtigen Grund. Eine außerordentliche Kündigung ist nur dann zulässig, wenn dem Kündigenden nicht zugemutet werden kann, das Arbeitsverhältnis bis zum Ablauf der anzuwendenden Kündigungsfrist fortzusetzen. Ein wichtiger Grund im Sinne des § 626 Abs. 1 BGB ist dann gegeben, wenn objektiv Tatsachen vorliegen, aufgrund derer dem Arbeitgeber oder dem Arbeitnehmer unter Berücksichtigung aller Umstände des Einzelfalles und unter Abwägung der Interessen beider Vertragsteile die Fortsetzung des Arbeitsverhältnisses bis zum Ablauf der Kündigungsfrist oder bis zur vereinbarten Beendigung des Arbeitsverhältnisses nicht zugemutet werden kann. Hierfür ist der Kündigende darlegungs- und beweispflichtig.

Die außerordentliche Kündigung muss für den Kündigenden das unausweichlich letzte arbeitsrechtliche Mittel sein. Sie ist daher nur zulässig, wenn alle anderen im konkreten Einzelfall in Betracht kommenden milderen und angemesseneren Mittel erschöpft sind. Angemessenere und mildere arbeitsrechtliche Mittel können beispielsweise sein:

► Abmahnung
► Änderungskündigung
► Ordentliche Kündigung.

TIPP!

Eine unwirksame außerordentliche Kündigung kann in eine wirksame ordentliche Kündigung zum nächstmöglichen Kündigungstermin umgedeutet werden, wenn

► Voraussetzungen für eine ordentliche Kündigung vorliegen,

► die Umdeutung dem mutmaßlichen Willen des Arbeitgebers, das Arbeitsverhältnis auf jeden Fall lösen zu wollen, entspricht und

► der Arbeitnehmer dies erkennen kann.

Kündigung, ordentliche (fristgerechte)

Die ordentliche Kündigung ist der Normalfall der Beendigung des Arbeitsverhältnisses. Sie ist in den §§ 620, 622 BGB geregelt. Die ordentliche – auch fristgemäße – Kündigung beendet ein auf unbestimmte Zeit eingegangenes Arbeitsverhältnis. Sie ist an die Einhaltung bestimmter Fristen gebunden und beendet das Arbeitsverhältnis zum Ablauf dieser Frist. Der Arbeitnehmer kann grundsätzlich ohne sachlichen Grund kündigen, während der Arbeitgeber, dessen Betrieb in den Anwendungsbereich des Kündigungsschutzgesetzes fällt, für seine Kündigung einen Grund benötigt, der seine Kündigung sozial rechtfertigt.

ACHTUNG!

Die ordentliche Kündigung eines Arbeitsverhältnisses kann gesetzlich, vertraglich oder tarifvertraglich ausgeschlossen sein. In diesen Fällen kann das Arbeitsverhältnis dann nur durch eine außerordentliche Kündigung beendet werden, wenn ein wichtiger Grund für eine solche vorliegt.

Gesetzliche Kündigungsausschlüsse gibt es für

► Mitglieder der Betriebsverfassungsorgane
(beispielsweise Mitglieder des Betriebsrates, der Jugend- und Auszubildendenvertretung, der Schwerbehindertenvertretung, des Wahlvorstandes oder die Wahlbewerber).

Sie können nach § 15 Kündigungsschutzgesetz (KSchG) grundsätzlich ordentlich nicht gekündigt werden.

► werdende Mütter nach dem Mutterschutzgesetz
Grundsätzlich ist die Kündigung gegenüber einer Frau während der Schwangerschaft und bis zum Ablauf von vier Monaten nach der Entbindung unzulässig und damit unwirksam (§ 9 MuSchG). Kennt der Arbeitgeber die Schwangerschaft oder Entbindung nicht, greift der Kündigungsschutz ein, wenn dem Arbeitgeber die Schwangerschaft oder die Entbindung innerhalb einer Ausschlussfrist von zwei Wochen nach

Zugang der Kündigungserklärung mitgeteilt wird. § 9 MuSchG enthält ein absolutes Kündigungsverbot, jede Kündigung durch den Arbeitgeber ist also ausgeschlossen. Einvernehmliche Beendigungen des Arbeitsverhältnisses durch Aufhebungsvertrag, Beendigung des Arbeitsverhältnisses durch den Ablauf einer Befristung oder die Kündigung durch die Arbeitnehmerin selbst sind erlaubt.

► Arbeitnehmer in Elternzeit

Sie genießen einen § 9 MuSchG vergleichbaren Kündigungsschutz für die Dauer der Elternzeit. Der Kündigungsschutz während der Elternzeit ist in § 18 BErzGG geregelt.

 ACHTUNG!

In Tarifverträgen oder Betriebsvereinbarungen wird häufig die ordentliche Kündigung für ältere Arbeitnehmer ab der Vollendung eines bestimmten Lebensjahres ausgeschlossen. Die so geschützten Arbeitnehmer können durch den Arbeitgeber dann nur noch bei Vorliegen eines wichtigen Grundes gekündigt werden.

In Ausnahmefällen kann der Arbeitgeber auch eine ordentliche Kündigung gegenüber Personen aussprechen, gegenüber denen die Kündigung eigentlich aufgrund gesetzlicher Vorschriften ausgeschlossen ist. Voraussetzung hierfür ist allerdings, dass der Arbeitgeber vor Ausspruch der Kündigung bei der zuständigen Behörde die Zustimmung einholt.

Beispielsfälle:

§ 9 Abs. 3 MuSchG für Kündigung von Schwangeren und stillenden Müttern.

§ 18 Abs. 1 BErzGG für die Kündigung während der Elternzeit.

§ 85 SGB IX für die Kündigung eines Schwerbehinderten.

Kündigung: Beteiligung des Betriebsrates

In allen Betrieben, in denen ein Betriebsrat besteht, muss der Arbeitgeber den Betriebsrat vor Ausspruch der – ordentlichen oder außerordentlichen – Kündigung anhören (§ 102 BetrVG). Spricht der Arbeitgeber seine Kündigung aus, ohne zuvor den Betriebsrat angehört zu haben, ist die Kündigung unwirksam. Dasselbe gilt, wenn die Anhörung nicht ordnungsgemäß erfolgt ist. Auch wenn der Arbeitgeber in den ersten sechs Monaten des Arbeitsverhältnisses kündigen will, muss er den Betriebsrat vor Ausspruch der Kündigung anhören.

TIPP!

Die Anhörung des Betriebsrates muss immer vor Ausspruch der Kündigung erfolgen. Sie kann nicht mehr erfolgen, wenn die Kündigung schon ausgesprochen worden ist. Holt der Arbeitgeber erst nach dem Ausspruch der Kündigung die Stellungnahme des Betriebsrates ein, so bleibt die bereits ausgesprochene Kündigung trotzdem unwirksam. Der Arbeitgeber muss in diesen Fällen dann nach Ausspruch der Kündigung nochmals eine Kündigung – gegebenenfalls dann zu einem späteren Kündigungstermin – aussprechen.

Kündigungsfristen

Siehe auch Kündigung, ordentliche

Eine ordentliche Kündigung beendet das Arbeitsverhältnis immer zu einem bestimmten Termin, der in der Regel bereits in der Kündigung angegeben wird. Enthält die Kündigung keinen Beendigungstermin, so wird angenommen, dass das Arbeitsverhältnis zum nächstmöglichen Termin, der sich bei Anwendung der einschlägigen Kündigungsfristen ergibt, beendet werden soll. Die einschlägige Kündigungsfrist für eine ordentliche Kündigung ergibt sich entweder aus dem Tarifvertrag oder einer Betriebsvereinbarung, dem Einzelarbeitsvertrag oder dem Gesetz.

 WICHTIG!

Die gesetzlichen Kündigungsfristen finden immer dann Anwendung, wenn

► der Einzelarbeitsvertrag auf diese Kündigungsfristen verweist,

► der Einzelarbeitsvertrag keine Regelungen zur Kündigung enthält,

► keine tarifvertraglichen Kündigungsfristen oder in einer Betriebsvereinbarung vereinbarte Kündigungsfristen zu beachten sind.

Eine ordentliche Kündigung wird nur dann zu dem gewünschten Termin wirksam, wenn der Kündigende die Kündigungsfrist einhält. Im konkreten Einzelfall muss daher immer erst geprüft werden, ob von den gesetzlichen Vorschriften abweichende Kündigungsfristen vereinbart wurden. Da § 622 BGB die Mindestkündigungsfristen enthält, finden diese immer dann Anwendung, wenn die einzelvertraglich oder tarifvertraglich vereinbarten Kündigungsfristen für den Arbeitnehmer schlechter sind (Günstigkeitsprinzip). Kürzere als in § 622 Abs. 1 BGB genannte Kündigungsfristen können nur unter den Voraussetzungen des § 622 Abs. 5 BGB vereinbart werden. Grundsätzlich kann in einem auf unbestimmte Zeit eingegangenen Arbeitsverhältnis im Arbeitsvertrag nur zugunsten des Arbeitnehmers von den gesetzlichen Kündigungsfristen abgewichen werden.

§ 622 BGB schreibt für unbefristete Arbeitsverhältnisse nach Ablauf der Probezeit eine Grundkündigungsfrist von vier Wochen zum 15. oder zum Ende eines Monats vor. Besteht das Arbeitsverhältnis länger als zwei Jahre und hat der Arbeitnehmer das 25. Lebensjahr vollendet, verlängern sich die Kündigungsfristen in Abhängigkeit von der Dauer der Betriebszugehörigkeit. Nach § 622 Abs. 2 BGB gelten bei einer Betriebszugehörigkeit von mehr als zwei Jahren folgende Kündigungsfristen:

Bestand	2 Jahre	1 Monat zum Ende eines Kalendermonats
	5 Jahre	2 Monate zum Ende eines Kalendermonats
	8 Jahre	3 Monate zum Ende eines Kalendermonats
	10 Jahre	4 Monate zum Ende eines Kalendermonats
	12 Jahre	5 Monate zum Ende eines Kalendermonats
	15 Jahre	6 Monate zum Ende eines Kalendermonats
	20 Jahre	7 Monate zum Ende eines Kalendermonats.

Während der Kündigungsfrist und bis zu deren Ablauf muss der Arbeitgeber den Arbeitnehmer grundsätzlich weiterbeschäftigen, da das Arbeitsverhältnis noch weiterbesteht. Der Arbeitgeber kann den Arbeitnehmer allerdings

► mit dessen Einvernehmen freistellen oder

► gegen dessen Willen freistellen, wenn schutzwürdige Interessen des Arbeitgebers an einer Nichtbeschäftigung des Arbeitnehmers bestehen. Dies kann zum Beispiel der Fall sein, wenn der Arbeitnehmer eine Vertrauensstellung innehatte oder durch das Verhalten des Arbeitnehmers ein geordneter Betriebsablauf nicht mehr möglich ist. Letzteres kann der Fall sein, wenn der Arbeitnehmer zum Beispiel ständig mit Kollegen Streit anfängt oder sogar handgreiflich wird.

Kündigungsgrund

Es besteht keine gesetzliche Verpflichtung, eine Kündigungserklärung mit Gründen zu versehen. Also weder der Arbeitnehmer noch der Arbeitgeber müssen in der Kündigung einen Kündigungsgrund nennen. Grundsätzlich bedarf nach § 622 BGB die ordentliche Kündigung auch keines sachlichen Grundes. Arbeitnehmer und Arbeitgeber können also nach den Vorschriften des BGB auch dann kündigen, wenn kein Kündigungsgrund vorliegt. Dieser Grundsatz gilt für den Arbeitnehmer während der gesamten Dauer des Arbeitsverhältnisses uneingeschränkt. Er benötigt zur Rechtfertigung seiner Kündigung gegenüber dem Arbeitgeber also nie einen Kündigungsgrund. Für den Arbeitgeber gilt dieser Grundsatz uneingeschränkt nur

► innerhalb der ersten sechs Monate eines Arbeitsverhältnisses (unabhängig von der Größe seines Betriebes und der Frage, ob ein Betriebsrat besteht oder nicht).

► nach Ablauf von sechs Beschäftigungsmonaten nur noch, wenn das Kündigungsschutzgesetz keine Anwendung findet.

Findet das Kündigungsschutzgesetz Anwendung, so muss die Kündigung des Arbeitgebers durch einen Kündigungsgrund sozial gerechtfertigt sein (§ 1 KSchG). Besteht außerdem in dem Betrieb des Arbeitgebers ein Betriebsrat, so hat dieser nach § 102 BetrVG das Recht, die Kündigungsgründe zu erfahren. Auch wenn das Kündigungsschutzgesetz anzuwenden ist, ist die Angabe der Kündigungsgründe in der Kündigung selbst nicht erforderlich. Der Arbeitgeber hat die Kündigungsgründe allerdings dann in einem Kündigungsschutzprozess im Einzelnen darzulegen und nachzuweisen.

Kündigungsschutzgesetz

Aufgrund des Kündigungsschutzgesetzes haben alle Arbeitnehmer einen Anspruch auf allgemeinen Kündigungsschutz gegen eine ordentliche Kündigung durch den Arbeitgeber. Das Kündigungsschutzgesetz lässt das Kündigungsrecht des Arbeitnehmers unberührt. Es greift nur ein, wenn der Arbeitsvertrag rechtswirksam ist und das Arbeitsverhältnis durch eine Kündigung beendet werden soll. Wird das Arbeitsverhältnis durch einen Aufhebungsvertrag oder durch Ablauf einer vereinbarten Befristung beendet, findet das Kündigungsschutzgesetz keine Anwendung.

 WICHTIG!

Die Anwendung des Kündigungsschutzgesetzes kann vertraglich nicht ausgeschlossen werden.

Voraussetzung für die Anwendung des Kündigungsschutzgesetzes ist, dass

► das Arbeitsverhältnis länger als 6 Monate ununterbrochen bestanden hat (§ 1 KSchG). In den ersten sechs Monaten kann daher auch der Arbeitgeber ohne sachlichen Grund ordentlich kündigen. Dies gilt auch dann, wenn in dem Betrieb des Arbeitgebers ein Betriebsrat besteht. Diesen muss der Arbeitgeber zwar vor Ausspruch der Kündigung anhören. Er braucht aber gleichwohl für seine Kündigung keinen sachlich rechtfertigenden Grund im Sinne des KSchG.

Entscheidend ist der rechtliche Bestand des Arbeitsverhältnisses. Unterbrechungen des Arbeitsverhältnisses durch Krankheit oder Urlaub verlängern die Wartezeit von sechs Monaten nicht.

▶ im Betrieb ständig mehr als 5 Arbeitnehmer beschäftigt werden (§ 23 KSchG). Auszubildende werden nicht mitgerechnet. Teilzeitbeschäftigte werden, unabhängig vom gezahlten Entgelt, wie folgt mitgerechnet: bei einer regelmäßigen wöchentlichen Arbeitszeit von nicht mehr als 20 Stunden mit 0,5, von nicht mehr als 30 Stunden mit 0,75. Zu den Betrieben im Sinne des KSchG zählen öffentliche und private Betriebe und Verwaltungen, Praxen von Ärzten, Steuerberatern, Rechtsanwälten, Büros von Architekten, Handwerksbetriebe usw. Nicht dazu zählen private Haushalte.

 TIPP!

Liegt nur eine der beiden genannten Voraussetzungen nicht vor, kann sich der Arbeitnehmer nicht auf den Schutz des Kündigungsschutzgesetzes berufen.

Findet das Kündigungsschutzgesetz Anwendung, so ist nach § 1 Abs. 1 KSchG eine ordentliche Kündigung unwirksam, wenn sie sozial ungerechtfertigt ist. Eine soziale Rechtfertigung liegt nach § 1 Abs. 2 KSchG vor, wenn

▶ Gründe in der Person des Arbeitnehmers vorliegen.

Personenbedingte Gründe beruhen auf den persönlichen Eigenschaften und Fertigkeiten eines Arbeitnehmers.

▶ Gründe in dem Verhalten des Arbeitnehmers vorliegen.

Ein verhaltensbedingter Grund liegt vor, wenn der Arbeitnehmer seine arbeitsvertraglichen Pflichten schuldhaft verletzt. Vor Ausspruch einer verhaltensbedingten Kündigung muss der Arbeitgeber den Arbeitnehmer grundsätzlich abmahnen. Die Abmahnung enthält die Aufforderung an den Arbeitnehmer, ein bestimmtes Verhalten zu unterlassen oder vorzunehmen und droht Rechtsfolgen für den Fall an, dass der Arbeitnehmer sein Verhalten nicht in der gewünschten Art und Weise ändert.

▶ betriebsbedingte Gründe vorliegen und die erforderliche Sozialauswahl durchgeführt worden ist.

Betriebsbedingte Gründe liegen vor, wenn die Gegebenheiten des Betriebes einer Weiterbeschäftigung des Arbeitnehmers entgegenstehen. Eine betriebsbedingte Kündigung fußt immer auf einer unternehmerischen Entscheidung, wonach der Personalbestand den veränderten Bedingungen angepasst wird. Bei einer betriebsbedingten Kündigung muss der Arbeitgeber nach § 1 Abs. 3 KSchG eine Sozialauswahl unter den für eine Kündigung in Frage kommenden Mitarbeitern vornehmen. Bei der Sozialauswahl spielen Lebensalter des Arbeitnehmers, Betriebszugehörigkeit und Familienstand eine Rolle. Die Kündigung muss dann gegenüber dem Arbeitnehmer erfolgen, der durch die Kündigung am wenigsten hart betroffen wird.

▶ die Kündigung nicht gegen eine Auswahlrichtlinie nach § 95 BetrVG verstößt oder der Arbeitnehmer nicht in einem anderen Betrieb oder auf einem anderen Arbeitsplatz weiterbeschäftigt werden kann und der Betriebsrat der Kündigung innerhalb der Frist des § 102 BetrVG nicht schriftlich widersprochen hat.

▶ der Arbeitnehmer nach zumutbaren Umschulungs- oder Fortbildungsmaßnahmen oder zu geänderten Arbeitsbedingungen nicht weiterbeschäftigt werden kann. Ist dies der Fall, muss der Arbeitgeber entweder die erforderlichen Maßnahmen durchführen oder eine Änderungskündigung aussprechen.

 ACHTUNG!

Der Arbeitgeber muss danach – auch wenn er einen die Kündigung rechtfertigenden Grund im Sinne des Kündigungsschutzgesetzes hat – vor Ausspruch seiner Kündigung immer prüfen, ob er den Arbeitnehmer

▶ zu geänderten Arbeitsbedingungen, beispielsweise an einem anderen Arbeitsplatz in demselben Betrieb oder in einem anderen Betrieb, weiterbeschäftigen kann oder

▶ nach Umschulungs- oder Fortbildungsmaßnahmen weiterbeschäftigen kann.

Die Sozialwidrigkeit einer ordentlichen Kündigung muss der Arbeitnehmer innerhalb von drei Wochen nach Zugang der Kündigung durch Erhebung der Kündigungsschutzklage geltend machen. Verstreicht die Frist, ohne dass der Arbeitnehmer Kündigungsschutzklage erhebt, gilt die Kündigung als von Anfang an wirksam, sofern sie nicht aus einem anderen Grunde – beispielsweise wegen eines Formmangels oder fehlender Betriebsratsanhörung – unwirksam ist (§ 7 KSchG).

Kurzfristige Beschäftigung

Siehe auch geringfügige Beschäftigung

Eine kurzfristige Beschäftigung im Sinne von § 8 SGB IV liegt vor, wenn die Beschäftigung innerhalb eines Jahres seit ihrem Beginn auf längstens zwei Monate oder 50 Arbeitstage nach ihrer Eigenart begrenzt zu sein pflegt oder im Voraus vertraglich begrenzt ist, es sei denn, die Beschäftigung wird berufsmäßig ausgeübt und das Entgelt übersteigt 400 € im Monat.

 TIPP!

Eine kurzfristige Beschäftigung ist versicherungsfrei. Der Arbeitgeber muss auch keine pauschalen Beiträge an die Kranken- und Rentenversicherung zahlen.

 WICHTIG!

Eine kurzfristige Beschäftigung ist immer eine befristete Beschäftigung, auf die alle arbeitsrechtlichen Regelungen Anwendung finden. Sie kann als Teil- oder Vollzeitbeschäftigung ausgestaltet werden.

Lohn

Siehe Entgelt

Lohngleichheit

Siehe auch Diskriminierungsverbot

Die Pflicht zur Lohngleichheit ist in § 612 Abs. 3 BGB im Hinblick auf eine geschlechtsneutrale Vergütung geregelt. Für gleiche oder gleichwertige Arbeit müssen Arbeitnehmer unabhängig von ihrem Geschlecht dieselbe Vergütung erhalten.

 ACHTUNG!

Leistungsunterschiede oder unterschiedliche Berufserfahrung können zu einer unterschiedlichen Vergütung führen.

Nachträgliches Wettbewerbsverbot

Siehe Wettbewerbsverbot

Nebenbeschäftigung

Siehe auch geringfügige Beschäftigung

Grundsätzlich darf jeder Arbeitnehmer seine Arbeitskraft so oft verwerten, wie er will. Grenzen setzen ihm

► das Arbeitszeitgesetz, sofern er alle Beschäftigungen als Arbeitnehmer ausübt, da die Arbeitszeiten aus mehreren Beschäftigungsverhältnissen zusammengezählt werden und die Grenzen des ArbZG nicht überschreiten dürfen.

► das auch ohne vertragliche Vereinbarung für die Dauer des Arbeitsverhältnisses geltende Wettbewerbsverbot. Danach darf der Arbeitnehmer während eines bestehenden Arbeitsverhältnisses seinem Arbeitgeber aufgrund seiner Treuepflicht diesem gegenüber keine Konkurrenz machen (siehe auch Wettbewerbsverbot).

► seine Treuepflichten, sofern die Ausübung einer Nebenbeschäftigung die Arbeitsleistung beeinträchtigt.

 WICHTIG!

Nebenbeschäftigungen können nur untersagt werden, wenn sie die Interessen des Arbeitgebers beeinträchtigen oder gegen gesetzliche Vorschriften verstoßen. Der Arbeitgeber kann aber vertraglich vereinbaren, dass der Arbeitnehmer jede Aufnahme einer Nebentätigkeit anzeigt.

 Formulierungsvorschlag:

Der Arbeitnehmer ist verpflichtet, die Aufnahme jeder entgeltlichen oder unentgeltlichen Nebentätigkeit schriftlich anzuzeigen. Nebentätigkeiten, die zu einer Beeinträchtigung der Arbeitskraft führen oder die Belange des Arbeitgebers beeinträchtigen können, bedürfen der vorherigen schriftlichen Zustimmung des Arbeitgebers.

Prämien

Prämien sind zusätzliche Vergütungen, die der Arbeitgeber aus einem bestimmten Anlass zahlt, beispielsweise

► als Belohnung für besonders gute Leistungen

► aus Anlass eines Betriebsjubiläums

► als Belohnung für eine lange Dauer der Betriebszugehörigkeit.

Die Gewährung von Prämien steht grundsätzlich im freien Ermessen des Arbeitnehmers, solange nicht aufgrund einer einzelvertraglichen Regelung oder durch das Entstehen einer betrieblichen Übung ein Rechtsanspruch des Arbeitnehmers entstanden ist. Bei der Gewährung von Prämien muss der Arbeitgeber den Gleichbehandlungsgrundsatz (siehe dort) beachten.

 WICHTIG!

Das Entstehen einer betrieblichen Übung kann verhindert werden, wenn der Arbeitgeber die Zahlung einer Prämie unter einen Freiwilligkeitsvorbehalt stellt oder sich den Widerruf vorbehält.

Probezeit

Die Probezeit in einem Arbeitsverhältnis dient dem gegenseitigen Kennenlernen, wobei der

▶ Arbeitnehmer prüft, ob ihm die angenommene Tätigkeit und das Arbeitsumfeld zusagen,

▶ Arbeitgeber prüft, ob der Arbeitnehmer den an ihn gestellten Anforderungen gerecht werden kann.

 WICHTIG!

Arbeitgeber und Arbeitnehmer sind – außer im Rahmen eines Ausbildungsverhältnisses – aufgrund gesetzlicher Vorschriften nicht verpflichtet, eine Probezeit zu vereinbaren. Deswegen gibt es auch nur vereinzelt gesetzliche Bestimmungen, die Einzelheiten eines Probearbeitsverhältnisses regeln. Diese sind:

▶ **§ 622 Abs. 3 Bürgerliches Gesetzbuch (BGB)**
Innerhalb einer ausdrücklich vereinbarten Probzeit können Arbeitgeber und Arbeitnehmer das Arbeitsverhältnis mit einer Frist von zwei Wochen zu jedem beliebigen Tag kündigen, sofern die Probezeit nicht länger als sechs Monate dauert.

▶ **§ 13 Berufsbildungsgesetz (BBiG)**
Die Probezeit in einem Berufsausbildungsverhältnis ist zwingend vorgeschrieben. Sie muss mindestens einen Monat und darf höchstens drei Monate dauern. Während der Probezeit können Arbeitgeber und Auszubildender das Ausbildungsverhältnis jederzeit ohne Einhaltung einer Kündigungsfrist kündigen (§ 15 BBiG).

▶ **§ 90 Abs. 3 SGB IX**
Nach dieser Vorschrift ist die Einstellung eines Schwerbehinderten auf Probe dem Integrationsamt innerhalb von 4 Tagen vom Arbeitgeber anzuzeigen.

 TIPP!

Tarifverträge können Bestimmungen zu Probearbeitsverhältnissen enthalten. In den meisten Fällen handelt es sich um Regelungen zu der Länge der Probezeit und deren Beendigung. Findet auf das Arbeitsverhältnis ein Tarifvertrag Anwendung, müssen die tarifvertraglichen Regelungen zur Probezeit beachtet werden. Hiervon kann nur zugunsten des Arbeitnehmers abgewichen werden.

Es gibt zwei verschiedene Möglichkeiten, die Probezeit rechtlich zu regeln:

1. Unbefristetes Arbeitsverhältnis mit vorgeschalteter Probezeit

Der unbefristete Arbeitsvertrag enthält in diesem Fall eine Regelung, wonach die ersten Monate dieses Arbeitsverhältnisses als Probezeit gelten sollen. Der konkrete Zeitraum muss im Arbeitsvertrag vereinbart werden. Wird der Arbeitsvertrag nicht innerhalb der Probezeit von einem Vertragspartner gekündigt, verlängert sich das Arbeitsverhältnis automatisch auf unbestimmte Zeit.

2. Befristetes Probearbeitsverhältnis

In diesem Fall wird ein befristeter Arbeitsvertrag für die Dauer der Probezeit abgeschlossen. Dieser Vertrag endet automatisch durch Ablauf der Befristung, ohne dass eine Vertragspartei hierzu etwas tun muss. Soll das Arbeitsverhältnis im Anschluss daran fortgesetzt werden, muss ein neuer Vertrag abgeschlossen werden.

In beiden Fällen begründen Arbeitgeber und Arbeitnehmer das Probearbeitsverhältnis durch den Abschluss eines Arbeitsvertrages mit der Folge, dass auch während der Probezeit dieselben Rechte und Pflichten wie in einem normalen Arbeitsverhältnis zu erfüllen sind. Gesetzliche Regelungen über Urlaub, Entgeltfortzahlung im Krankheitsfall, Feiertagsbezahlung oder Zeugniserteilung gelten also auch während der Probezeit.

 WICHTIG!

Die Dauer der Probezeit wird vom Arbeitgeber nach den betrieblichen Erfordernissen, insbesondere den Anforderungen des Arbeitsplatzes, der mit dem Mitarbeiter besetzt werden soll, festgelegt. In der Regel dauert die Probezeit mindestens einen Monat und maximal 6 Monate, da nach sechsmonatiger Betriebszugehörigkeit

► nicht mehr die verkürzten Kündigungsfristen, sondern die längeren Grundkündigungsfristen des § 622 BGB anzuwenden sind und

► das Kündigungsschutzgesetz (KSchG) Anwendung findet, wenn der Betrieb dessen Geltungsbereich unterfällt. Dies ist der Fall, wenn regelmäßig mehr als 5 Arbeitnehmer (ohne Auszubildende) beschäftigt werden (§ 23 KSchG).

Nach Ablauf der vereinbarten Dauer der Probezeit läuft das Arbeitsverhältnis

► bei einem unbefristeten Arbeitsvertrag mit vorgeschalteter Probezeit unbefristet weiter, sofern nicht der Arbeitgeber oder der Arbeitnehmer gekündigt haben. Zur Fortsetzung des Arbeitsverhältnisses bedarf es nicht der Vornahme einer bestimmten Handlung, d. h. weder Arbeitgeber noch Arbeitnehmer müssen beispielsweise noch einmal darüber sprechen, dass die Probezeit erfolgreich beendet ist.

► bei einem befristeten Probearbeitsvertrag mit Ablauf des Befristungsdatums aus. Zur Beendigung bedarf es keiner Kündigung – weder durch Arbeitgeber noch Arbeitnehmer. Soll das Arbeitsverhältnis dagegen fortgesetzt werden, muss ein neuer Arbeitsvertrag geschlossen werden.

 ACHTUNG!

Nach § 622 Abs. 3 BGB soll die Probezeit grundsätzlich nicht länger als 6 Monate dauern. Der Arbeitgeber kann die Dauer der Probezeit zwischen einem Tag und sechs Monaten frei wählen. Bis zu einer Dauer von 6 Monaten kann er mit der verkürzten Kündigungsfrist von 2 Wochen kündigen. Probezeiten, die über 6 Monate hinausgehen, bedürfen eines sachlichen Grundes. Eine längere als 6-monatige Probezeit ist zum Beispiel bei besonders schwierigen – zum Beispiel wissenschaftlichen oder künstlerischen Arbeiten – zulässig.

Eine Verlängerung der ursprünglich vereinbarten Probezeit ist immer eine Änderung des Arbeitsvertrags. Sie bedarf daher zur Wirksamkeit der Zustimmung des Mitarbeiters. Der Arbeitgeber kann die Probezeit daher nie einseitig verlängern. Durch die Verlängerung der ursprünglich vereinbarten Probezeit darf deren Höchstdauer von 6 Monaten grundsätzlich nicht überschritten werden. Soll ausnahmsweise die Probezeit länger als 6 Monate dauern, ist ein sachlicher Grund erforderlich, zum Beispiel die nicht ausreichende Erprobung des Arbeitnehmers wegen einer länger dauernden Erkrankung. Als sachlicher Grund nicht ausreichend ist eine fortbestehende Unsicherheit des Arbeitgebers über die Eignung des Arbeitnehmers. Die Verlängerung der Probezeit muss noch innerhalb der ursprünglich vorgesehenen Probezeit vereinbart werden (BAG – Urteil vom 15. 1. 1981 – Aktenzeichen 2 AZR 943/78).

Ist der Mitarbeiter mit der Verlängerung der Probezeit nicht einverstanden, muss der Arbeitgeber entscheiden, ob er das Arbeitsverhältnis ohne eine weitere Erprobungsphase fortsetzen will oder nicht. Will er fortsetzen, muss er

► bei einem unbefristeten Arbeitsvertrag mit vorgeschalteter Probezeit nichts mehr unternehmen. Will er das Arbeitsverhältnis aber nicht ohne eine weitere Verlängerung der Probezeit fortsetzen, muss er noch innerhalb der (ursprünglich) vereinbarten Probezeit unter Einhaltung der vereinbarten oder der gesetzlichen Kündigungsfrist ordentlich kündigen.

► bei einem befristeten Probearbeitsvertrag einen neuen Arbeitsvertrag abschließen.

Hat sich der Mitarbeiter innerhalb der Probezeit nicht bewährt oder will ihn der Arbeitgeber aus sonstigen Gründen – beispielsweise wegen nicht erwarteter Umsatzeinbußen – nicht über die Probezeit hinaus weiterbeschäftigen, muss er rechtzeitig innerhalb der Probezeit unter Einhaltung der gesetzlichen oder vereinbarten Kündigungsfrist kündigen. Die Kündigung kann

► zum Ende der Probezeit oder

► zu jedem davor möglichen Termin oder

► am letzten Tag der Probezeit zu einem nach Ende der Probezeit liegenden Termin erfolgen.

Die Kündigung kann auch noch am letzten Tag der Probezeit mit der verkürzten Kündigungsfrist von 2 Wochen ausgesprochen werden, auch wenn sie dann erst nach Ablauf der Probezeit wirksam wird (BAG – Urteil vom 28. 9. 1978 – Aktenzeichen 2 AZR 2/77). Das Arbeitsverhältnis endet dann zwei Wochen nach Ausspruch der Kündigung.

Will der Mitarbeiter das Arbeitsverhältnis innerhalb der Probezeit beenden, kann auch er unter Einhaltung der 2-Wochen-Frist zu jedem beliebigen Termin kündigen.

 TIPP!

Im Arbeitsvertrag sind folgende Vereinbarungen alternativ möglich:

▶ innerhalb der Probezeit kann mit den **gesetzlichen Kündigungsfristen** gekündigt werden: In diesem Fall beträgt die Kündigungsfrist bei einer Probezeit bis zu 6 Monaten Dauer zwei Wochen zu jedem beliebigen Termin. Bei einer Probezeit mit mehr als 6 Monaten Dauer ist die Grundkündigungsfrist des § 622 Abs. 1 BGB anwendbar. Das Probearbeitsverhältnis kann dann mit einer Frist von vier Wochen zum 15. oder Ende eines Kalendermonats gekündigt werden.

▶ innerhalb der Probezeit kann mit der **vertraglich vereinbarten oder aufgrund eines Tarifvertrags anzuwendenden Kündigungsfrist** gekündigt werden. In diesem Fall kann die Kündigungsfrist je nach Dauer der vereinbarten Probezeit mindestens zwei Wochen, höchstens jedoch eine Monat betragen. Bei einer längeren Kündigungsfrist werden unzulässigerweise die Grundkündigungsfristen des § 622 Abs. 1 BGB für „normale" Arbeitsverhältnisse überschritten. Außerdem steht die Kündigungsfrist in einem unangemessenen Verhältnis zur Gesamtdauer der Probezeit und ist deshalb unwirksam.

Bei einer vertraglichen oder tarifvertraglichen Regelung zur Kündigung kann auch ein Kündigungstermin – z. B. Monatsende – festgelegt werden.

Eine Kündigung innerhalb einer Probezeit bis zu 6 Monaten Dauer ist in keinem Fall an besondere Gründe gebunden. Beide Vertragsparteien können das Probearbeitsverhältnis auch aus Gründen kündigen, die nicht in Zusammenhang mit dem Erprobungszweck des Arbeitsverhältnisses stehen. Die Gründe für die Kündigung innerhalb der Probezeit müssen nicht genannt werden.

Bei einer vereinbarten Probezeit von mehr als 6 Monaten Dauer, muss unterschieden werden zwischen Unternehmen, die unter den Geltungsbereich des Kündigungsschutzgesetzes fallen und solchen, für die das Kündigungsschutzgesetz nicht gilt:

▶ Kündigungsschutzgesetz findet Anwendung

Werden – unter anteiliger Einrechnung der Teilzeitbeschäftigten, jedoch ohne Auszubildende – in der Regel mehr als 5 Arbeitnehmer beschäftigt, findet nach § 23 KSchG das Kündigungsschutzgesetz auf eine Kündigung des Arbeitgebers Anwendung. Dies hat zur Folge, dass bei Ausspruch der Arbeitgeberkündigung ein Grund im Sinne des § 1 KSchG vorliegen muss, der die Kündigung sozial rechtfertigt (siehe hierzu die folgenden Ausführungen).

► Kündigungsschutzgesetz findet keine Anwendung

Fällt der Betrieb des Arbeitgebers wegen der Mitarbeiterzahl nicht unter § 23 KSchG, kann der Arbeitgeber das Probearbeitsverhältnis auch nach Ablauf von 6 Monaten kündigen, ohne hierfür einen sozial rechtfertigenden Grund haben zu müssen.

Auch ohne entsprechende Vereinbarung ist eine außerordentliche (fristlose) Kündigung während einer vorgeschalteten und auch während einer befristeten Probezeit möglich. Der Kündigende benötigt hierfür jedoch nach § 626 BGB einen **wichtigen Grund,** der es ihm unzumutbar macht, das Arbeitsverhältnis bis zum vereinbarten Ende oder bis zum Ablauf der ordentlichen Kündigungsfrist fortzusetzen. Ein wichtiger Grund liegt nicht schon dann vor, wenn der Arbeitnehmer für die vorgesehene Beschäftigung ungeeignet ist. In diesem Fall muss das Probearbeitsverhältnis mit einer ordentlichen Kündigung unter Einhaltung der gesetzlichen 2-Wochen-Frist oder vertraglich vereinbarten Kündigungsfrist beendet oder das Ende der Befristung abgewartet werden.

Als wichtiger Grund gilt beispielsweise:

► *Diebstahl gegenüber dem Arbeitgeber oder gegenüber Mitarbeitern*

► *Unterschlagung*

► *Tätliche Auseinandersetzungen innerhalb des Betriebes.*

Sofern das Kündigungsschutzgesetz nach § 23 KSchG auf das Unternehmen des Arbeitgebers anwendbar ist, weil in der Regel – ohne die Auszubildenden – mehr als 5 Arbeitnehmer beschäftigt werden, gilt Folgendes:

► Das Kündigungsschutzgesetz findet erst nach einer sechsmonatigen ununterbrochenen Beschäftigung Anwendung. Innerhalb einer Probezeit von maximal 6 Monaten Dauer muss das Kündigungsschutzgesetz nicht beachtet werden. Dies hat zur Folge, dass der Arbeitgeber für eine wirksame Kündigung innerhalb der vereinbarten Probezeit keinen Grund benötigt, der seine Kündigung im Sinne des § 1 KSchG sozial rechtfertigt.

► Wurde eine Probezeit von mehr als 6 Monaten vereinbart, muss nach 6-monatiger Beschäftigungsdauer bei einer Kündigung nicht nur eine verlängerte Kündigungsfrist, sondern auch das Kündigungsschutzgesetz beachtet werden. Eine Arbeitgeberkündigung ist danach nur wirksam, wenn sie sozial gerechtfertigt im Sinne von § 1 KSchG ist.

Dies ist dann der Fall, wenn die Kündigung gerechtfertigt ist durch

► Gründe in der Person des Arbeitsnehmers (personenbedingte Kündigung).

Personenbedingte Gründe könne sein: Wegfall der für die Tätigkeit benötigten Fahrerlaubnis; Unmöglichkeit der Arbeitsleistung infolge eines Unfalls.

► Gründe im Verhalten des Arbeitnehmers (verhaltensbedingte Kündigung).

In der Regel muss einer verhaltensbedingten Kündigung mindestens eine Abmahnung wegen eines gleichartigen Verstoßes vorausgegangen sein.

Verhaltensbedingte Gründe können sein: Unpünktlichkeit, schlechte Arbeitsleistung, Arbeitsverweigerung.

► dringende betriebliche Erfordernisse.

Diese können z. B. vorliegen beim Wegfall des Arbeitsplatzes, Umsatzeinbruch.

 WICHTIG!

► Einer schwangeren Arbeitnehmerin kann auch während der Probezeit wegen § 9 Abs. 1 Satz 1 Mutterschutzgesetz (MuSchG) nicht gekündigt werden. In besonderen Fällen kann die für den Arbeitsschutz zuständige oberste Landesbehörde Ihre Kündigung ausnahmsweise für zulässig erklären (§ 9 Abs. 3 MuSchG).

► Für die Kündigung eines Schwerbehinderten ist auch während der Probezeit grundsätzlich die Zustimmung des Integrationsamtes erforderlich (§ 85 SGB IX). Ohne deren Zustimmung kann der Arbeitgeber nur dann kündigen, wenn der schwerbehinderte Arbeitnehmer zum Zeitpunkt des Zugangs der Kündigung noch keine 6 Monate ununterbrochen beschäftigt war (§ 90 Abs. 1 Ziffer 1 SGB IX).

► Im Berufsausbildungsverhältnis darf die Probezeit maximal 3 Monate dauern (§ 13 BBiG). Innerhalb der Probezeit können Arbeitgeber oder Auszubildender nach § 15 Abs. 1 BBiG ohne Einhaltung einer Frist – ordentlich – kündigen.

Soll in einem vorgeschalteten Probearbeitsverhältnis vom Arbeitgeber innerhalb der Probezeit gekündigt werden, muss dieser vor Ausspruch der Kündigung den Betriebsrat nach § 102 Abs. 1 BetrVG anhören und ihm die Gründe für die Kündigung im Einzelnen mitteilen. Der Betriebsrat kann auch einer Kündigung innerhalb der Probezeit aus bestimmten im Gesetz genannten Gründen widersprechen oder Bedenken gegen die Kündigung äußern (§ 102 Abs. 2 und 3 BetrVG).

Widerspricht der Betriebsrat der Kündigung, muss der Arbeitgeber dies dem Mitarbeiter bei Ausspruch der Kündigung mitteilen und ihm eine Abschrift der Stellungnahme des Betriebsrats übergeben.

ACHTUNG!

Der Arbeitnehmer kann gegen die Arbeitgeberkündigung innerhalb der Probezeit Klage beim Arbeitsgericht erheben mit dem Ziel, die Kündigung für unwirksam erklären zu lassen. Er kann dies auch tun, wenn er noch keine 6 Monate beschäftigt war und das Kündigungsschutzgesetz keine Anwendung findet. Er kann seine Klage aber dann nicht auf das Kündigungsschutzgesetz stützen mit der Folge, dass das Gericht nicht prüft, ob die Arbeitgeberkündigung sozial gerechtfertigt ist. Es prüft in diesen Fällen nur, ob die Kündigung form- und fristgerecht war.

Findet das Kündigungsschutzgesetz Anwendung, weil beide Voraussetzungen

► im Unternehmen mehr als 5 Mitarbeiter beschäftigt (§ 23 KSchG)

► Arbeitnehmer ist im Zeitpunkt des Kündigungsausspruches mehr als 6 Monate tätig gewesen (§ 1 Abs. 1 KSchG)

erfüllt sind, überprüft das angerufene Gericht die Kündigung innerhalb der Probezeit auf ihre soziale Rechtfertigung. Kommt es zum Ergebnis, dass die Arbeitgeberkündigung nicht sozial gerechtfertigt ist, erklärt es diese für unwirksam, mit der Folge, dass das Arbeitsverhältnis fortbesteht. Dies können Arbeitgeber und Arbeitnehmer durch einen Auflösungsantrag verhindern. Folgt das Gericht dem Auflösungsantrag (oder schlägt eine Aufhebungsvereinbarung) vor, wird das Arbeitsverhältnis gegen Zahlung einer Abfindung aufgelöst. Angesichts der Dauer des Bestands des Arbeitsverhältnisses wird der Abfindungsbetrag in der Regel eine halbe Monatsvergütung nicht übersteigen.

Reisekosten

Siehe Dienstreise sowie Auslagenersatz

Rentenalter

Siehe Altersklausel

Salvatorische Klausel

Die so genannte salvatorische Klausel wird als vertragliche Vereinbarung grundsätzlich immer dann benutzt, wenn Rechtsnachteile verhindert werden sollen. Bei Verwendung im Arbeitsvertrag soll sie verhindern, dass ein Arbeitsvertrag in seinem gesamten Umfang unwirksam wird, wenn eine seiner Bestimmungen unwirksam ist oder wird. Die Klausel kann mit einer Verpflichtung verbunden werden, in diesem Falle eine Vereinbarung zu suchen und zu treffen, die der unwirksamen Vereinbarung am nächsten kommt und wirksam ist.

Formulierungsvorschlag:

Sollte eine der Bestimmungen dieses Arbeitsvertrags unwirksam sein, wird die Wirksamkeit der übrigen Bestimmungen hierdurch nicht berührt. Die Parteien verpflichten sich, in diesem Fall eine der unwirksamen Bestimmung im wirtschaftlichen Ergebnis nahe kommende Regelung zu treffen.

Scheinselbständigkeit

Durch das „Gesetz zu Korrekturen in der Sozialversicherung und zur Sicherung der Arbeitnehmerrechte", das am 1. 1. 1999 in Kraft trat, wurden gesetzliche Regelungen für Scheinselbständige mit der Folge geschaffen, dass trotz behaupteter Selbständigkeit bei Erfüllen von zwei der vier gesetzlichen Regelungen automatisch Versicherungspflicht in der Renten- und Krankenversicherung eintrat. Von dem Gesetz waren insbesondere freie Mitarbeiterverhältnisse betroffen. Die Regelungen sind in § 7 Abs. 4 SGB IV eingearbeitet, der nur bis 31. 12. 2002 anzuwenden ist.

WICHTIG!

Folgende Kriterien sprechen gegen eine Selbständigkeit und für eine Scheinselbständigkeit:

1. Im Zusammenhang mit der ausgeübten Tätigkeit werden regelmäßig keine versicherungspflichtigen Arbeitnehmer beschäftigt, deren Arbeitsentgelt aus diesem Beschäftigungsverhältnis regelmäßig im Monat 400 € übersteigt.

2. Ausübung der Tätigkeit auf Dauer und im Wesentlichen nur für einen Auftraggeber.

3. Der Auftraggeber oder ein vergleichbarer Auftraggeber lässt entsprechende Tätigkeiten regelmäßig durch von ihm beschäftigte Arbeitnehmer verrichten.

4. Die Tätigkeit lässt typische Merkmale unternehmerischen Handels nicht erkennen.

5. Die Tätigkeit entspricht dem äußeren Erscheinungsbild nach der Tätigkeit, die die Person für denselben Auftraggeber zuvor aufgrund eines Beschäftigungsverhältnisses ausgeübt hat. Hierunter fallen z. B. Fälle, in denen ein Arbeitnehmer nunmehr als freier Mitarbeiter, aber mit unveränderten Aufgaben beschäftigt wird

WICHTIG!

§ 7 Abs. 4 SGB IV wurde mit Wirkung vom 1. 1. 2003 völlig verändert, die Vermutungskriterien sind vollständig entfallen. Gleichwohl kann es auf Bestreben z. B. eines freien Mitarbeiters zur Frage kommen, ob eine selbständige Tätigkeit wirklich vorliegt oder ob es sich nicht in Wirklichkeit um ein Arbeitsverhältnis handelt.

ACHTUNG! Abgrenzung Arbeitnehmer/Selbständiger notwendig

Für das BAG ist das ausschlaggebende Kriterium für die Arbeitnehmereigenschaft die persönliche Abhängigkeit (zuletzt BAG, NZA 1996, 477 = AP Nr. 79 zu § 611 BGB Abhängigkeit). Eine wirtschaftliche Abhängigkeit ist für das Vorliegen der Arbeitnehmereigenschaft weder erforderlich noch ausreichend (BAG, NZA 1995, 622 = AP Nr. 59, 68, 74 zu § 611 BGB Abhängigkeit). Die persönliche Abhängigkeit besteht in der so genannten Fremdbestimmtheit. Diese äußert sich darin, dass der Arbeitnehmer einem Weisungsrecht des Arbeitgebers unterliegt, das

▶ Inhalt,

▶ Durchführung,

▶ Zeit,

▶ Dauer und

▶ Ort der Tätigkeit

betrifft (BAG, NZA 1995, 622 = AP Nr. 74 zu § 611 BGB Abhängigkeit). Außerdem ist maßgebend, dass der Arbeitgeber innerhalb eines bestimmten zeitlichen Rahmens über die Arbeitsleistung des Mitarbeiters verfügen kann. Je nach Art der Tätigkeit ist jedoch die fachliche Weisungsgebundenheit eines Arbeitnehmers unterschiedlich eng. Die Art der Tätigkeit kann es mit sich bringen, dass dem Mitarbeiter auch ein hohes Maß an Gestaltungsfreiheit, Eigeninitiative und fachlicher Selbständigkeit verbleibt – z. B. bei einem leitenden Angestellten. Der Grad der persönlichen Abhängigkeit hängt also im Wesentlichen von der Eigenart der jeweiligen Tätigkeit ab.

Im Gegensatz zum Arbeitnehmer, der eine abhängige und fremdbestimmte Arbeit erbringt, kann ein Selbständiger seine Tätigkeit frei gestalten und unterliegt nicht den Weisungen des Auftraggebers. Sie arbeiten für eigene Rechnung und tragen das unternehmerische Risiko – z. B. für das Gelingen des Auftrags.

Eine gesetzliche Definition des Begriffes Selbständiger gibt es nicht. Eine Arbeit kann in vielen Fällen sowohl von einem Selbständigen als auch von einem Arbeitnehmer ausgeführt werden. Die Rechtsfolgen sowie die gegenseitigen Rechte und Pflichten sind jedoch unterschiedlich: Die Rechte und Pflichten aus einem z.B.

▶ freien Mitarbeiterverhältnis richten sich – wie beim Arbeitsvertrag – nach den §§ 611 ff. BGB. Je nach Ausgestaltung der tatsächlichen Zusammenarbeit kann ein Dienstvertrag ein freies Mitarbeiterverhältnis oder ein Arbeitsverhältnis begründen. Die Frage, welches der beiden Rechtsverhältnisse vorliegt, beantwortet sich – wie bereits ausgeführt – nach den tatsächlichen Verhältnissen.

▶ Werkvertrag nach den §§ 631 ff. BGB. Der Abschluss eines Werkvertrags setzt einen selbständigen Auftragnehmer und einen Auftraggeber voraus, die sich über die Durchführung z. B. einer Handwerkerleistung einig sind. Liegt ein Werkvertrag vor, kann der Auftraggeber z. B. Nachbesserung bei mangelhafter Ausführung verlangen, bei Nichtausführung muss er keine Vergütung zahlen.

Je nach Ausgestaltung der tatsächlichen Verhältnisse kann die Durchführung der Handwerkerleistung auch im Rahmen eines Arbeitsverhältnisses erfolgen. In diesem Fall richten sich die Pflichten und Rechte ausschließlich nach den §§ 611 ff. BGB. Dies hat z. B. zur Folge, dass der Auftraggeber bei mangelhafter Arbeitsausführung nur bei Vorsatz und grober Fahrlässigkeit Ansprüche geltend machen kann, die Vergütung auch bei mangelhafter Arbeitsausführung zahlen muss, bei nicht termingerechter Arbeitsausführung keine Vertragsstrafe verlangen kann.

 WICHTIG!

Bei einem Vertrag mit einem Selbständigen geht das Unternehmen weniger rechtliche Verpflichtungen ein als bei einem festen Arbeitsverhältnis. Je nach vertraglicher Ausgestaltung bedeutet ein Vertrag mit einem Selbständigen für das Unternehmen, dass

► bei der Beendigung der Zusammenarbeit keine Kündigungsschutzvorschriften zu beachten sind.

► keine Kündigungsschutzklage erhoben werden kann.

► der Auftragnehmer für seine Krankheit selbst Vorsorge treffen muss. Er hat keinen Anspruch auf Entgeltfortzahlung im Krankheitsfall nach dem Entgeltfortzahlungsgesetz.

► das Bundesurlaubsgesetz keine Anwendung findet; es besteht also grundsätzlich kein Anspruch auf einen gesetzlichen Mindesturlaub.

► Überstunden nur bei besonderer Vereinbarung vergütet werden müssen.

► kein Anspruch auf betriebliche Sozialleistungen (beispielsweise Gratifikationen, betriebliche Altersvorsorge, Firmenwagen, Fahrtkostenzuschüsse) besteht.

► der Auftragnehmer keinen Anspruch auf eine Vertretung durch den Betriebsrat hat.

 TIPP!

Diese Vorteile kann das Unternehmen jedoch nur dann nutzen, wenn der Vertrag und seine tatsächliche Durchführung sich nicht in ein Arbeitsverhältnis „umdeuten" lassen. Der entsprechende Vertrag sollte daher sorgfältig abgefasst und auch entsprechend den getroffenen Vereinbarungen durchgeführt werden, insbesondere im Hinblick auf die Sozialversicherungspflicht der Scheinselbständigen.

Schlussbestimmungen

Unter diesem Regelungspunkt werden alle Punkte aufgeführt, die sich einem der übrigen Arbeitsvertragspunkte nicht zuordnen lassen. Unter Schlussbestimmungen lassen sich folgende Regelungen aufnehmen:

► Nebenabreden:

Bestehen keine Nebenabreden, sollte dies ausdrücklich erwähnt werden. Bestehen Nebenabreden können diese aufgeführt werden.

Formulierungsvorschlag:

Weitere Vereinbarungen außerhalb dieses Arbeitsvertrages sind nicht getroffen.

oder

Neben diesem Vertrag wurde ein Kfz-Überlassungsvertrag abgeschlossen.

► Schriftform:

Der Hinweis, dass Änderungen oder Ergänzungen des Arbeitsvertrags schriftlich erfolgen müssen, macht deutlich, dass es keine gültigen mündlichen Vereinbarungen geben soll.

 Formulierungsvorschlag:

Ergänzungen oder Änderungen dieses Vertrages bedürfen der Schriftform. Auf das Erfordernis der Schriftform kann nur durch eine schriftliche Erklärung beider Vertragsteile verzichtet werden.

► Aushang:

Ein Hinweis auf den Ort, an dem der Arbeitnehmer Bestimmungen, auf die im Arbeitsvertrag Bezug genommen wird, und Tarifverträge oder Gesetze einsehen kann, ist z. B. dann empfehlenswert, wenn es im Betrieb kein Schwarzes Brett gibt, an dem der Aushang erfolgt.

 Formulierungsvorschlag:

Tarifverträge, aushangspflichtige Gesetze sowie Betriebsvereinbarungen liegen in der Personalabteilung zur Einsichtnahme aus.

Schriftform

Ein gesetzliches Schriftformerfordernis für Arbeitsverträge gibt es für

► Berufsausbildungsverträge nach § 4 BBiG
► Befristete Arbeitsverträge nach § 14 Abs. 4 TzBfG.

Alle anderen Arbeitsverträge können auch mündlich abgeschlossen werden. In diesem Fall ist der Arbeitgeber aber verpflichtet, innerhalb eines Monats nach Beginn des Arbeitsverhältnisses dem Arbeitnehmer einen schriftlichen Nachweis über die vereinbarten Arbeitsbedingungen auszuhändigen.

 TIPP!

Ein schriftlicher Arbeitsvertrag erleichtert die Beweisführung im Streitfall. Daher sollte immer ein schriftlicher Arbeitsvertrag zumindest über die in § 2 NachwG genannten Mindestvereinbarungen geschlossen werden.

Schweigepflicht

Die Verschwiegenheits- oder Schweigepflicht ist eine Nebenpflicht des Arbeitnehmers aus dem Arbeitsverhältnis. Bei der Schweigepflicht unterscheidet man zwischen der

1. strafrechtlichen Verschwiegenheitspflicht
2. arbeitsrechtlichen Verschwiegenheitspflicht.

Die strafrechtliche Verschwiegenheitspflicht findet ihre Rechtsgrundlage in § 17 des Gesetzes über den unlauteren Wettbewerb (UWG). Die arbeitsrechtliche Verschwiegenheitspflicht hat ihre Rechtsgrundlage im schriftlichen oder mündlichen Arbeitsvertrag.

 Formulierungsvorschlag:

Der Mitarbeiter verpflichtet sich, über alle ihm im Rahmen seiner Tätigkeit zur Kenntnis gelangten Vorgänge, insbesondere Betriebs- und Geschäftsgeheimnisse etc., sowohl während der Dauer des Anstellungsverhältnisses als auch nach dessen Beendigung Stillschweigen zu bewahren.

1. Strafrechtliche Verschwiegenheitspflicht

Jeder Arbeitnehmer ist grundsätzlich nach § 17 UWG (Gesetz gegen den unlauteren Wettbewerb) verpflichtet, Stillschweigen über alle Geschäfts- und Betriebsgeheimnisse zu bewahren. Unter Geschäfts- und Betriebsgeheimnissen versteht man Tatsachen, die

► in Zusammenhang mit dem Geschäftsbetrieb stehen,

► nur einem eng begrenzten Personenkreis bekannt und

► nach dem Willen des Betriebsinhabers geheim zu halten sind.

Betriebsgeheimnisse beziehen sich dabei auf den technischen Betriebsablauf, zum Beispiel auf die Herstellung oder die Herstellungsverfahren. Geschäftsgeheimnisse betreffen dagegen den allgemeinen Geschäftsablauf. Der Arbeitgeber kann aber – unter dem Aspekt des § 17 UWG – nicht verlangen, dass Dinge geheim gehalten werden, an deren Geheimhaltung kein berechtigtes Interesse besteht.

Nach § 17 UWG wird mit einer Freiheitsstrafe bis zu drei Jahren oder einer Geldstrafe bestraft, wer

► während der Dauer eines Arbeitsverhältnisses

► unbefugt

► an einen anderen zu Zwecken des Wettbewerbs, zugunsten eines Dritten oder aus Eigennutz oder in der Absicht, seinem Arbeitgeber Schaden zuzufügen

▶ ein Geschäfts- oder Betriebsgeheimnis mitteilt, das ihm wegen des Arbeitsverhältnisses anvertraut oder zugänglich geworden ist.

Hat der Arbeitnehmer das Geschäfts- oder Betriebsgeheimnis durch

▶ Anwendung technischer Mittel – z. B. Kopiergerät, Fotoapparat, Abruf von in Computern gespeicherter Daten – oder

▶ Herstellung einer verkörperten Wiedergabe des Geheimnisses – z. B. Kopie, Tonbandaufzeichnung, Diskette oder CD-ROM – oder

▶ Wegnahme einer Sache, die das Geheimnis verkörpert

▶ sich unbefugt verschafft, gesichert, verwertet oder jemanden mitgeteilt,

so macht er sich auch nach Beendigung des Arbeitsverhältnisses strafbar.

2. Arbeitsrechtliche Verschwiegenheitspflicht

Die arbeitsrechtliche Verschwiegenheitspflicht geht viel weiter als die strafrechtliche Verschwiegenheitspflicht. Aus arbeitsrechtlicher Sicht sind Geschäfts- und Betriebsgeheimnisse alle Tatsachen,

▶ die nur einem eng begrenzten Personenkreis bekannt sind,

▶ die nicht offenkundig sind

(Offenkundig ist, was sich jeder Interessierte ohne besondere Mühe zur Kenntnis verschaffen kann.)

▶ und nach dem Willen des Arbeitgebers und im Rahmen eines berechtigten wirtschaftlichen Interesses

geheim gehalten werden sollen.

Zu derart schützenswerten Geheimnissen zählen z. B.

▶ Namen von Kunden

▶ Absprachen mit Händlern/Lieferanten

▶ Kreditwürdigkeit des Arbeitgebers

▶ Zahlungseingänge/Zahlungsausgänge

▶ Auftragsbestand, Auftragsentwicklung

▶ Absprachen mit anderen Unternehmen.

Bei der arbeitsrechtlichen Verschwiegenheitspflicht ist zu trennen zwischen der Dauer des Bestehens des Arbeitsverhältnisses und der Zeit nach dessen Beendigung.

a) Während des Arbeitsverhältnisses

Während des Bestehens des Arbeitsverhältnisses ist jeder Arbeitnehmer – auch ohne besondere einzelvertragliche Regelung – verpflichtet, in Bezug auf Geschäfts- oder Betriebsgeheimnisse jede Mitteilung an Dritte zu unterlassen. Es spielt bei der arbeitsrechtlichen Verschwiegenheitspflicht keine Rolle, ob dem Arbeitnehmer das Geschäfts- oder Betriebsgeheimnis infolge des Arbeitsverhältnisses oder privat bekannt geworden ist. Auch private erlangte Kenntnisse dürfen nicht verwertet werden.

Für eine Verletzung der arbeitsrechtlichen Verschwiegenheitspflicht ist es nicht notwendig, dass der Arbeitnehmer seine Kenntnisse zum Zwecke des Wettbewerbs oder aus Eigennutz oder in der Absicht, seinen Arbeitgeber zu schädigen, weitergibt. Auch wenn derartige Motive nicht vorliegen, ist die arbeitsrechtliche Verschwiegenheitspflicht bei Weitergabe von Betriebs- oder Geschäftsgeheimnissen verletzt.

Verletzt der Arbeitnehmer seine arbeitsrechtliche Verschwiegenheitspflicht vorsätzlich oder fahrlässig, so kann der Arbeitgeber

▶ das Arbeitsverhältnis – ggf. nach vorheriger Abmahnung – kündigen. Ob vor Ausspruch einer Kündigung abgemahnt werden muss, hängt von der Schwere des Verstoßes ab. Liegt ein besonders schwerer Verstoß vor, kann der Arbeitgeber sogar berechtigt sein, das Arbeitsverhältnis fristlos außerordentlich aus wichtigem Grund zu kündigen.

▶ Schadensersatzansprüche gegen den Arbeitnehmer geltend machen, sofern ihm durch die Verletzung der arbeitsrechtlichen Verschwiegenheitspflicht ein Schaden entstanden ist.

b) Nach Beendigung des Arbeitsverhältnisses

Ist das Arbeitsverhältnis – egal aus welchen Gründen – beendet, kann der Arbeitnehmer seine beim früheren Arbeitgeber erlangten Kenntnisse und Erfahrungen grundsätzlich für sich verwerten oder sie anderen mitteilen. Dies gilt auch für Geschäfts- und Betriebsgeheimnisse. Will der Arbeitgeber den Arbeitnehmer hieran hindern, so muss er eine nachvertragliche Verschwiegenheitspflicht ausdrücklich vereinbaren. Haben Arbeitnehmer und Arbeitgeber eine entsprechende Vereinbarung getroffen, so muss der Arbeitnehmer sich hieran auch halten. Verstößt er gegen die Vereinbarung, macht er sich schadensersatzpflichtig.

Eine derartige nachvertragliche Verschwiegenheitspflicht kann schon bei Abschluss des Arbeitsvertrags, aber auch erst bei Beendigung des Arbeitsverhältnisses – z. B. in einer gesonderten Vereinbarung oder in einem Aufhebungsvertrag – vereinbart werden.

Wird der Arbeitnehmer durch eine nachvertragliche Verschwiegenheitsklausel in seiner Berufsausübung eingeschränkt, so kann der Arbeitgeber verpflichtet sein, eine Karenzentschädigung wie bei einem nachvertraglichen Wettbewerbsverbot zu zahlen. In der Regel sind die gängigen Verschwiegenheitsklauseln jedoch einem nachvertraglichen Wettbewerbsverbot nicht gleichzustellen, so dass der Arbeitgeber auch ohne Zahlung einer Entschädigung verlangen kann, dass der Arbeitnehmer nach Beendigung des Arbeitsverhältnisses Stillschweigen über Betriebs- und Geschäftsgeheimnisse bewahrt.

Sonderurlaub

Sonderurlaub ist jede bezahlte oder unbezahlte Freistellung außerhalb des Erholungsurlaubsanspruchs des Arbeitgebers. Auf bezahlten Sonderurlaub kann ein Anspruch bestehen, wenn

► dies vertraglich vereinbart ist,

► eine betriebliche Übung besteht, dem Arbeitnehmer in bestimmten Fällen – z. B. bei Vollendung eines runden Geburtstages, bei Geburt eines Kindes – bezahlte Freistellung zu gewähren.

► Anzuwendende tarifvertragliche Regelungen für bestimmte Anlässe Sonderurlaub vorsehen.

► eine Betriebsvereinbarung über bezahlten Sonderurlaub für bestimmte Anlässe besteht.

 WICHTIG!

Besteht kein Rechtsanspruch auf Sonderurlaub, ist der Arbeitgeber nicht verpflichtet, diesen zu gewähren. In diesen Fällen muss der Sonderurlaub dann von Einzelfall zu Einzelfall vereinbart werden.

Sonderzahlungen

Sonderzahlung ist jedes über das für die Arbeitsleistung hinaus gezahlte Entgelt zu besonderen Anlässen. Derartige Sonderzahlungen sind nicht nur das Weihnachtsgeld, sondern auch das Urlaubsgeld oder Geldzahlungen anlässlich von Dienst- oder Geschäftsjubiläen. In den meisten Fällen handelt es sich bei den Sonderzahlungen im juristischen Sinn um Gratifikationen. Gratifikationen sind Entgelt im weiteren Sinne, wenn sie mit Rücksicht auf die vom Arbeitnehmer erbrachte Leistung erfolgen. In Betracht gezogen wird mit der Zahlung aber auch die in Zukunft erwartete Dienstleistung des Arbeitnehmers. Demgegenüber stehen Gratifikationen, die Entgelt im engeren Sinne darstellen. Entgelt im engeren Sinn liegt vor, wenn es sich um anteilig verdiente, lediglich zu einem bestimmten Termin fällige Vergütung handelt.

WICHTIG!

Eine Gratifikation kann ihre Rechtsgrundlage finden im

► Einzelarbeitsvertrag,

► Tarifvertrag oder

► – seltener – in Betriebsvereinbarungen.

ACHTUNG!

Ein gesetzlicher Anspruch auf die Zahlung einer Gratifikation besteht nicht. Er kann auch nicht aus der arbeitgeberseitigen Fürsorgepflicht hergeleitet werden.

Ist die Gratifikation in einem Tarifvertrag geregelt, geht aus der Regelung in den meisten Fällen hervor,

► zu welchem Zweck die Gratifikation dient,

► zu welchem Zeitpunkt und

► in welcher Höhe sie zu gewähren ist.

Außerdem wird geregelt, welche Auswirkungen krankheitsbedingte Fehlzeiten oder Zeiten des Ruhens des Arbeitsverhältnisses oder das Ausscheiden des Arbeitnehmers vor Erreichen des Fälligkeitstages auf die Gratifikation haben. Tarifverträge enthalten oft auch eine Rückzahlungsklausel, die besagt, ob der Arbeitnehmer – um die Gratifikation behalten zu dürfen – noch eine gewisse Zeit nach deren Auszahlung im Unternehmen verbleiben muss.

TIPP!

Werden Gratifikationen einzelvertraglich vereinbart, kann dem Arbeitgeber mancher Streit erspart bleiben, wenn er folgende Punkte ausdrücklich regelt:

► Welchem Zweck dient die Gratifikation? Soll die vertraglich vereinbarte Arbeitsleistung zusätzlich entlohnt werden? Oder soll die Betriebszugehörigkeit des Arbeitnehmers belohnt werden?

► Zu welchem Zeitpunkt wird die Gratifikation gezahlt?

► Erhält der Arbeitnehmer die Gratifikationen nur, wenn er an einem bestimmten Stichtag in einem ungekündigten Arbeitsverhältnis steht?

► Welche Auswirkungen haben Fehlzeiten auf die Höhe der Gratifikation?

► Wie wirkt sich ein ruhendes Arbeitsverhältnis auf die Gratifikation aus? Kann die Gratifikation in diesen Fällen gekürzt werden?

► In welcher Höhe wird die Gratifikation gezahlt? Handelt es sich um einen Festbetrag oder hängt deren Höhe von der aktuellen Vergütung ab?

► Muss der Arbeitnehmer die Gratifikation zurückzahlen, wenn er im auf die Auszahlung folgenden Jahr aus dem Unternehmen ausscheidet?

► Besteht ein – anteiliger – Anspruch auf die Gratifikation, wenn der Arbeitnehmer vor dem Auszahlungstag aus dem Unternehmen ausscheidet?

WICHTIG!

Der Arbeitgeber kann – anstatt die Zahlung einer Gratifikation einzelvertraglich festzulegen – auch jedes Jahr neu entscheiden, ob er eine Gratifikation gewähren will. In diesem Fall muss der Arbeitgeber auf jeden Fall einen deutlichen Hinweis gegenüber dem Arbeitnehmer geben, dass er die Leistung freiwillig erbringt und in Zukunft nicht zu Leistung verpflichtet sein will.

Formulierungsvorschlag:

Die Zahlung des Weihnachtsgeldes erfolgt freiwillig. Auch bei wiederholter Gewährung besteht auf das Weihnachtsgeld kein Rechtsanspruch – weder dem Grund noch der Höhe nach.

Unterlässt der Arbeitgeber einen derartigen Freiwilligkeitsvorbehalt, kann es ihm passieren, dass der Arbeitnehmer nach einer dreimaligen vorbehaltlosen Zahlung einen Anspruch auf Weitergewährung der Gratifikation aufgrund einer betrieblichen Übung hat.

 ACHTUNG!

Hat der Arbeitgeber die Gewährung einer Gratifikation im Einzelvertrag zugesagt, muss er den Gleichbehandlungsgrundsatz beachten (BAG vom 25. 4. 1991 = EzA § 611 BGB Gratifikation, Prämie Nr. 84). Dies hat zur Folge, dass er einzelne Arbeitnehmer nicht willkürlich ohne sachlichen Differenzierungsgrund vom Bezug der Gratifikation ausschließen darf, wenn er diese allen Arbeitnehmern oder einer nach objektiven Kriterien abgegrenzten Arbeitnehmergruppe gewährt. Verstößt der Arbeitgeber gegen diese Grundsätze, kann der von der Zahlung Gratifikation ausgenommene Arbeitnehmer diese gleichwohl unter Berufung auf den Gleichbehandlungsgrundsatz beanspruchen.

Kein Verstoß gegen den Gleichbehandlungsgrundsatz liegt vor, wenn der Arbeitgeber bei der Zahlung von Gratifikationen zwischen verschiedenen Arbeitnehmergruppen aufgrund vorher festgelegter Kriterien unterscheidet. Nicht gegen den Gleichbehandlungsgrundsatz verstoßen auch Regelungen, die die Auszahlung der Gratifikation vom Bestand des Arbeitsverhältnisses am Auszahlungstag abhängig machen (BAG NZA 1995, 307). Nicht sachfremd und willkürlich ist es, wenn der Arbeitgeber Arbeitnehmer, die im Laufe des Bezugszeitraums aus dem Arbeitsverhältnis ausscheiden, vom Bezug der Sonderzahlung ausnimmt.

 TIPP!

Die Höhe der Gratifikation legt grundsätzlich der Arbeitgeber fest. Besteht keine Vereinbarung über die Höhe, kann diese im Wege der Auslegung ermittelt werden. Dem Arbeitgeber steht nach § 315 Abs. 1 BGB das Recht zu, im Rahmen eines – arbeitsgerichtlich nachprüfbaren – billigen Ermessens die Leistungshöhe selbst zu bestimmen. Dies gilt insbesondere dann, wenn der Arbeitgeber die Sonderzuwendung freiwillig – also ohne einzelvertragliche Festlegung – erbringt.

Mit der Zahlung von Gratifikationen hängen viele Rechtsprobleme zusammen, deren Lösung in den meisten Fällen vom Zweck der Gratifikationsgewährung abhängt. Welchen Zweck die Gratifikation haben soll, wird grundsätzlich durch den Arbeitgeber, bei einer tarifvertraglichen Regelung durch die Tarifvertragsparteien festgelegt. Man unterscheidet zwei Zweckrichtungen der Gratifikationsgewährung:

1. Jahresleistung ohne Bindungswirkung

Die Gratifikation soll ausschließlich das Arbeitsentgelt des Arbeitnehmers erhöhen. Nicht bezweckt wird eine Bindung des Arbeitnehmers an den Betrieb oder die Förderung der Betriebszugehörigkeit. Bei einer derartigen Jahresleistung ohne Bindungswirkung handelt es sich um Arbeitsentgelt, dessen Fälligkeit lediglich hinausgeschoben ist. Die Jahresleistung wird im Laufe des Bezugsraumes wie das laufende Entgelt zeitanteilig verdient und kann dem Arbeitnehmer nicht mehr nachträglich entzogen werden.

2. Jahresleistung mit Bindungswirkung

Die Gewährung der Sonderzahlung knüpft an die Dauer des Arbeitsverhältnisses und/oder an die vergangene oder zukünftige Betriebstreue des Arbeitnehmers an. Bei einer derartigen Jahresleistung mit Bindungswirkung bildet die tatsächliche Arbeitsleistung im Bezugsraum keine Anspruchsvoraussetzung. Der Anspruch auf die Gratifikation ist in diesem Fall meistens an das Bestehen eines ungekündigten Arbeitsverhältnisses zum Zeitpunkt der Gratifikationszahlung geknüpft. Häufig wird eine Jahresleistung mit Bindungswirkung auch mit einem Rückzahlungsvorbehalt versehen, der besagt, dass der Arbeitnehmer die Gratifikation ganz oder teilweise zurückzahlen muss, wenn er innerhalb eines bestimmten Zeitraumes im Folgejahr aus dem Unternehmen ausscheidet.

Leider sind in der betrieblichen Praxis die Gratifikationen nicht so leicht der einen oder anderen Gruppe zuzuordnen. Häufig ergibt die Interpretation der vertraglichen Regelung, dass eine Gratifikationsregelung einen Mischcharakter hat. Die Gratifikation soll in diesen Fällen neben der reinen Arbeitsleistung auch die Betriebstreue vergüten. Das Rechtsschicksal einer Gratifikation mit Mischcharakter ist dasselbe wie das einer reinen Jahresleistung mit Bindungswirkung.

 WICHTIG!

Immer dann, wenn der Zweck der Sonderzuwendung im konkreten Einzelfall nicht ausdrücklich festgelegt worden ist, muss er durch Auslegung der Anspruchsgrundlage ermittelt werden. Die von den Parteien gewählte Bezeichnung – 13. Monatsgehalt, Weihnachtsgeld, Urlaubsgeld, Sonderzahlung, Treueprämie usw. – bestimmt dabei nicht alleine den Charakter der Sonderzahlung. Maßgebend sind vielmehr die sonstigen Vereinbarungen zwischen den Parteien. Im Einzelnen hat die Rechtsprechung folgende Anhaltspunkte entwickelt:

Die Bezeichnung „13. Monatsgehalt" spricht eher für eine Fälligkeitsregelung und damit für eine Jahresleistung ohne Bindungswirkung. Die Bezeichnung als Gratifikation oder Weihnachtsgeld für eine Jahresleistung mit Bindungswirkung.

▶ Ist der Bestand des Arbeitsverhältnisses zu einem bestimmten Stichtag Voraussetzung für den Erhalt der Sonderzahlung oder ist die Zahlung der Gratifikation vom Bestand des Arbeitsverhältnisses über einen gewissen Zeitraum abhängig, liegt eher eine Jahresleistung mit Bindungswirkung vor.

▶ Eine vorgesehene Kürzung für Fehlzeiten spricht gegen eine Bindungswirkung.

▶ Eine Kürzung bei vorzeitigem Ausscheiden des Arbeitnehmers oder die Rückzahlung der Gratifikation bei Ausscheiden aus dem Unternehmen, sprechen für eine Jahresleistung mit Bindungswirkung.

Eine Kombination dieser Punkte spricht immer für eine Gratifikation mit Mischcharakter.

Sonderzuwendungen

Siehe Sonderzahlungen

Tarifvertrag

In Tarifverträgen werden von den Tarifvertragsparteien Arbeitsbedingungen festgelegt – Vergütung, Urlaubsansprüche, Kündigungsfristen usw. Ungefähr 90 % aller Arbeitsverhältnisse werden von Tarifverträgen erfasst. Ein Tarifvertrag enthält in der Regel Vorschriften über

▶ Geltungsbereich
(persönlicher, sachlicher, zeitlicher und räumlicher Geltungsbereich)

▶ Abschluss eines Arbeitsvertrages
beispielsweise: Formvorschriften, Abschlussgebote und -verbote

▶ Inhalt von Arbeitsverträgen
beispielsweise: Höhe der Vergütung, Sonderzahlungen, Urlaub, Freistellung bei besonderen Anlässen, Dauer der Arbeitszeit

▶ Beendigung von Arbeitsverhältnissen
beispielsweise: Voraussetzungen einer Kündigung, Formvorschriften, Kündigungsfristen

▶ betriebliche Fragen
beispielsweise zur Ordnung im Betrieb, über den Arbeitsschutz

▶ betriebsverfassungsrechtliche Fragen
beispielsweise: Erweiterung der Rechte des Betriebsrates

Der persönliche Geltungsbereich beschreibt, auf wen der Tarifvertrag anzuwenden ist. Für die Anwendung ist die Zugehörigkeit zu den tarifvertragsschließenden Parteien entscheidend. Nur wer Mitglied einer vertrags-

schließenden Partei ist, hat einen unmittelbaren Anspruch aus den tarifvertraglichen Regelungen. Für Arbeitnehmer bedeutet dies, dass nur der
Arbeitnehmer, der Mitglied der vertragsschließenden Gewerkschaft ist,
aus dem Tarifvertrag heraus anspruchsberechtigt ist. Für den Arbeitgeber
bedeutet dies, dass nur der Arbeitgeber den Tarifvertrag anwenden muss,
der Mitglied des vertragsschließenden Arbeitgeberverbandes oder selbst
vertragsschließende Partei ist. Etwas anderes gilt in den Fällen, in denen
der Tarifvertrag für allgemein verbindlich erklärt worden ist. Dann erstreckt
sich die Wirkung des Tarifvertrages auch auf nicht tarifgebundene Arbeitnehmer und Arbeitgeber (vgl. § 5 TVG) des betreffenden Wirtschaftszwei-
ges. Bestimmte Personengruppen können von dem Tarifvertrag ausgenommen werden. Dies geschieht meist dann, wenn für diesen Personenkreis eigene Tarifverträge abgeschlossen werden – beispielsweise bei
Auszubildenden.

Der sachliche Geltungsbereich bestimmt sich danach, welcher Wirtschaftszweig nach dem Willen der Tarifvertragsparteien erfasst werden
soll und ob der betreffende Betrieb zu diesem Wirtschaftszweig gehört. Im
Prinzip dasselbe gilt für den räumlichen Geltungsbereich des Tarifvertrages. Auch dieser wird von den Tarifvertragsparteien festgelegt. Entscheidend für die Anwendung des Tarifvertrages ist dann, dass der Betrieb in
dem räumlichen Geltungsbereich gelegen ist.

Es müssen die sachlich und örtlich zuständigen Tarifvertragsparteien
einen formgültigen Tarifvertrag abschließen. Nach § 1 Abs. 2 TVG bedürfen Tarifverträge der Schriftform. Für den Vertragsschluss gelten die Vorschriften des Bürgerlichen Gesetzbuches, modifiziert allerdings durch die
Vorschriften des Tarifvertragsgesetzes. Einen Tarifvertrag kann nur
abschließen, wer tariffähig ist. Tariffähig sind

► Gewerkschaften,

► der einzelne Arbeitgeber,

► Arbeitgeberverbände,

► Spitzenorganisationen von Gewerkschaften und Arbeitgeberverbän-
den,

► Handwerksinnungen und Innungsverbände.

Bei den Koalitionen wird durch jeweilige Satzung festgelegt, für welche
Bereiche die Tarifvertragsparteien zuständig sind. Zu unterscheiden ist die
regionale Zuständigkeit und die fachliche Zuständigkeit. Die regionale
Zuständigkeit richtet sich nach den Tarifbezirken. Diese sind nicht unbe-

dingt deckungsgleich mit den Grenzen der Bundesländer. Die fachliche Zuständigkeit bezieht sich auf die Branche. So kann ein Arbeitgeberverband des Einzelhandels keinen Tarifvertrag für den Groß- und Außenhandel abschließen.

Nach § 8 TVG ist der Arbeitgeber verpflichtet, den für seinen Betrieb maßgebenden Tarifvertrag an geeigneter Stelle im Betrieb auszuhängen. Es handelt sich um eine bloße Ordnungsvorschrift. Für die Wirksamkeit des Tarifvertrages ist der Aushang unerheblich.

Ein Tarifvertrag besteht aus zwei Teilen. Er regelt die Beziehungen der Tarifvertragsparteien zueinander und die Normen, die im konkreten Arbeitsverhältnis Anwendung finden. Den Teil des Tarifvertrags, der die Rechte und Pflichten der Tarifvertragsparteien regelt, nennt man den schuldrechtlichen oder obligatorischen Teil. Aus diesem Teil des Tarifvertrages ergeben sich keine Rechte und Pflichten für den einzelnen Arbeitnehmer oder Arbeitgeber. Eine Ausnahme liegt dann vor, wenn der Arbeitgeber selbst Tarifvertragspartei ist. Auch wenn die folgenden drei Pflichten nicht ausdrücklich im Tarifvertrag genannt werden, so werden sie doch mit dem Abschluss des Tarifvertrages zum Inhalt des Vertrags:

► **Friedenspflicht:** Es darf während der Laufzeit des Tarifvertrags kein Arbeitskampf stattfinden. Verstößt eine Partei gegen die Friedenspflicht, hat die andere Seite gegebenenfalls Unterlassungs- und Schadenersatzansprüche. Diese – relative – Friedenspflicht bezieht sich nur auf Bedingungen, die bereits tariflich normiert sind und nun abgeändert werden sollen. Also kann ein Arbeitskampf geführt werden um Arbeitsbedingungen, die erst noch Gegenstand tariflicher Regelung werden sollen. Sollen sämtliche Arbeitskampfmaßnahmen während des laufenden Tarifvertrags verboten sein, müssen die Partei die – absolute – Friedenspflicht ausdrücklich vereinbaren.

► **Durchführungspflicht:** Die Tarifvertragsparteien müssen ihre Mitglieder über die Tarifnormen informieren, ihnen also z. B. die Tarifverträge aushändigen, erläutern und Fragen beantworten.

► **Einwirkungspflicht:** Die Tarifvertragsparteien müssen darauf hinwirken, dass der Tarifvertrag auch tatsächlich eingehalten wird. Als mögliche Sanktionen bei Zuwiderhandlungen sind Verwarnungen und der Verbandsausschluss vorgesehen.

Im schuldrechtlichen oder obligatorischen Teil des Tarifvertrags können andere Punkte frei vereinbart werden.

Beispiel:

Beitragsleistungen zu gemeinsamen Einrichtungen.

Schuldner der im schuldrechtlichen oder obligatorischen Teil des Tarifvertrags festgelegten Pflichten sind nur die Tarifvertragsparteien selbst – nicht also ihre Mitglieder.

Der normative Teil des Tarifvertrags beinhaltet Rechtsnormen für die Arbeitnehmer und Arbeitgeber, aus denen sie Ansprüche herleiten können. Die Regelungsbefugnis der Tarifvertragsparteien – die so genannte Tarifautonomie – erstreckt sich auf die Arbeitsbedingungen im Sinne von Artikel 9 Abs. 3 GG. Diese Bestimmung wird durch § 1 Abs. 1 TVG präzisiert. Die Rechtsnormen können die Arbeitsverhältnisse, betriebliche und betriebsverfassungsrechtliche Fragen betreffen.

Rechtsnormen für Arbeitsverhältnisse liegen vor bei:

► Abschluss von Arbeitsverhältnissen (z. B. Formvorschriften),

► Inhalt von Arbeitsverhältnissen (z. B. Tätigkeitsmerkmale, Stundenlohn, Arbeitszeitregelungen, Urlaub),

► Beendigung von Arbeitsverhältnissen (z. B. Form und Frist der Kündigung).

Normen, die betriebliche Fragen regeln, sind die Solidarnormen und die Ordnungsnormen. Die Solidarnormen kommen dem Arbeitnehmer als Mitglied der Belegschaft zugute (z. B. Arbeitsschutz, Kantine). Durch die Ordnungsnorm wird die Ausübung der Organisationsgewalt des Arbeitgebers typisiert, aber auch begrenzt (z. B. Rauchverbote, Stechuhren, Torkontrollen).

Bestimmte betriebsverfassungsrechtliche Fragen können durch Tarifvertrag abweichend von den Vorschriften des Betriebsverfassungsrechts geregelt werden. Man spricht deshalb von Normen, die betriebsverfassungsrechtliche Fragen regeln.

Wirkungen des Tarifvertrages

1. Tarifvertrag wirkt wie ein schuldrechtlicher Vertrag

Arbeitgeberverband ◄———— Tarifvertrag ————► Gewerkschaft

*Der schuldrechtliche Teil
des Tarifvertrages zeigt
Auswirkungen*

2. Der Tarifvertrag wirkt wie ein Gesetz: normativ, unmittelbar und zwingend

Arbeitgeber = Mitglied eines Arbeitgeberverbandes	← *Arbeitsvertrag* → *Der normative Teil des Tarifvertrages zeigt Auswirkungen*	Arbeitnehmer = Gewerkschaftsmitglied
Arbeitgeber = Mitglied eines Arbeitgeberverbandes	← *Arbeitsvertrag* → *Der betriebliche und betriebsverfassungs- rechtliche Teil des Tarif- vertrages zeigt Auswirkungen*	Arbeitnehmer im Betrieb des Arbeitgebers
Arbeitgeber = Betrieb im Geltungs- bereich des Tarif- vertrages	← *Arbeitsvertrag* → *Der Tarifvertrag zeigt Auswirkungen, wenn er für allgemein verbindlich erklärt worden ist*	Arbeitnehmer im Betrieb des Arbeitgebers

3. Der Tarifvertrag wirkt wie eine einzelvertragliche Vereinbarung – unabhängig von einer Tarifgebundenheit der Vertragsparteien

| Arbeitgeber | ← *Arbeitsvertrag* →
 Der Tarifvertrag zeigt Auswirkungen, wenn auf ihn im Einzelarbeitsvertrag Bezug genommen worden ist. | Arbeitnehmer |

Die Rechtsnormen wirken unmittelbar und zwingend (§ 4 Abs. 1 TVG). Unmittelbar bedeutet, dass es keiner weiteren vertraglichen Vereinbarung zwischen Arbeitgeber und Arbeitnehmer bedarf, damit die Vorschriften des Tarifvertrags Anwendung finden. Ein Tarifvertrag wirkt damit wie ein Gesetz, ist aber nicht formell wie ein Gesetz zustande gekommen. Er gilt also ohne Rücksicht auf die Kenntnis der Arbeitsvertragsparteien vom Bestehen oder vom Inhalt der Tarifvertragsnormen. Zwingend bedeutet, dass die dem Tarifvertrag widersprechenden arbeitsvertraglichen Abreden nichtig sind. Allerdings gilt zugunsten des Arbeitnehmers eine wichtige Ausnahme: Das Günstigkeitsprinzip. Enthält der Arbeitsvertrag für den Arbeitnehmer günstigere Bedingungen, gelten diese und nicht die entsprechenden tarifvertraglichen Bestimmungen.

Die eben beschriebene normative Wirkung ist aber nur dann gegeben, wenn

- beide Arbeitsvertragsparteien tarifgebunden sind (§§ 3 Abs. 1, 4 Abs. 1 TVG). Gemeint sind die Mitglieder der Tarifvertragsparteien und der Arbeitgeber, der selbst Partei des Tarifvertrags ist. Allerdings reicht eine Tarifgebundenheit nur des Arbeitgebers für betriebliche und betriebsverfassungsrechtliche Normen aus (§ 3 Abs. 2 TVG). Nach § 3 Abs. 3 TVG bleibt die Tarifgebundenheit bestehen bis der Tarifvertrag endet. Tritt der Arbeitnehmer aus der Gewerkschaft aus, gelten die Normen des Tarifvertrags für ihn weiterhin unmittelbar und zwingend.

- der Tarifvertrag für allgemein verbindlich erklärt wurde. Er wirkt dann als Norm auch für die Nichtorganisierten, die in den fachlichen, regionalen und persönlichen Geltungsbereich des Tarifvertrags fallen (§ 5 TVG). Die Allgemeinverbindlicherklärung erfolgt durch den Bundesminister für Arbeit und Sozialordnung auf Antrag einer Tarifvertragspartei, wenn die tarifgebundenen Arbeitgeber nicht weniger als 50 vom Hundert der unter den Geltungsbereich des Tarifvertrags fallenden Arbeitnehmer beschäftigen und die Allgemeinverbindlicherklärung im öffentlichen Interesse geboten erscheint (§ 5 TVG).

In der Praxis werden häufig Tarifverträge im Einzelarbeitsvertrag in Bezug genommen, da in dem Betrieb sowohl tarifgebundene als auch nichttarifgebundene Arbeitnehmer beschäftigt werden. Hierfür gibt es – zumindest – drei Gründe:

- die Arbeitnehmer haben weniger Interesse daran, einer Gewerkschaft beizutreten,

- durch die Gleichbehandlung wird der Betriebsfrieden gesichert,

- der Verwaltungsaufwand des Arbeitgebers ist geringer. Die Inbezugnahme des Tarifvertrags durch Einzelarbeitsvertrag bedeutet lediglich, dass die Bestimmungen des Tarifvertrags Vertragsinhalt werden. Sie entfalten keine normative Wirkung.

 Formulierungsvorschlag:

Tarifgebundenheit liegt nicht vor. Hinsichtlich der Vergütung ist der Tarifvertrag der ... Branche in seiner jeweils gültigen Fassung anwendbar. Im Übrigen sollen ausschließlich die Regelungen dieses Arbeitsvertrags gelten.

Ein Tarifvertrag endet in der Regel durch Zeitablauf, aber auch Kündigung oder einverständliche Aufhebung sind möglich. Bis es zu einer neuen Einigung kommt, kann es längere Zeit dauern. Deshalb bestimmt § 4 Abs. 5 TVG, dass nach Ablauf des Tarifvertrags seine Rechtsnormen weiter gelten, bis sie durch eine andere Vereinbarung ersetzt werden, d. h. die

Rechtsnormen gelten weiterhin unmittelbar, aber nicht mehr zwingend. Von den Regelungen des Tarifvertrags kann dann durch eine andere arbeitsvertragliche Regelung abgewichen werden.

 WICHTIG!

Es gibt Verbands-Tarifverträge – zwischen Gewerkschaft und Arbeitgeberverband – und Firmen-Tarifverträge – zwischen Gewerkschaft und einem einzelnen Arbeitgeber. Diese nennt man auch Haustarifverträge. Nach dem Inhalt werden die Tarifverträge in drei Gruppen eingeteilt:

▶ Mantel-Tarifvertrag: Ein Manteltarifvertrag enthält z. B. Regelungen über Arbeitszeit, Kündigungsfristen, Urlaub.

▶ Rahmen-Tarifvertrag: Dieser bezieht sich auf die Lohn- und Gehaltsgruppen, deren Eingruppierungsmerkmale durch den Rahmen-Tarifvertrag festgesetzt werden.

▶ Lohn-Tarifvertrag: In diesen Tarifverträgen wird häufig ein so genannter Ecklohn vereinbart. Der Lohn für eine einzige Tarifgruppe wird ziffernmäßig vereinbart, der Lohn der anderen Tarifgruppen wird dann in Prozentsätzen bestimmt,

oder

Vergütungstarifvertrag: In diesen Tarifverträgen werden die Vergütungen für die im Rahmentarifvertrag festgelegten Vergütungsgruppen beziffert.

Tätigkeit, allgemeine Pflichten und Aufgaben

Siehe auch Direktionsrecht sowie Tätigkeitsbeschreibung

Grundsätzlich schuldet der Arbeitnehmer die Erbringung der im Arbeitsvertrag vereinbarten Tätigkeit. Da die Tätigkeitsbeschreibung meist nur eine grobe Umschreibung der am konkreten Arbeitsplatz anfallenden Arbeiten sein kann, ist in Zweifelsfragen, ob eine bestimmte Tätigkeit (noch) vom Arbeitnehmer zu erbringen ist, immer auf den konkreten Einzelfall im Unternehmen abzustellen. Die Grenze für Auslegungsfragen bildet § 242 BGB. Danach hat ein Arbeitnehmer seine Arbeitsleistung so zu erbringen, wie Treu und Glauben mit Rücksicht auf die Verkehrssitte es erfordern.

Tätigkeitsbeschreibung

Nach § 2 Abs. 1 Ziffer 5 NachwG muss der Nachweis der Arbeitsbedingungen, aber auch ein schriftlicher Arbeitsvertrag eine kurze Charakterisierung oder Beschreibung der vom Arbeitnehmer zu leistenden Tätigkeiten enthalten. Aus der Charakterisierung oder Beschreibung soll erkennbar sein, für welche Tätigkeiten der Arbeitnehmer vorgesehen ist. Zusätzlich können natürlich besondere Tätigkeiten, die entweder nicht zum allgemeinen Berufsbild gehören oder die den beruflichen Schwerpunkt kennzeichnen, gesondert erwähnt werden.

Beispiele:

► *Der Arbeitnehmer wird von einer Versicherung eingestellt als Sachbearbeiter für Vertragsangelegenheiten im Bereich Lebensversicherungen.*
► *Der Arbeitnehmer wird für die Buchhaltung eingestellt und soll schwerpunktmäßig Rechnungen schreiben.*

 ACHTUNG!

Je detaillierter im Arbeitsvertrag die vom Arbeitnehmer zu erbringende Tätigkeit beschrieben ist, um so schwieriger wird es für den Arbeitgeber, dem Arbeitnehmer einseitig im Wege des Direktionsrechts weitere oder andere Arbeiten zuzuweisen.

Innerhalb des vereinbarten Tätigkeitsbereiches darf der Arbeitgeber mit dem Berufsbild und/oder der Qualifikation des Arbeitnehmers zusammenhängende Tätigkeiten auf den Arbeitnehmer im Wege des Direktionsrechts übertragen.

Teilzeit

Siehe auch Abrufarbeit, Jobsharing

§ 2 TzBfG bietet eine gesetzliche Definition der Teilzeitbeschäftigung. Danach ist teilzeitbeschäftigt der Arbeitnehmer, dessen Wochenarbeitszeit kürzer ist als die eines vergleichbaren vollzeitbeschäftigten Arbeitnehmers. Arbeitnehmer, mit denen keine feste wöchentliche Arbeitszeit vereinbart ist, gelten als teilzeitbeschäftigt, wenn ihre regelmäßige durchschnittliche Arbeitszeit unter der durchschnittlichen Arbeitszeit eines vergleichbaren vollzeitbeschäftigten Arbeitnehmers liegt. Dabei kann die durchschnittliche Arbeitszeit auf der Grundlage eines Beschäftigungszeitraums von bis zu 12 Monaten berechnet werden.

Vergleichbar sind Vollzeitarbeitnehmer des Betriebs mit derselben Art des Arbeitsverhältnisses und der gleichen oder einer ähnlichen Tätigkeit. Bei der Art des Arbeitsverhältnisses werden z. B. nur unbefristete oder nur befristete Arbeitsverhältnisse miteinander verglichen.

Gibt es im Betrieb keinen vergleichbaren vollzeitbeschäftigten Arbeitnehmer, muss dieser aufgrund des anzuwendenden Tarifvertrags bestimmt werden. Ist auch dies nicht möglich – z. B. weil kein Tarifvertrag Anwendung findet –, wird auf den Wirtschaftszweig, zu dem das Unternehmen gehört, abgestellt und geprüft, wer dort üblicherweise als vollzeitbeschäftigter Arbeitnehmer gilt.

Als Teilzeitbeschäftigte gelten auch geringfügig entlohnte Beschäftigte (§ 2 Abs. 2 TzBfG). Bei dieser Vorschrift handelt es sich um eine Klarstellung, da geringfügig Beschäftigte auch nach der Definition des § 2 Abs. 1 TzBfG bereits als Teilzeitbeschäftigte anzusehen sind. Mit der Klarstellung soll der oft anzutreffenden Meinung, für geringfügig Beschäftigte gelte das Arbeitsrecht nicht, entgegengetreten werden.

 WICHTIG!

In § 4 Abs. 1 TzBfG ist ein gesetzliches Diskriminierungsverbot aufgenommen worden. Danach darf ein teilzeitbeschäftigter Arbeitnehmer nicht schlechter behandelt werden als ein vergleichbarer vollzeitbeschäftigter Arbeitnehmer, es sei denn, dass sachliche Gründe eine Ungleichbehandlung rechtfertigen. Das Gesetz stellt nunmehr klar, dass einem teilzeitbeschäftigten Arbeitnehmer das Arbeitsentgelt oder eine andere teilbare geldwerte Leistung, die für einen bestimmten Bemessungszeitraum gewährt wird, mindestens in dem Umfang zu gewähren ist, der dem Anteil seiner Arbeitszeit an der Arbeitszeit eines vergleichbaren vollzeitbeschäftigten Arbeitnehmers entspricht.

Beispiel:

Alle vollzeitbeschäftigten Arbeitnehmer erhalten aufgrund vertraglicher Regelung ein halbes zusätzliches Monatsentgelt als Weihnachtsgeld.

Aufgrund des Diskriminierungsverbots ist das Weihnachtsgeld auch an teilzeitbeschäftigte Mitarbeiter zu zahlen. Sie erhalten ein Weihnachtsgeld in Höhe der Hälfte ihres (Teilzeit-)Verdienstes. Arbeitet die Teilzeitkraft 50 % der Arbeitszeit eines Vollzeitbeschäftigten, so erhält sie – rechnerisch – 50 % des Weihnachtsgelds des Vollzeitbeschäftigten, also 25 % eines vollen Weihnachtsgeldes.

Das Diskriminierungsverbot ist nicht nur vom Arbeitgeber, sondern auch vom Betriebsrat beim Abschluss von Betriebsvereinbarungen und von den Tarifpartnern beim Abschluss von Tarifverträgen zu beachten. Teilzeitbeschäftigte Arbeitnehmer dürfen also z. B. beim Abschluss von Betriebsvereinbarungen ohne sachlichen Grund nicht schlechter gestellt werden als vergleichbare vollzeitbeschäftigte Arbeitnehmer.

Das Diskriminierungsverbot untersagt nur eine Schlechterstellung. Steht ein teilzeitbeschäftigter Arbeitnehmer im Vergleich mit einem vollzeitbeschäftigten Arbeitnehmer besser dar, so ist dies kein Verstoß gegen das Diskriminierungsverbot.

 TIPP!

Beruft sich ein teilzeitbeschäftigter Mitarbeiter auf seine Rechte aus dem Gesetz über Teilzeitarbeit und befristete Arbeitsverträge, so darf er deswegen nicht benachteiligt werden (§ 5 TzBfG).

ACHTUNG!

Neben dem TzBfG finden auf Teilzeitarbeitsverhältnisse alle sonstigen arbeitsrechtlichen Vorschriften Anwendung, z. B.

► § 611 ff. BGB (Dienstvertrag), soweit es um Abschluss des Arbeitsvertrags, Kündigungsfristen, Schriftform der Kündigung, Rechte und Pflichten aus dem Arbeitsverhältnis geht

► Entgeltfortzahlungsgesetz, soweit es um die Entgeltfortzahlung bei unverschuldeter Arbeitsunfähigkeit geht

► Bundesurlaubsgesetz für Urlaubsfragen

► Mutterschutz- und Bundeserziehungsgeldgesetz.

Soweit gesetzliche Vorschriften an ein Vollzeitarbeitsverhältnis anknüpfen, haben Teilzeitbeschäftigte den Anspruch im Verhältnis ihrer Arbeitszeit zu der eines vergleichbaren Vollzeitbeschäftigten.

WICHTIG!

§ 6 TzBfG verpflichtet die Arbeitgeber, in allen Unternehmensbereichen und auf allen Hierarchieebenen – insbesondere auch in leitenden Positionen – Teilzeitarbeit zu ermöglichen. Um dies zu erreichen, hat der Gesetzgeber den Arbeitgebern Ausschreibungs- und Informationspflichten auferlegt.

Der Arbeitgeber hat einen Arbeitsplatz, den er öffentlich oder auch nur innerbetrieblich ausschreibt, grundsätzlich auch als Teilzeitarbeitsplatz auszuschreiben (§ 7 Abs. 1 TzBfG). Voraussetzung dieser Pflicht ist außerdem, dass sich der zu besetzende Arbeitsplatz für eine Teilzeitbeschäftigung eignet. Der Arbeitgeber muss also nicht jeden Arbeitsplatz auch als Teilzeitarbeitsplatz ausschreiben. Er hat ein Ermessen, welche Arbeitsplätze er im Rahmen seiner betrieblichen Möglichkeiten auch als Teilzeitarbeitsplätze ausschreiben will.

Wird ein offener Arbeitsplatz weder innerbetrieblich noch öffentlich ausgeschrieben, gilt § 7 Abs. 1 TzBfG nicht.

Hat ein Arbeitnehmer gegenüber dem Arbeitgeber bereits den Wunsch geäußert, die Dauer und Lage seiner Arbeitszeit zu verändern, ist der Arbeitgeber verpflichtet, diesen Arbeitnehmer über entsprechende Arbeitsplätze zu informieren, die im Betrieb oder Unternehmen besetzt werden sollen. Der Arbeitgeber muss den Arbeitnehmer über Arbeitsplätze informieren, für die der Arbeitnehmer aufgrund seiner Eignung und seiner Wünsche in Betracht kommt. Eine Informationspflicht über alle zu besetzenden Arbeitsplätze besteht also nicht. Der Arbeitgeber kann eine Vorauswahl über die Arbeitsplätze treffen, für die der Arbeitnehmer – nach Meinung des Arbeitgebers – aufgrund Eignung, Befähigung und/oder Berufserfahrung in Betracht kommt, und der von der Lage und Dauer der Arbeitszeit den Wünschen des Arbeitnehmers – annähernd – entspricht und vom Arbeitgeber auch in dieser Weise besetzt werden kann.

Der Arbeitgeber hat darüber hinaus den Betriebsrat über Teilzeit im Betrieb und Unternehmen zu informieren. Die Informationspflicht betrifft insbesondere

► vorhandene und geplante Teilzeitarbeitsplätze

► Umwandlung von Vollzeitarbeitsplätzen in Teilzeitarbeitsplätze.

Auf Verlangen hat der Arbeitgeber dem Betriebsrat entsprechende Unterlagen zur Verfügung zu stellen.

Darüber hinausgehende Informations- und Beteiligungspflichten nach dem Betriebsverfassungsgesetz bleiben unverändert bestehen.

Der Arbeitgeber hat dafür zu sorgen, dass auch teilzeitbeschäftigte Arbeitnehmer an Aus- und Weiterbildungsmaßnahmen zur Förderung der beruflichen Entwicklung und Mobilität teilnehmen können (§ 10 TzBfG). Mit dieser Aus- und Weiterbildungspflicht soll eine Gleichbehandlung von Voll- und Teilzeitbeschäftigten beim beruflichen Aufstieg gewährleistet werden.

Der Arbeitgeber kann die Aus- und Weiterbildungswünsche teilzeitbeschäftigter Arbeitnehmer ablehnen, wenn dringende betriebliche Gründe oder die Aus- und Weiterbildungswünsche anderer teil- und vollzeitbeschäftigter Arbeitnehmer entgegenstehen. Wollen sich mehrere teilzeitbeschäftigte Arbeitnehmer aus- oder weiterbilden, so kann der Arbeitgeber unter diesen die Teilnehmer nach billigem Ermessen auswählen.

 WICHTIG!

Weigert sich ein Arbeitnehmer, von einem Vollzeit- in ein Teilzeitarbeitsverhältnis zu wechseln oder umgekehrt, so kann der Arbeitgeber ihm deswegen nicht kündigen. Eine entsprechende Kündigung ist nach § 11 TzBfG unwirksam. Das Recht, das Arbeitsverhältnis aus anderen Gründen zu kündigen, bleibt unberührt. D. h. der Arbeitgeber kann z. B. verhaltensbedingt oder betriebsbedingt kündigen, wenn die entsprechenden Voraussetzungen hierfür vorliegen.

Teilzeitanspruch

In § 8 TzBfG wurde den Arbeitnehmern ein Rechtsanspruch auf Verringerung der Arbeitszeit, d. h. auf Umwandlung einer Vollzeit- in eine Teilzeitstelle, normiert. Der Anspruch auf Verringerung der Arbeitszeit ist an folgende Voraussetzungen gebunden:

Ein Anspruch auf Teilzeitarbeit kann nur bei Arbeitgebern angemeldet werden, die in der Regel mehr als 15 Arbeitnehmer – ohne Auszubildende –

beschäftigen. In Kleinunternehmen mit in der Regel bis zu 15 Arbeitnehmern besteht also kein Rechtsanspruch auf Teilzeitarbeit.

 TIPP!

Die Vorschrift des § 8 Abs. 7 TzBfG spricht von „Arbeitgebern", nicht von „Betrieb" oder „Unternehmen". Hat ein Arbeitgeber also z. B. mehrere Betriebe, so werden die Arbeitnehmer zusammengezählt.

Die Verringerung der vertraglich vereinbarten Arbeitszeit kann nur verlangen, wessen Arbeitsverhältnis bei Äußerung des Verlangens länger als 6 Monate bestanden hat. Der Arbeitnehmer muss also eine Wartefrist von 6 Monaten erfüllen. Die Einführung einer Wartefrist und deren Dauer entsprechen andern gesetzlichen Vorschriften, z. B. im Bundesurlaubsgesetz oder im Kündigungsschutzgesetz.

Ein Arbeitnehmer, der seine vertraglich vereinbarte Arbeitszeit verringern will, muss nach § 8 Abs. 2 TzBfG diesen Wunsch dem Arbeitgeber spätestens drei Monate vor dem gewünschten Beginn der Verringerung der Arbeitszeit mitteilen. Er muss dabei auch angeben, in welchem Umfang er seine Arbeitszeit verringern will. Außerdem muss er sich zur gewünschten Verteilung der Arbeitszeit äußern.

Innerhalb der Ankündigungsfrist soll der Arbeitgeber prüfen können (und müssen), ob und inwieweit der Wunsch des Arbeitnehmers verwirklicht werden kann.

 WICHTIG!

Da in § 8 Abs. 3 TzBfG nur von „Arbeitszeit" und nicht von „Wochenarbeitszeit" die Rede ist, kann der Arbeitnehmer Wünsche nach jeder möglichen Art von Arbeitszeitverringerung äußern, z. B.

- ▶ nur noch 3 Wochen im Monat arbeiten
- ▶ 11 statt 12 Monate pro Jahr arbeiten
- ▶ 4 Vollzeittage statt 5 Vollzeittage pro Woche,
- ▶ Ansparung auf ein Jahresarbeitszeitkonto und Abfeiern durch Freistellung für einen längeren Zeitraum.

§ 8 Abs. 2 TzBfG lässt also die unterschiedlichsten Formen der Arbeitszeitgestaltung zu.

Nachdem der Arbeitnehmer seinen Teilzeitarbeitswunsch sowie die gewünschte Lage der Arbeitszeit angekündigt hat, muss der Arbeitgeber tätig werden. Er hat den Wunsch des Arbeitnehmers auf Realisierbarkeit zu prüfen.

Der Arbeitgeber hat den Wunsch des Arbeitnehmers mit diesem zu erörtern mit dem Ziel, zu einer Vereinbarung über die Umsetzung des geäußerten Wunsches zu gelangen (§ 8 Abs. 3 TzBfG). Der Arbeitgeber hat sodann mit dem Arbeitnehmer Einvernehmen über die vom Arbeitgeber festzulegende Verteilung der Arbeitszeit zu erzielen. Das Direktionsrecht des Arbeitgebers, die Lage und Verteilung der Arbeitszeit einseitig zu bestimmen, bleibt also bestehen.

Unter welchen Voraussetzungen und mit welchem Inhalt die Vereinbarung zustande kommen kann oder muss, ist in den Absätzen 4 und 5 des § 8 TzBfG näher geregelt.

 ACHTUNG!

Nach § 8 Abs. 4 TzBfG kann der Arbeitgeber dem Wunsch nach Verringerung der Arbeitszeit sowie die Wünsche hinsichtlich der Verteilung der Arbeitszeit ablehnen, wenn und soweit betriebliche Gründe entgegenstehen.

Welche betrieblichen Gründe im Einzelnen eine Ablehnung des Teilzeitwunsches rechtfertigen und/oder der Verteilung der Arbeitszeit entgegenstehen können, hängt von der Art und Größe des betroffenen Unternehmens ab. Das Gesetz nennt beispielhaft:

► Wesentliche Beeinträchtigung von Organisation, Arbeitsablauf oder Sicherheit

► Verursachung von unverhältnismäßigen Kosten für den Arbeitgeber.

Tarifvertragsparteien können weitere Ablehnungsgründe in einem Tarifvertrag festlegen. Ist dies geschehen, können nicht tarifgebundene Arbeitgeber und Arbeitnehmer im Einzelarbeitsvertrag auf die entsprechende tarifliche Regelung Bezug nehmen.

 WICHTIG!

Der Arbeitgeber ist nach § 8 Abs. 5 TzBfG verpflichtet, dem Arbeitnehmer seine Entscheidung über die Verringerung der Arbeitszeit und ihre Verteilung spätestens einen Monat vor dem gewünschten Beginn der Verringerung schriftlich mitzuteilen. Zwischen der Ankündigung und der Mitteilung der Entscheidung liegen also mindestens zwei Monate; beantragt der Arbeitnehmer die Verringerung mehr als drei Monate vor dem beabsichtigten Beginn ist die Überlegungs-/Verhandlungsfrist entsprechend länger.

Der Arbeitgeber kann in seiner Mitteilung

► das mit dem Arbeitnehmer hergestellte Einvernehmen über die Verringerung der Arbeitszeit und die Verteilung der Arbeitszeit im Sinne von § 8 Abs. 3 TzBfG bestätigen.

In diesem Fall kommt es zu der abgesprochenen Verringerung und Verteilung der Arbeitszeit.

▶ den Wunsch des Arbeitnehmers nach Verringerung der Arbeitszeit wegen entgegenstehender betrieblicher Gründe ablehnen.

In diesem Fall bleibt es bei der bisher vortraglich vereinbarten Arbeitszeit und deren Verteilung.

▶ den Wunsch des Arbeitnehmers nach Verringerung der Arbeitszeit erfüllen, die Arbeitszeit aber anders – also nicht den Wünschen des Arbeitnehmers entsprechend – verteilen.

In diesem Fall kommt es zu einer Verringerung der Arbeitszeit nach dem Wunsch des Arbeitnehmers, die Lage der Arbeitszeit wird allerdings im Wege des Direktionsrechts – einseitig – vom Arbeitgeber festgelegt.

Unternimmt der Arbeitgeber nichts, kann es zu einer einseitigen Verringerung der Arbeitszeit aufgrund des angemeldeten Wunsches kommen:

▶ Versäumt der Arbeitgeber die rechtzeitige Ablehnung des Wunsches auf Verringerung der Arbeitszeit, verringert sich diese ab dem gewünschten Beginn entsprechend den Wünschen des Arbeitnehmers.

▶ Konnte kein Einvernehmen über die Verteilung der Arbeitszeit zwischen Arbeitgeber und Arbeitnehmer erzielt werden und vergisst der Arbeitgeber, die vom Arbeitnehmer gewünschte Verteilung rechtzeitig – also einen Monat vor dem gewünschten Beginn – abzulehnen, gilt die Verteilung der Arbeitszeit entsprechend den Wünschen des Arbeitnehmers festgelegt.

 TIPP!

Eine einseitige Verringerung der Arbeitszeit durch den Arbeitnehmer lässt sich durch eine rechtzeitige schriftliche Ablehnung vermeiden. Die Ablehnung der Verringerung und/oder der Verteilung der Arbeitszeit muss dem Arbeitnehmer mindestens einen Monat vor dem gewünschten Beginn zugehen.

Ist es zu einer einseitigen Verteilung der Arbeitszeit durch den Arbeitnehmer gekommen, weil der Arbeitgeber nicht rechtzeitig die Wünsche des Arbeitnehmers abgelehnt hat, kann der Arbeitgeber die Arbeitszeit einseitig – im Wege des Direktionsrecht – wieder ändern, wenn

▶ das betriebliche Interesse an einer neuen Verteilung der Arbeitszeit das Interesse des Arbeitnehmers an der Beibehaltung der bisherigen Verteilung erheblich überwiegt

und

▸ der Arbeitgeber die Änderung der Verteilung der Arbeitszeit spätestens einen Monat vorher angekündigt hat (§ 8 Abs. 5 TzBfG).

Dasselbe Recht steht dem Arbeitgeber auch zu, wenn er mit dem Arbeitnehmer Einvernehmen über die Verteilung der Arbeitszeit erzielt hatte (§ 8 Abs. 5 TzBfG).

Der Arbeitnehmer kann eine erneute Verringerung der Arbeitszeit frühestens zwei Jahre nach einer berechtigten Ablehnung durch den Arbeitgeber oder seiner Zustimmung verlangen. Gerechnet wird vom Zeitpunkt der Ablehnung oder Zustimmung durch den Arbeitgeber.

Will ein teilzeitbeschäftigter Arbeitnehmer seine Arbeitszeit verlängern, so muss er dies dem Arbeitgeber mitteilen. Es spielt dabei keine Rolle, ob die Teilzeit infolge eines Wunsches des Arbeitnehmers nach Arbeitszeitverringerung zustande kam oder der Arbeitnehmer von Anfang an als Teilzeitbeschäftigter eingestellt war.

Der Arbeitgeber hat Arbeitnehmer, die ihre Arbeitszeit verlängern möchten, bei der Besetzung entsprechender freier Arbeitsplätze im Betrieb oder Unternehmen bevorzugt zu berücksichtigen, sofern der Arbeitnehmer für den zu besetzenden Arbeitsplatz nach Ausbildung, Qualifikation und Fähigkeiten geeignet ist (§ 9 TzBfG). Der bevorzugten Berücksichtigung können dringende betriebliche Gründe oder die Wünsche anderer teilzeitbeschäftigter Arbeitnehmer entgegenstehen. Unter mehreren teilzeitbeschäftigten Arbeitnehmern kann der Arbeitgeber seine Auswahl frei unter Berücksichtigung des billigen Ermessens treffen.

Urlaub

Jeder Arbeitgeber ist verpflichtet, die Arbeitnehmer unter Fortzahlung des vereinbarten Arbeitsentgeltes zum Zwecke der Erholung und der Auffrischung der Arbeitskraft zeitweise von der Arbeitspflicht freizustellen (§ 1 BUrlG). Der Urlaubsanspruch und seine Höhe finden ihre Rechtsgrundlage

▸ im Arbeitsvertrag

▸ im Bundesurlaubsgesetz (BUrlG), das den Mindesturlaubsanspruch festlegt

▸ in zahlreichen Sonderregelungen für besondere Arbeitnehmergruppen, zum Beispiel: im SGB IX für Schwerbehinderte oder im Jugendarbeitsschutzgesetz für Jugendliche (= Arbeitnehmer unter 18 Jahren).

WICHTIG!

Die zeitliche Festlegung des Urlaubes steht dem Arbeitgeber im Rahmen seines Direktionsrechts zu. Er muss bei der Festlegung des Urlaubs aber Urlaubswünsche des Arbeitnehmers berücksichtigen. Über diese darf er sich nur hinwegsetzen, wenn

► dringende betriebliche Belange oder

► Urlaubswünsche sozial schutzwürdigerer Arbeitnehmer

entgegenstehen (§ 7 Abs. 1 BUrlG). Entscheidend sind in beiden Fällen immer die Umstände des konkreten Einzelfalles. Der Urlaub wird immer für einen bestimmten Zeitraum ausdrücklich als Urlaub bewilligt.

ACHTUNG!

Das Bundesurlaubsgesetz setzt den gesetzlichen Mindesturlaub für jeden – volljährigen – Arbeitnehmer auf 24 Werktage (= 4 Wochen) fest. Auf die Art oder den Umfang der vom Arbeitnehmer ausgeübten Tätigkeit kommt es für den Urlaubsanspruch nicht an. Einen Anspruch auf bezahlten Erholungsurlaub haben daher auch Teilzeitarbeitnehmer, Aushilfen, geringfügig oder kurzfristig beschäftigte Arbeitnehmer.

Der gesetzliche Mindesturlaubsanspruch darf nicht unterschritten werden. Er kann aber nach § 13 Abs. 1 BUrlG durch Einzelarbeitsvertrag oder Betriebsvereinbarung über 24 Werktage hinaus ausgedehnt werden. Für den erhöhten Urlaubsanspruch, dessen Gewährung und Übertragung gelten – sofern keine anderweitigen ausdrücklichen Regelungen im Arbeitsvertrag oder einer Betriebsvereinbarung, bestehen – die Grundsätze, die auch für den gesetzlichen Mindesturlaub maßgebend sind.

Formulierungsvorschlag:

Der Mitarbeiter hat Anspruch auf jährlichen Erholungsurlaub von ... Arbeitstagen. Der Urlaub ist in Abstimmung mit dem Vorgesetzten schriftlich festzulegen. Er ist grundsätzlich im Kalenderjahr zu nehmen. Nicht genommener Urlaub verfällt am 31. 3. des Folgejahres ersatzlos.

Bei der Neuaufnahme einer Beschäftigung erwirbt der Arbeitnehmer nach § 4 BUrlG den Anspruch auf seinen vollen Jahresurlaub erstmals, wenn das Arbeitsverhältnis ununterbrochen sechs Monate bestanden hat. Bis zum Ablauf dieser so genannten Wartezeit besteht kein Anspruch auf Urlaub. Nach Ablauf der Wartezeit hat der Arbeitnehmer Anspruch auf den vollen Jahresurlaub.

Der Arbeitnehmer hat nach Ablauf der Wartezeit grundsätzlich Anspruch auf den vollen Mindestjahresurlaub auch dann, wenn das Arbeitsverhältnis nicht das ganze Jahr bestanden hat. Für den über den gesetzlichen Mindesturlaubsanspruch hinausgehenden Urlaubsanspruch kann einzelvertraglich vereinbart werden, dass nach Ablauf der Wartezeit Anspruch nur auf anteiligen Jahresurlaub besteht, wenn das Arbeitsverhältnis nicht das ganze Jahr bestanden hat.

WICHTIG!

Endet das Arbeitsverhältnis mit dem Arbeitnehmer nach erfüllter Wartezeit in der ersten Hälfte des Kalenderjahres, so hat der Arbeitnehmer nach § 5 Abs. 1 Buchstabe c) BUrlG nur Anspruch auf 1/12 des Jahresurlaubes für jeden vollen Beschäftigungsmonat. Endet das Arbeitsverhältnis nach erfüllter Wartezeit in der zweiten Jahreshälfte, hat der Arbeitnehmer Anspruch auf den vollen gesetzlichen Mindesturlaub.

Kann der Arbeitnehmer die Wartezeit im Einstellungsjahr oder im Kalenderjahr nicht erfüllen, weil

► das Arbeitsverhältnis erst in der zweiten Jahreshälfte begonnen hat oder

► das Arbeitsverhältnis vor Erfüllung der Wartezeit endet oder

► der Arbeitnehmer nach erfüllter Wartezeit in der ersten Hälfte des Kalenderjahres ausscheidet,

so steht ihm nur ein anteiliger Urlaubsanspruch von 1/12 pro vollem Beschäftigungsmonat zu (§ 5 BUrlG). Bruchteile von Urlaubstagen, die mindestens einen halben Tag ergeben, müssen auf volle Urlaubstage aufgerundet (§ 5 Abs. 2 BUrlG) werden. Bruchteile, die weniger als einen halben Tag ergeben, müssen nach einer Entscheidung des Bundesarbeitsgerichts in Stunden gewährt werden.

 ACHTUNG!

Den Urlaubsanspruch kann der Arbeitgeber nur dann in Geld abgelten, wenn der Arbeitgeber dem Arbeitnehmer seinen Urlaub wegen der Beendigung des Arbeitsverhältnisses ganz oder teilweise nicht mehr gewähren kann. Eine Urlaubsabgeltung während eines bestehenden Arbeitsverhältnisses ist grundsätzlich nicht zulässig.

Wechselt der Arbeitnehmer innerhalb des Urlaubsjahrs (= Kalenderjahr) seinen Arbeitsplatz, kann dies dazu führen, dass ihm in dem zweiten, neuen Arbeitsverhältnis Urlaubsansprüche erwachsen, die bereits ganz oder teilweise gegenüber dem ersten Arbeitgeber bestanden haben und/oder von diesem bereits erfüllt worden sind. Um derartige Doppelansprüche des Arbeitnehmers zu verhindern, regelt § 6 Abs. 1 BUrlG, dass dem Arbeitnehmer ein Urlaubsanspruch nicht zusteht, soweit sein Urlaubsanspruch für das laufende Kalenderjahr bereits durch einen früheren Arbeitgeber tatsächlich erfüllt worden ist.

 TIPP!

Um doppelte Urlaubsansprüche zu vermeiden, muss jeder Arbeitgeber dem Arbeitnehmer bei dessen Ausscheiden eine Urlaubsbescheinigung nach § 6 Abs. 2 BUrlG ausstellen. Darin bescheinigt der bisherige Arbeitgeber den im laufenden Urlaubsjahr gewährten oder abgegoltenen Urlaub. Folgende Angaben müssen in der Urlaubsbescheinigung auf jeden Fall enthalten sein:

► Dauer des Arbeitsverhältnisses im Urlaubsjahr,
► Dauer des Jahresurlaubes in Werk- oder Arbeitstagen,
► Anzahl der gewährten Urlaubstage und
► Anzahl der abgegoltenen Urlaubstage.

Solange der Arbeitnehmer die Urlaubsbescheinigung des bisherigen Arbeitgebers nicht vorlegt, kann der jetzige Arbeitgeber hinsichtlich der Urlaubsansprüche ein Zurückbehaltungsrecht geltend machen. Er muss also bis zur Vorlage der Urlaubsbescheinigung keinen Urlaub gewähren.

Urlaubsentgelt

Siehe auch Urlaub, Urlaubsgeld

Beim Urlaubsentgelt handelt es sich um die Fortzahlung der vereinbarten Vergütung für die Dauer des vereinbarten Urlaubs bzw. die in Anspruch genommenen Urlaubstage. Nach § 1 BUrlG ist der Arbeitgeber verpflichtet, den Arbeitnehmer bezahlt freizustellen.

 TIPP!

Diese gesetzliche Verpflichtung muss im Arbeitsvertrag nicht erwähnt werden. Anzugeben ist lediglich die Dauer des jährlichen Erholungsurlaubs nach § 2 Abs. 1 Ziffer 8 NachwG.

Die Höhe des Urlaubsentgelts ist in § 11 BUrlG geregelt. Danach hat der Arbeitnehmer Anspruch auf

1. Auszahlung des Urlaubsentgelts vor Antritt des Urlaubs.

2. seinen durchschnittlichen Verdienst aus den letzten 13 Wochen vor Beginn des Urlaubs. Überstunden werden in den Durchschnittsverdienst nicht eingerechnet.

 ACHTUNG!

Sachbezüge, die während des Urlaubs nicht gewährt werden können, müssen für die Dauer des Urlaubs bar abgegolten werden.

Urlaubsgeld

Siehe auch Urlaub, Urlaubsentgelt, Sonderzahlungen

Beim Urlaubsgeld handelt es sich um eine Sonderzahlung zusätzlich zur vereinbarten Vergütung, die aus Anlass des Urlaubs gezahlt wird. Auf Urlaubsgeld kann ein Rechtsanspruch bestehen aufgrund

► einzelvertraglicher Vereinbarung

► einer anzuwendenden tarifvertraglichen Regelung

► einer Betriebsvereinbarung

► betrieblichen Übung.

 TIPP!

Handelt es sich um eine freiwillige Leistung des Arbeitgebers und sollen keine Rechtsansprüche begründet werden, ist bei jeder Zahlung ein Freiwilligkeitsvorbehalt zu erklären – am besten schriftlich.

 Formulierungsvorschlag:

Beim Urlaubsgeld handelt es sich um eine freiwillige Leistung. Auf Urlaubsgeld besteht auch nach wiederholter Gewährung weder dem Grunde noch der Höhe nach ein Rechtsanspruch.

Verfallfristen

Siehe Ausschlussfristen

Vergütung

Siehe Entgelt

Vermögenswirksame Leistungen

Vermögenswirksame Leistungen sind Geldleistungen, die der Arbeitnehmer für den Arbeitnehmer in einer im 5. Vermögensbildungsgesetz (5. VermBG) vorgeschriebenen Form anlegt.

 WICHTIG!

Das 5. VermBG sieht nicht vor, dass der Arbeitgeber einen Teil des anzulegenden Betrags zahlen muss. Dies bedarf einer ausdrücklichen Vereinbarung im Arbeitsvertrag oder es muss sich aus einem auf das Arbeitsverhältnis anzuwendenden Tarifvertrag ergeben.

 Formulierungsvorschlag:

Der Arbeitnehmer erhält bei entsprechendem Nachweis einer Anlage nach dem 5. VermBG zusätzlich zur vereinbarten Vergütung eine vermögenswirksame Leistung in Höhe von monatlich 00 €.

Verschwiegenheitspflichten

Siehe Schweigepflicht

Versetzung

Siehe auch Direktionsrecht

Betriebliche Umstände können dazu führen, dass der Arbeitnehmer vorübergehend oder auf Dauer eine andere Tätigkeit ausüben soll, als die im Arbeitsvertrag vereinbarte oder ihm aufgrund des Arbeitsvertrages im Rahmen des Direktionsrechtes zugewiesene.

 WICHTIG!

Unter einer Versetzung wird jeder Wechsel des Arbeitsplatzes verstanden, der aufgrund einseitiger Anordnung im Rahmen des Direktionsrechtes erfolgen kann. Arbeitsplatz ist dabei der Aufgabenbereich des Arbeitnehmers nach Art, Ort und Umfang seiner Tätigkeiten. Eine Versetzung ist nur möglich, soweit der Arbeitgeber aufgrund des Inhalts des abgeschlossenen Arbeitsvertrages noch Spielraum bei der Gestaltung der Arbeitsbedingungen hat.

Je genauer im Arbeitsvertrag beispielsweise das Tätigkeitsfeld beschrieben wurde, umso weniger hat der Arbeitgeber Raum für eine Versetzung in Form einer Änderung des Aufgabenbereiches, da das Direktionsrecht nur zu einer Konkretisierung der im Arbeitsvertrag nur rahmenmäßig festgelegten Arbeitspflicht nach Art, Ort und Zeit berechtigt, jedoch nicht zu einer einseitigen Änderung des Inhaltes des Arbeitsvertrages.

Im Allgemeinen gilt, dass der Spielraum für eine Versetzung

► bei einem weniger qualifizierten Arbeitnehmer größer ist als bei einem hoch spezialisierten Arbeitnehmer.

► umso kleiner ist, je genauer die Arbeitspflicht des Arbeitnehmers nach Art, Zeit, Ort und Umfang im Arbeitsvertrag bestimmt wurde

► durch Regelungen in Tarifverträgen oder Betriebsvereinbarungen eingeschränkt sein kann.

 ACHTUNG!

Wurden im Arbeitsvertrag Art und Ort der Arbeitsleistung (zu) genau festgelegt, kann ein Wechsel des Arbeitsplatzes nur im Wege einer Änderungskündigung erreicht werden.

 TIPP!

Der Spielraum für eine Versetzung kann erweitert werden, wenn im Arbeitsvertrag ein so genannter Versetzungsvorbehalt vereinbart wird.

 Formulierungsvorschlag:

Der Arbeitgeber behält sich vor, dem Mitarbeiter unter Beibehaltung seiner Bezüge eine andere zumutbare Tätigkeit zuzuweisen, die seinen Vorkenntnissen und seinen Fähigkeiten entspricht.

Versetzungsvorbehalt

Siehe Versetzung

Vertragsänderungen

Vertragsänderung ist jede Abweichung von den ursprünglichen Vereinbarungen, unabhängig von ihrer Dauer. Bei dauerhaften Vertragsänderungen müssen diese dem Arbeitnehmer nach § 3 NachwG schriftlich bestätigt werden. Bei einem schriftlichen Arbeitsvertrag mit Schriftformklausel müssen beide Seiten die Vertragsänderungen durch eine von beiden unterzeichnete schriftliche Vereinbarung dokumentieren.

Vertragsparteien

Vertragsparteien des Arbeitsvertrags sind Arbeitgeber und Arbeitnehmer. Sie sind im Arbeitsvertrag eindeutig zu bezeichnen. Dabei muss insbesondere beim Arbeitgeber auf eine korrekte Wiedergabe der Firmierung geachtet werden, damit es keine Zweifel darüber geben kann, mit wem das Arbeitsverhältnis zustande gekommen ist.

Beispiel:

Der Arbeitgeber ist in der Rechtsform einer GmbH tätig. Daneben gibt es eine Tochterfirma als GmbH & Co. KG. In diesem Fall ist der Arbeitgeber im Arbeitsvertrag eindeutig als „A GmbH" zu bezeichnen.

Vertragsunterschrift

Bei einem schriftlichen Arbeitsvertrag haben Arbeitgeber und Arbeitnehmer nach § 126 BGB beide auf derselben Urkunde zu unterschreiben. Gibt es mehrere Ausfertigungen des Arbeitsvertrags, genügt es, wenn jede Partei die für die andere Partei bestimmte Urkunde unterzeichnet.

Währung/Auslandsarbeit

Nach § 107 GewO ist das Arbeitsentgelt in Euro zu berechnen und auszuzahlen. Wegen dieser Bestimmung ist daher grundsätzlich aus Auslandsarbeit in Euro zu vergüten. Unklar ist noch, ob dies auch gilt, wenn der Euro, in dem Land, in dem die Auslandsarbeit zu erbringen ist, nicht die gültige Landeswährung ist. Nach Auffassung der Literatur zu der erst ab

1. 1. 2003 geltenden Vorschrift muss es zumindest in diesen Fällen möglich sein, von § 107 GewO abzuweichen und eine andere Währung für die Berechnung und Zahlung der Vergütung zu vereinbaren.

Währung/Inlandsarbeit

Nach § 107 GewO ist das Arbeitsentgelt in Euro zu berechnen und auszuzahlen.

Wettbewerbsverbot, nachvertragliches

Siehe auch Schweigepflicht; Wettbewerbsverbot, vertragliches

Grundsätzlich darf ein Arbeitnehmer seine Arbeitskraft nach der Beendigung des Arbeitsverhältnisses frei verwerten. Er darf also grundsätzlich

► bei einem Konkurrenten in einer Position tätig werden, in der er die betrieblichen Interessen des bisherigen Arbeitgebers beeinträchtigen kann oder

► selbst ein Unternehmen betreiben, das zum Unternehmen des bisherigen Arbeitgebers in Konkurrenz treten kann.

Wenn dies – zeitlich begrenzt – verhindern werden soll, muss ein so genanntes nachvertragliches Wettbewerbsverbot ausdrücklich vereinbart werden. Die gesetzliche Zulässigkeit und die Anforderungen an ein nachvertragliches Wettbewerbsverbot sind in §§ 74 bis 75 d HGB, §§ 138, 826 BGB, § 1 Gesetz gegen den unlauteren Wettbewerb (UWG) geregelt.

 WICHTIG!

Ein nachvertragliches Wettbewerbsverbot ist formal nur wirksam, wenn

1. der Arbeitnehmer bei Abschluss des nachvertraglichen Wettbewerbsverbotes volljährig ist,

2. die Wettbewerbsvereinbarung schriftlich erfolgt,

3. der Arbeitgeber dem Arbeitnehmer ein von ihm unterzeichnetes Schriftstück aushändigt, das die zwischen den Arbeitsvertragsparteien vereinbarten Bedingungen enthält,

4. der Arbeitgeber sich die Erfüllung des Wettbewerbsverbotes nicht auf Ehrenwort oder unter ähnlichen Versicherungen versprechen lässt.

 WICHTIG!

Von seinem Inhalt her ist ein nachvertragliches Wettbewerbsverbot für den Arbeitnehmer nur verbindlich, wenn

1. der Arbeitgeber sich verpflichtet, für die Dauer des Wettbewerbsverbotes eine Entschädigung (Karenzentschädigung) zu zahlen,

2. die Karenzentschädigung für jedes Jahr des Verbotes mindestens die Hälfte der letzten vertraglichen Bezüge des Arbeitnehmers erreicht.

3. das Wettbewerbsverbot dem Schutz der berechtigten geschäftlichen Interessen des Arbeitgebers dient. Ein derartiges Interesse liegt dann vor, wenn der Arbeitnehmer beim Arbeitgeber Gelegenheit hatte, Kenntnisse oder Erfahrungen zu erwerben oder geschäftliche Beziehungen herzustellen oder zu festigen, die für die Konkurrenz von Interesse sind.

4. das Wettbewerbsverbot unter Berücksichtigung der gezahlten Karenzentschädigung nach Ort, Zeit und Gegenstand keine unbillige Erschwerung des Fortkommens des Arbeitnehmers enthält.

5. das Wettbewerbsverbot nicht länger als zwei Jahre nach Beendigung des Arbeitsverhältnisses andauert.

Formulierungsvorschlag:

§ 1 Wettbewerbsverbot

1. *Der Arbeitnehmer verpflichtet sich, nach Ablauf des Arbeitsverhältnisses für die Dauer von 24 Monaten,*

   ▶ *seine betriebsspezifischen Kenntnisse nicht ohne Einwilligung unseres Unternehmens unmittelbar oder mittelbar in beruflichem, publizistischem oder anderweitigem Interesse zu verwerten*

   ▶ *nicht bei einem branchengleichen oder branchenähnlichen Konkurrenzunternehmen oder für ein derartiges Unternehmen mit Hauptsitz im Bundesland Nordrhein-Westfalen tätig zu werden*

   ▶ *nicht bei einem solchen Konkurrenzunternehmen mit Rat und Tat oder in anderer Weise mitzuwirken oder dieses zu unterstützen*

   ▶ *sich nicht an einem solchen Konkurrenzunternehmen zu beteiligen.*

2. *Als Konkurrenzunternehmen gilt jedes im In- und Ausland betriebene Unternehmen – unabhängig von seiner Rechtsform –, das die gleichen oder ähnliche Erzeugnisse erforscht, herstellt oder vertreibt wie unser Unternehmen und deswegen mit uns im Wettbewerb steht. Eingeschlossen sind auch Neben- und Filialbetriebe derartiger Konkurrenten.*

   Zu den Konkurrenzunternehmen zählen auch solche Unternehmen, die im Verhältnis zu einem Konkurrenten verbundene Unternehmen im Sinne des Aktienrechts sind.

3. *Das Wettbewerbsverbot entfällt nur, wenn*

   ▶ *offenkundig ist, dass der Arbeitnehmer in dem Konkurrenzunternehmen ausschließlich in einem nicht wettbewerbsrelevanten Bereich tätig ist. Der Arbeitnehmer ist verpflichtet, Zweifel – ggf. mit Unterstützung seines neuen Arbeitgebers – unserem Unternehmen gegenüber auszuräumen.*

   ▶ *das Anstellungsverhältnis nicht über die Probezeit hinaus fortgesetzt oder während der Probezeit gekündigt wird.*

§ 2 Karenzentschädigung

Das Unternehmen verpflichtet sich, dem Arbeitnehmer während der Dauer des Wettbewerbsverbotes (24 Monate) monatlich eine Entschädigung zu zahlen. Die Entschädigung beträgt 50 % der vom Arbeitnehmer zuletzt bezogenen vertragsmäßigen Monatsvergütung.

§ 3 Auskunftspflicht

1. *Der Arbeitnehmer verpflichtet sich, im Hinblick auf § 1 Abs. 2 dieser Vereinbarung während der Dauer der Kündigungsfrist und des Wettbewerbsverbotes unserem Unternehmen unverzüglich und unaufgefordert*

   ▶ *seinen neuen Arbeitgeber, freiberufliche Verbindungen, seinen beruflichen Verwendungsbereich*

- ► *seinen Einsatzort*
- ► *jede Veränderung seines Wohnsitzes*
- ► *jeden Arbeitgeberwechsel oder Wechsel des Vertragspartners, der beruflichen Verwendung oder des Einsatzortes*
- ► *jede Änderung seines Bruttoverdienstes*

   bekannt zu geben und auf unser Verlangen hin glaubhaft zu machen. Ggf. kann das Unternehmen vom Arbeitnehmer den Nachweis von Einzelheiten verlangen, solange ein Verstoß gegen das Wettbewerbsverbot nicht auszuschließen ist.

2. *Für den Fall, dass der Arbeitnehmer seiner Auskunftspflicht nicht oder nicht in dem erforderlichen Umfang nachkommt, steht dem Unternehmen ein Zurückbehaltungsrecht an der Karenzentschädigung zu.*

§ 4 Vertragsstrafe

Der Arbeitnehmer ist verpflichtet, für jeden Fall der Verletzung dieses Wettbewerbsverbotes und bei längerer Dauer der Verletzung für jede Woche des Verstoßes an unser Unternehmen eine Vertragsstrafe in Höhe von 2500 € zu zahlen. Für den Fall, dass der Arbeitnehmer seinen Arbeitsvertrag bricht oder auf grob schuldhafte Weise eine außerordentliche Kündigung unsererseits herbeiführt, verpflichtet der Arbeitnehmer sich, für jeden Monat bis zu dem Termin, der sich bei einer ordentlichen Kündigung errechnet hätte, die Hälfte seiner monatlichen Durchschnittsvergütung zu zahlen. Die Durchschnittsvergütung errechnet sich aus dem Jahresdurchschnitt des letzten abgeschlossenen Kalenderjahres.

Die Geltendmachung höherer Schadensersatzansprüche durch unser Unternehmen wird hierdurch nicht ausgeschlossen.

§ 5 Beendigung des Arbeitsverhältnisses

1. *Wird das Arbeitsverhältnis durch eine außerordentliche Kündigung einer Vertragspartei beendet, kann die kündigende Partei diese Wettbewerbsvereinbarung dadurch unwirksam machen, dass sie sich vor Ablauf eines Monats nach der Kündigung schriftlich von dieser Vereinbarung lossagt. Mit dieser Lossagung erlöschen die beiderseitigen Rechte und Pflichten aus dieser Vereinbarung.*

2. *Endet das Arbeitsverhältnis aus anderen Gründen, behält diese Wettbewerbsvereinbarung ihre Gültigkeit. Dies gilt auch bei einer einvernehmlichen Beendigung durch Aufhebungsvertrag. Die Wettbewerbsvereinbarung entfällt nur insoweit, als der Tatbestand des § 75 Abs. 2 HGB (Ordentliche Kündigung durch den Arbeitgeber) erfüllt ist oder das Unternehmen von seinem Recht nach § 75a HGB (Verzicht auf das Wettbewerbsverbot) Gebrauch gemacht hat.*

3. *Hat der Arbeitnehmer im Rahmen dieser Vereinbarung ein Wahlrecht – beispielsweise im Falle des § 5 Ziffer 1 –, muss er seine Entscheidung innerhalb von einem Monat nach Beendigung des Arbeitsverhältnisses ausdrücklich gegenüber dem Unternehmen erklären. Gibt der Arbeitnehmer keine Entscheidung ab, geht das Wahlrecht auf das Unternehmen über.*

§ 6 Schlussbestimmungen

1. *Ergänzend zu dieser Wettbewerbsvereinbarung finden die Vorschriften des Handelsgesetzbuches über das Wettbewerbsverbot für kaufmännische Angestellte Anwendung.*

2. *Der Arbeitnehmer bestätigt, dass er eine vom Unternehmen unterschriebene, die vorstehenden Vereinbarungen enthaltende Urkunde erhalten hat.*

3. *Abreden außerhalb dieser Vereinbarung und des Arbeitsvertrags vom 00. 00. 00 sind nicht getroffen.*

4. *Änderungen oder Ergänzungen dieser Vereinbarung bedürfen der Schriftform. Auf das Erfordernis der Schriftform kann nicht verzichtet werden.*

TIPP!

Der Arbeitgeber kann vor der Beendigung des Arbeitsverhältnisse nach § 75 a HGB durch eine einseitige schriftliche Erklärung gegenüber dem Arbeitnehmer auf die Einhaltung des nachvertraglichen Wettbewerbsverbotes verzichten. Der Arbeitnehmer wird damit sofort von dem nachvertraglichen Wettbewerbsverbot befreit. Der Arbeitgeber schuldet jedoch bis zum Ablauf eines Jahres nach Zugang der Verzichtserklärung die vereinbarte Karenzentschädigung. Endet das Arbeitsverhältnis mit dem Arbeitnehmer vor Ablauf dieses Jahres, ist der Arbeitgeber verpflichtet, die vereinbarte Karenzentschädigung über das Arbeitsende hinaus bis zum Ablauf der Jahresfrist zu zahlen, ohne dass der Arbeitnehmer in dieser Zeit seinerseits an das Wettbewerbsverbot gebunden wäre.

Wettbewerbsverbot, vertragliches

Siehe auch Schweigepflicht ; Wettbewerbsverbot, nachvertragliches

Solange das Arbeitsverhältnis besteht, ist es jedem Arbeitnehmer verboten, in Wettbewerb zum Arbeitgeber zu treten. Dieses (vertragliche) Wettbewerbsverbot gilt immer – das heißt auch dann, wenn im Arbeitsvertrag keine entsprechende Vereinbarung mit dem Arbeitnehmer getroffen wurde. Das Wettbewerbsverbot während eines bestehenden Arbeitsverhältnisses ist an dessen rechtliche Dauer gebunden. Es kommt also nicht darauf an, wann der Arbeitnehmer seine Tätigkeit tatsächlich aufnimmt oder beendet.

Aufgrund des gesetzlichen Wettbewerbsverbotes (Rechtsgrundlagen: § 242 BGB, § 60 ff. HGB) ist es einem Arbeitnehmer während des Bestehens des Arbeitsverhältnisses nicht erlaubt, in dem vom Arbeitgeber betriebenen Handelszweig Geschäfte zu machen. Gemeint ist damit die spekulative, auf Gewinn gerichtete Teilnahme am Geschäftsverkehr, die nicht zur Befriedigung eigener privater Bedürfnisse des Arbeitnehmers erfolgt (BAG vom 15. 2. 1962 – Aktenzeichen 5 AZR 79/61; BAG – Urteil vom 30. 1. 1963 – Aktenzeichen 2 AZR 319/62). Das Gesetz will damit dem Arbeitnehmer nicht jede Tätigkeit bei einem Konkurrenten schlechthin untersagen, sondern nur solche Tätigkeiten, die geeignet sind, dem Arbeitgeber Konkurrenz zu machen und dessen betriebliche Interessen zu beeinträchtigen.

TIPP!

Das gesetzliche Wettbewerbsverbot kann durch vertragliche Vereinbarungen erweitert werden, wenn und soweit der Arbeitgeber hieran ein berechtigtes Interesse hat. Beim Vorliegen eines berechtigten Interesses ist zum Beispiel zulässig:

► Untersagung jeglicher Tätigkeit bei einem Konkurrenzunternehmen

► Beschränkung von Nebentätigkeiten, soweit deren Ausübung die vertragliche geschuldete Leistung beim erstem Arbeitgeber beeinträchtigen kann.

Formulierungsvorschlag:

Dem Arbeitnehmer ist während des rechtlichen Bestandes des Arbeitsverhältnisses jeder Wettbewerb und jede Tätigkeit bei einem Wettbewerber untersagt. Nebenbeschäftigungen oder anderweitige Hauptbeschäftigungen, die die Interessen des Arbeitgebers beeinträchtigen können, darf der Arbeitnehmer nur nach vorheriger Zustimmung des Arbeitgebers übernehmen.

Zulagen

Zulagen sind Vergütungsbestandteile, die aus einem bestimmten, mit der Tätigkeit verbundenen Anlass gezahlt werden. Sie können sich aus einem anzuwendenden Tarifvertrag ergeben. Ist dies nicht der Fall, müssen sie vereinbart werden.

Zusatzvereinbarung

Zusatzvereinbarungen sind alle nach dem Abschluss des Arbeitsvertrags getroffenen Vereinbarungen. Enthält der Arbeitsvertrag eine Schriftformklausel müssen auch Zusatzvereinbarungen schriftlich abgeschlossen werden.

TIPP!

Jede Zusatzvereinbarung sollte einen Hinweis enthalten, dass im Übrigen der bisherige Arbeitsvertrag unverändert weiter Bestand hat.

Stichwortverzeichnis

(Die Zahlen beziehen sich auf die Seitenzahlen)

Stichwortverzeichnis